KB123282

장애의
역사

침묵과 고립에 맞서
빼앗긴 몸을 되찾는
투쟁의 연대기

장애의
역사

킴 닐슨 지음
김승섭 옮김

동아시아

장애라는 나라

장애라는 나라가 있다면,

나는 그곳 사람일 거야.

장애가 있는 문화를 살고, 장애가 있는 음식을 먹고,

장애가 있는 사랑을 하고, 장애가 있는 눈물을 흘리고,

장애가 있는 산을 오르고, 장애가 있는 이야기를 하겠지.

장애라는 나라가 있다면,

태곳적부터

그 나라로 오는 이민자들이 있었다고 말하겠네.

장애라는 나라가 있다면,

나는 그 나라 시민이야.

그곳에 도착했을 때 내 나이 여덟 살. 난 떠나려 했어.

의사들도 떠나라고 부추겼고.

장애라는 나라에서 나를 도려내려 했지만,

결국에는 거기 머물러 살게 되었지.

장애라는 나라가 있다면,

내가 그곳 사람이라는 것을 늘 되새겨야 할 텐데.

잊고 싶을 때가 많아.

기억해야 할 텐데… 기억해야 할 텐데

내 인생의 여정에서

나는 내 집으로 삼으려 하고 있어

내 나라를.

—닐 마커스(1954~, 장애인·예술가)

차례

일러두기

• 본문의 주석은 해당 용어에 대한 옮긴이의 설명입니다. 본문과 인용문에서 대괄호[ ]는 글
  의 이해를 돕기 위해 옮긴이가 덧붙인 내용입니다. 괄호( )는 지은이가 덧붙인 내용입니다.

• 사진은 한국어판에 추가된 내용으로, 옮긴이의 사진에 대한 설명이 함께 정리되어 있습니다.

• 인명과 지명의 경우, 외래어표기법을 기준으로 하되 관행이 굳어진 경우는 그에 따랐습니다.

옮긴이의 말

사회적 약자의 몸과 건강을 연구하며 '인간의 경계'에 대한 질문을 종종 만났다. 한국 사회에서 인간은 누구인가. 좀 더 정확히 말하자면, 이 사회는 어떤 몸을 일하고 투표하고 사랑할 수 있는 존재로 인정하고, 어떤 몸을 배제하는가. 장애인만이 아니라 성소수자, 이주노동자의 건강을 연구할 때에도 피할 수 없는 질문이었다. 2019년 보스턴에서 연구년을 보내며 그 답을 찾아 헤매던 어느 날, 이 책을 만났다.

킴 닐슨은 『장애의 역사』에서 장애를 렌즈 삼아 미국의 역사를 재배치한다. 그것은 민주주의라는 실험에서 시민으로서의 권리를 박탈당하고 인간의 범주에서 밀려났던 이들의 목소리를 복원하는 일이기도 하다. 이 책은 장애와 대비되는 개념으로 온전한 시민의 자격을 갖춘 "능력 있는 몸Able-Bodiedness"을 정의하고 그 범주에 포함되지 않는 이들을 결핍된 혹은 퇴행적인 몸이라고 규정해온 권력에 질문을 던지고 있다.

유럽인이 오기 전 북아메리카에서 토착민이 사용하던 지역언어의 수는 2,000개가 넘었고, 다른 부족을 만날 때면 일상적으로 수어를 사용했다. 그런 사회에서 농인은 청력을 이유로 공동체에서 배제되지 않았다. 그리고 무엇보다 토착민 공동체에서 인간의 가치는 개인의 독자적 역량이 아니라 관계 속에서 규정되었다. 다른 이들의 노동과 조화를 이루며, 자신의 역할을 하는 한 농인은 유의미한 공동체 구성원으로 인정받았다. 그것은 맹인도, 한쪽 팔만 가진 사람도 마찬가지였다(1장).

그러나 이후 북아메리카에 유럽인들이 정착하고 노예제 사회가 되면서, 그들은 능력 있는 몸을 가지지 못했다는 이유로 인간의 경계에서 밀려나기 시작했다. 장애를 가진 어떤 흑인들은 사망 시 보험금이 그들의 몸값보다 높다는 이유로 바다 상어의 먹잇감이 되어야 했다. 운 좋게 노예선에서 살아남아 북아메리카에 도착한 경우에도, 그들은 '폐품 노예'로 불리며 헐값에 처분되거나 버려졌다(3장). 까마득한 옛날이야기만이 아니다. 불과 100여 년 전 미국의 대법원은 '퇴행적'인 몸을 가졌다고 분류된 인지장애나 뇌전증을 가진 사람들이 강제단종수술을 받아야 한다고 판결했다. 그들은 독재를 막아내고 민

옮긴이의 말

주주의를 지탱하기 위해서 적합하지 않은 몸을 가진 시민의 비율을 줄여야 한다고 말했다(6장). 그렇게 어떤 사람들은 이 세계에서 지워졌다.

장애인들은 자신을 인간의 범주에서 배제하고 고립시키는 사회에 맞서 싸웠다. 그들은 자신의 몸이 전시당하는 프릭쇼에서조차 동료들과 공동체를 만들며 저항의 근거지를 만들어나갔고, 동정이나 시혜가 아닌 차별과 권리의 언어로 스스로의 경험을 설명하기 시작했다. 장애 인권 운동은 비장애중심주의만이 아니라 성차별주의, 인종주의와도 맞서며 자신의 몸을 되찾아갔다. 그 이야기는 농인 학교의 총장이 청인이었던 124년의 과거에 맞서 바리케이드를 치고 진행한 점거투쟁으로 농인 총장을 탄생시킨 갈로뎃 대학의 사례에 이른다(8장).

능력 있는 몸에 대한 규정은 오늘날 비장애인으로 분류되는 사람들의 삶에도 지대한 영향을 미쳤다. 흑인은 자유를 감당할 능력이 없으니 그들 자신을 위해서 노예로 사는 게 최선이라고 주장하거나(4장), 여성이 고등교육을 받지 않아야 하고 국가의 정치적 운명을 결정하는 투표를 해서는 안 된다고 말할 때에도 다르지 않았다(5장). 사회적 약자의 몸이 온전한 시민이 되기에 충분치 않다는 주장은 인간을 위계화하고 차별을 합리화하는 과정에서는 어김없이 등장했다. 그렇게 '능력 있는 몸'은 정치, 경제, 법, 문화를 포함한 삶의 전 영역에서 불평등을 정당화하는 이데올로기로 사용되었고, 그 불평등은 인간의 몸에 다시 질병과 상처를 남겼다. 얼핏 능력주의를 뜻하는 듯 보이는 'Ableism'이 장애인 차별을 뜻하는 것은 우연이 아니다.

책을 번역하는 내내 적절한 번역어를 찾기 위해 논문을 읽고 동료들과 상의하며 씨름했다. 처음에는 'Deafness'와 'Blindness'를 '청각장애', '시각장애'라고 번역했지만, 이후 장애인 당사자들이 자신의 상태를 지칭하기 위해 사용하는 '농'과 '맹'이라는 단어로 바꿨다. 'Ableism'은 고민 끝에 '비장애중심주의'로 번역했다. 장애인의 삶을 중심에 두고 그들의 눈으로 역사를 바라보고 서술하려 했던 저자 닐슨의 집필의도를 생각하면, 어려운 결정은 아니었다.

문제는 '눈으로 역사를 바라보고'와 같은 표현이었다. 그것은 맹인이 배제된 비장애중심주의적 표현이었다. 세계의 다수가 맹인이었다면, 그런 표현이 쓰일 리 없었다. 'Perspective'를 번역하기 위해 이 책에서 결국 사용했던 관점觀點이나 시각視角이라는 표현도 다르지 않았다. 적절한 번역어를 찾다가 좌절하곤 했다. 의심하지 않고 바라보면 삶의 모든 자리에 당연한 듯 존재했던 비장애중심주의적 언어가 번역을 하는 과정에서 하나둘 그 모습을 드러냈다. 꼭 필요한 단어들이 내가 가진 사전에는 존재하지 않았고, 종종 그 현실과 타협했다.

역사를 다룬 이 책에서 닐슨은 과거 장애인을 비하하는 데 거리낌이 없던 사회상을 반영하는 당대의 용어를 인용하며 서

옮긴이의 말

술한다. 당시의 시대상을 적절히 분석하고 전달하는 데 있어 그 시기 사용했던 용어를 쓰는 일은 필수적이다. 한국어 번역도 그러한 의도를 반영했다. 예를 들어, 6장의 제목인 '저능아는 삼대로 충분하다'와 같은 문장은 그 자체로 특정 집단에 대한 모욕이 될 수 있지만, 1920년대 우생학이 지배하던 미국 사회를 보여주기 위해 사용된 말인지라 이처럼 번역하는 게 옳다고 판단했다. 또 8장에서는 정신지체Mental Retardation라는 발달장애를 비하하는 용어가 등장하는데, 발달장애 운동의 역사에서 그 용어와 부딪치며 결국 정신지체라는 용어가 단체 이름에서 빠지게 되는 사건을 설명해야 했기에 그대로 사용했다.

이 책은 장애학과 미국의 역사가 교차하는 지점에서 쓰인 책이었다. 책이 다루는 내용은 소수자 건강을 연구하는 보건학자, 사회역학자로서 그 중요성을 의심할 여지가 없었지만, 내 실력은 그 예민한 세계를 번역하기에 턱없이 부족했다. 시간을 두고 몇 번을 고쳐도 세상에 내놓을 수 있는 문장이 나오지 않아 괴로워하기도 했다. 하지만 때로는 누군가의 도움을 받아 나 혼자서는 닿을 수 없었을 문장을 만나는 행운도 있었다.

책의 저자인 킴 닐슨 교수님과 미팅을 통해 문장 뒤에 숨어 있는 미묘한 문화적 맥락을 알 수 없었더라면, 몇몇 문장은 번역자조차 명확히 이해하지 못한 한국어로 세상에 나왔을 것이다. 노들장애인야학에서 장애학을 연구하시는 김도현 선생님과 상의한 덕분에 낙인찍힌 장애의 역사를 서술하면서도 장애인 당사자분들께 무례하지 않은 번역의 길을 조금이나마 찾아갈 수 있었다. 고려대에서 19세기 미국문학을 가르치시는 영문학자 윤조원 교수님과의 두 차례에 걸친 회의가 아니었다면 이 책의 몇몇 문장이 어찌 되었을지 다시 생각해도 아찔하다. 물론 모든 최종 선택은 번역자인 내가 해야 했고, 그 결과물의 부족함은 당연히 나의 몫이다. 다만, 혹시라도 책을 읽다가 의미를 포기하지 않으면서도 읽기에 불편하지 않은 어떤 문장이 발견된다면, 장담하건대 그건 세 분의 흔적일 것이다.

작년 5월에 시작한 번역을 마무리하는 데 1년이 훌쩍 넘는 시간이 걸렸다. 그 모든 과정을 함께해준 동아시아 출판사의 조유나 편집자님께 감사의 말을 전한다.

차별은 공기와 같아 기득권에게는 아무리 눈을 크게 떠도 보이지 않지만, 권리를 박탈당한 사람들은 삶의 모든 순간을 차별과 함께 살아간다. 번역하며 책에서 등장하는 수많은 사람과 대화를 나누는 경험을 했다. 우리 모두는 상처받고 다칠 수 있는 취약한 존재인 동시에 그 약함을 응시하고 나눌 수 있는 존재이기도 하다는 것을, 인간의 존엄은 독립in-dependent보다도 상호의존inter-dependent을 통해 지켜낼 수 있다는 것을, 실은 그것이 우리의 가장 큰 힘이라는 사실을 그 대화에서 배웠다.

옮긴이의 말

당신도 그 대화에 함께했으면 한다.

2020년 10월 5일

안암 연구실에서

김승섭

들어가며

1996년 역사학 박사학위를 받을 때만 해도, 장애의 역사를 연구하게 되리라고는 생각지 못했다. 나는 역사를 사랑한다. 역사에는 매혹적인 이야기가 가득하고, 그것들을 정밀히 분석하는 건 지적으로 즐거운 일이다. 하지만 당시에 막 박사학위를 받은 나에게 누군가 이 주제를 연구해볼 생각이 있냐고 물었다면, 나는 장애의 역사가 역사의 '핵심적인' 이야기와 동떨어져 있는, 감정에 호소하는 다소 지루한 이야기라고 답했을 것이다. 잘못 생각하고 있었다.

장애는 우리 자신을 돌아보고, 우리 역사에 대한 어려운 질문들을 마주하게 만든다. 어떤 사람과 어떤 몸이 공적인 영역에서 살아가기에 적합하고 시민권을 행사할 자격이 있다고 여겨져 왔는가? 장애인은 어떻게 스스로의 삶과 자신들이 살아가는 공동체를 단련시켰고 미국이라는 국가를 만들었는가? 장애는 어떻게 법, 정책, 경제, 놀이 그리고 국가의 정체성과 사람들의 일상을 변화시켰나? 이러한 질문에 답하는 과정은 우리가 살아가는 공동체인 국가의 본질을 캐묻는 작업이기도 하다.

이 책은 장애인의 경험을 미국 역사 한가운데 놓는다. 이는 역사를 급진적으로 재배치하는 일이다. 19세기 후반의 토착 민주의Nativism와 구어주의Oralism•의 연관성과 같은 새로운 이야기를 다루는 일이기도 하고 노예제도나 이민 같은 익숙한 주제를 새로운 시선에서 말하는 일이기도 한다. 또한 이 책은 사람들의 장애 경험이 동일하지 않다는 사실을 명확히 하고 있다. 장애인들이 사회적 낙인을 공유하고 공동의 목표를 위해 함께 행동하곤 하지만, 그들 각자의 삶과 관심사는 인종, 계급, 성적 지향, 젠더, 나이, 이념, 지역에 따라, 그리고 어떤 장애를 가지고 있는지에 따라서도 매우 다르다.

이 책은 역사 속 장애인의 삶에 대해 이야기하며, 장애 개념의 역사에 대해서도 논한다. 이 둘은 매우 다른 작업이다. 미국 역사에서 장애는 상징적이고 비유적인 단어로 대중문화, 예를 들어, 프릭쇼Freak Show•와 일상어("병신 같아That's so Lame" "저런 저능아!What a Retard!" "특별한")를 포함한 사회 전 영역에서 다양한 의미

농인이 수어를 사용하는 대신에 입술의 움직임과 표정을 통해 상대방의 말을 이해하고 발성 연습을 통해 음성 언어로 말하도록 하는 교육법.

프릭쇼로 불렸던 이 대중공연은 이른바 '기형'으로 여겨졌던 신체 특성을 가진 사람들을 전시하여 오락거리로 삼았다.

18   들어가며

로 사용되어왔다. 장애가 '결핍'이나 '의존'이라는 단어와 같은 의미로 사용될 때, 장애는 미국의 이상적인 가치인 '독립'이나 '자율'과 극명하게 대조된다. 그런 이유로 장애는 권력 투쟁과 이념 투쟁에서 효과적인 무기로 사용되었다. 아프리카계 미국인, 이민자, 게이와 레즈비언, 빈민, 여성을 온전한 시민권을 행사할 수 없는 2등 시민으로 분류할 때마다, 장애는 역사의 여러 장면에서 계속 호명되었다.

강인한 개인주의, 독립성, 자율성, 무일푼에서 부자가 된 자수성가형 인물, 미국의 역사는 이러한 것들을 중심에 두고 이야기되어왔다. 강하고 성공적인 나라를 만들기 위해 북아메리카 식민지 거주민들이 영국으로부터 독립하고자 했던 것처럼, 미국의 시민들은 강하고 성공적인 개인이 되기 위해 독립을 추구했다. 이러한 이상을 좇는 사고방식은 '나는 할 수 있다, 나는 할 수 있다'라고 소리치며 멈추지 않는 엔진으로 언덕 위를 오르는 기차같이, 무슨 일이든 우리의 힘으로 해낼 수 있다고 믿는 '호레이쇼 앨저Horatio Algers*의 나라'인 점을 드러낸다. 미국의 민주주의는 국가의 구성원인 시민들이 유능하다는 가정 위에서 건립되었다. 경제활동을 통해 사회에 기여하고 투표를 통해 정치에 참여하고 정부 정책에 자신의 목소리를 내는 것은 시민의 의무이자 특권이다. 유능한 시민인 우리는 "자신의 두 발로 서 있어야" 하고 "스스로

* 미국 매사추세츠주 출신의 소설가로 무일푼인 젊은이가 단호한 결심과 고된 노동을 통해 안락한 삶을 누리는 중산층이 되는 내용의 책을 주로 저술했다. 대표작으로 『골든보이 딕 헌터의 모험(Ragged Dick)』(1868)이 있다.

말할 수 있어야" 한다. (이 얼마나 비장애중심주의적 표현인가!) 이러한 서사에서, 독립은 좋은 것이고 의존은 나쁜 것이 된다. 의존은 타인에게 기대는 연약함을 의미할 뿐이다.

장애를 의존과 동일시할 때, 장애는 낙인이 된다. 장애인의 몸에는 열등한 시민이라는 주홍글씨가 새겨진다. 의존의 뜻으로 이해되는 장애는 독립과 자치로 대표되는 미국의 이상적 가치에 정면으로 반하는 의미를 갖는다.

그러나 민주주의의 본래 모습이 그러하듯, 우리 모두는 타인에게 의존하며 살아간다. 우리 모두는 다른 사람들을 보살피고 또 보살핌을 받는다. 납세자, 공교육을 받는 학생, 부모의 자식, 공공 도로와 대중교통수단을 이용하는 사람, 공적 자금이 들어간 의학연구의 수혜자, 삶의 다양한 순간에 생계를 위한 노동을 할 수 없는 사람으로서 그리고 그 밖의 수많은 경우에 우리는 서로에게 의존한다. 우리는 상호의존Interdependent하는 존재다. 역사학자인 린다 커버Linda Kerber가 개인주의라는 미국적 이상의 성차별적 요소를 지적하며 말했듯이, "외톨이 개인이라는 신화는 비유이고, 수사적인 도구다. 실제 삶에서 스스로 만들어진 사람은 아무도 없으며, 온전히 혼자인 사람도 거의 존재하지 않는다."[1] 실제로 의존은 나쁜 것이 아니다. 의존은 모든 인간의 삶 한가운데 존재한다. 의존이 공동체와 민주주의를 만든다.

장애를 렌즈 삼아 미국의 역사를 바라보는 일은 중요하다.

그것이 미국적 이상의 강점과 약점 그리고 모순에 대해 숙고하게 만들기 때문이다. 그동안 여러 연구자들이 인종, 계급, 젠더를 렌즈로 삼아 민주주의가 확장되는 과정을 검토해왔다. 이제 장애에 주목해 같은 작업을 해야 할 때다. 한 걸음 더 나아가, 장애를 이용해 민주적 공동체의 상호의존성을 말하는 일은 역사를 보다 풍성하게 이해할 수 있도록 해준다.

장애의 역사는 타인의 이야기가 아니다. 그것은 우리 자신의 이야기이고, 우리가 사랑하는 사람의 이야기다. 또한 현재 우리가 누구인지를 묻고 미래에 어떤 존재가 될 것인가를 논하는, 의심할 여지 없이 우리가 살아가는 국가에 대한 이야기다. 그것은 이 모든 복잡함을 간직한 우리 자신에 대한 이야기다. 장애의 역사는 국가를 위한 최선의 몸이 무엇인가를 정의하고 논쟁했던 시간을 기록하고 기억하기 위한 수많은 시도 중 하나다.

그러나 장애란 무엇인가? 장애인은 누구인가? 반대로, 장애가 없다는 것은 무엇을 의미하는가? 1964년 미국 대법원이 외설이 무엇인지를 정의하고자 안간힘을 쓰던 시기, 포터 스튜어트 판사는 좌절 속에서 다음과 같은 문장을 남겼다. "외설인지 아닌지는 그걸 보면 그냥 알 수 있다(I know it when I see it)."[2] 장애의 정의를 두고서도, 같은 방식으로 말하기란 편리하고도 솔깃한 일이다. 우리는 보통 장애가 명확하게 구분되는 구체적이고 변하지 않는 범주라고 생각한다. 그러나 좀 더 자세히 살펴보면, 장애는 종종 규정하기 어렵고 계속해서 변화하는 개념이다. 장애인의 역사가 존재하는 것처럼, 장애라는 개념도 역사를 가진다.

오늘날 많은 사람들은 "완치"하기 위해 "치료"를 받아야 하는 명확한 "원인"이 있는 의학적 "문제"로 장애를 바라본다. 이러한 관점은 장애를 신체적 결함 때문에 생겨난 것으로 여기게 한다. 진단 가능한 그 결함을 가지고 있는지 여부에 따라 장애인을 배타적으로 정의한다. (그러한 결함이 없는 사람들을 '비장애인'이라고 부른다.) 장애를 몰역사적이고, 고정불변하는 개념이라고 잘못 간주하는 것이다. 이러한 편협한 관점은 수많은 장애인의 다양하고 풍성한 삶을 지워버린다. 장애인에게 장애는 분명 삶의 중요한 부분이지만, 그와 동시에 인종, 성적 지향, 젠더, 계급, 정치적 이념, 신체적 강건함, 취미, 그들이 사나운 개를 좋아하는지 여부도 그들 삶을 구성하는 중요한 역할을 한다. 장애는 질환疾患을 수반할 수 있지만, 비장애인도 아플 수 있다. 질환으로 인해 장애가 생겨나기도 하지만, 이후 질환은 사라지고 장애만 남는 경우도 있다. 질환과 장애는 동의어가 아니다.

장애는 정의하기 어렵다. (내가 이 책을 통해 주장하고 싶은 내용 중 하나다.) 장애를 이론적으로 정의하는 것은 몸을 기준으로 이루어지지만, 어떤 몸이 장애가 있다고 분류하는 것은 젠더, 인종, 성적 지향, 교육수준, 산업화와 표준화의 수준, 사생활을 보장받을 수 있는지 여부나 보조 장비에 접근 가능한지 여부,

계급 같은 요인에 의해서 영향을 받는다. 삶에서 맞닥뜨리는 예상치 못한 사건들뿐 아니라 나이, 의료서비스, 일상생활의 조건에 따라서도, 우리는 "장애인"의 범주에 들어갈 수 있고 그 범주에서 제외될 수도 있다. 어떤 사람들은 사고나 질병 때문에 일시적으로 장애를 갖기도 한다. 언어장애나 휠체어를 사용하는 경우처럼 사람들이 금방 알아챌 수 있는 장애도 있고, 정신적 장애나 신경학적 장애처럼 쉽게 구분해내기 어려운 경우도 있다.

장애의 의미는 사회적 맥락에 따라 달라지고 시간에 따라 변화한다. 간단한 사례를 들어보자. 몬트리올에서 열린 학술대회에 참가한 나는 동료와 즐거운 시간을 보냈다. 사람들은 나를 두고 비장애인이라고 생각했고, 흰 지팡이를 짚은 내 동료를 보고는 그가 장애를 가진 맹인이라고 여겼다. 우리를 만난 웨이터와 택시 기사는 내가 모든 상황을 주도하리라 여겼다. 그러나 그들의 기대와 달리 나는 프랑스어를 하지 못했고, 다행히 내 동료는 프랑스어에 유창했다.[•] 그 상황에서 내 부족한 언어 능력은 내 친구의 맹

> 몬트리올시의 공용어는 프랑스어다.

보다 더 결정적인 장애였다. 장애는 단순히 신체적 범주가 아니라, 계속해서 변화하는 사회적 요인들에 의해 결정되는 사회적 범주다. 능력 있는 몸Able-Bodiedness이 무엇인가에 대한 대답이 그러한 것처럼.

그렇다고 기쁨에 넘쳐 서로 손을 잡고 우리 모두는 어떤 의

미에서 장애인이라고 주장하자는 것은 아니다. 그것은 장애로 인해 생겨나는 육체적 고통과 어려움이라는 생생한 현실을 무시하는 행동이 될 테니까. 또한 장애를 가진 사람들이 권력과 자원에 접근할 수 없었던 역사적 진실을 지워버리거나, 장애가 무엇인지를 규정해온 위계적 권력에 대한 질문을 놓치는 결과를 낳을 수도 있으니 말이다. 예를 들어, 19세기 의학 전문가들은 생리와 출산이 여성의 몸을 손상시키기 때문에(적어도 중산층과 상류층 여성의 몸을), 그 여성들이 스스로와 사회 전체를 위해 고등교육과 일자리로부터 완전히 배제되는 게 필요하다고 주장했다. 20세기 초 다리가 하나뿐인 사람들은 대중교통을 이용할 수 없었고 직장을 구할 수 없었다. 당시 그들을 사회적으로 고립시키고 실업으로 몰아넣은 것은 그들의 신체가 아니라 장애인을 사회적 자원에서 배제하는 사고방식이었다. 그렇게 사회는 개인의 삶에 지대한 영향을 미쳤다.

가난은 그 실질적인 결과 중 하나였다. 장애인들은 고등교육을 받을 가능성이 낮았고 가난하게 살아갈 가능성이 높았다. 이 책을 준비하며 가장 어려웠던 점은 가난에 대한 역사 기록을 읽는 일이었다. 가난을 연구하는 많은 역사가들은 장애인들이 가난하게 사는 것이 불가피하다고 단순하게 가정하고 있었다. 그러나 남성보다 여성이, 백인보다 유색인종이 빈곤 속에서 살아가는 경우가 더 많은 것은 자연스럽지도 불가피하지도 않다. 미시시피주가 위스콘신주보다 빈곤율이 높은 사실 역시 자연스럽거나 불가피한 일이 아니다. 역사, 법 집행, 세금 구조, 이념, 그 밖의 여러 요인들이 작용한 사회구조가 원인이기 때문이다. 이 책은 사회구조, 이념, 관행이 장애인의 사회적 발전을 막고 있기 때문에 그들이 가난 속에서 살아왔고 계속해서 가난하게 살게 된다는 점을 명확히 드러내 보이고자 한다.

장애인의 능력을 폄하하거나 그들의 잠재력을 한계 짓는 이념과 관행은 비장애중심주의적 태도에서 기인한다. 비장애중심주의적 태도는 장애인을 향한 혐오와 공포, 차별과 편견을 반영한다. 그것은 눈에 띄는 장애가 있는 사람을 고용하지 않는 것처럼 노골적인 차별로 혹은 스탠딩 콘서트장에서 모두가 두 시간 동안 서 있을 수 있다고 가정하는 것처럼 미묘한 편견으로도 드러난다. 인종주의, 성차별주의, 동성애 혐오와 마찬가지로, 비장애중심주의는 개인의 삶에 영향을 미치고 사회 구조 속에 축적된다. 그것은 때로는 의도적으로 때로는 우발적으로 또 때로는 드러나지 않는 방식으로 조용히 작동한다. 예를 들어, 장애인이 미디어에서 전혀 보이지 않거나 불쌍하고 슬픈 모습으로만 묘사될 때, 비장애중심주의는 우리의 미디어에 깊게 스며들어 있다. 무엇이 아름답고 무엇이 섹시한지, 춤이란 무엇이고 건강함은 어떻게 측정할 수 있는지에 대한 우리의 사고방식에 중대한 영향을 미친다. 동시에 리더십과 성공이 무엇인지에 대한 우리의 관념을 만들어낸다.

인간은 놀라울 만큼 다양하다. 사람마다 듣고 볼 수 있는 정도가 다르며, 팔과 다리 길이, 그 힘이 다르고, 정보를 처리하는 방식도 다르다. 서로 다른 방법과 다른 속도로 소통하며, 다양한 방법을 이용해 장소를 이동하고, 눈동자 색 또한 다양하다. 우리 중 누군가는 아이를 잘 달래고, 몇몇은 정신적인 통찰력을 가지고 있고, 또 다른 누군가는 다른 사람의 마음을 깊게 헤아리는 놀라운 기술을 가지고 있다. 어떤 신체적 정신적 특성이 대수롭지 않게, 혹은 매력적으로, 혹은 낙인으로 여겨지는지 여부는 시간 속에서 변화한다. 그것이 장애의 역사다.

이 책에 포함된 어떤 사건은 나를 깊은 우울에 빠져 헤어나지 못하게 만들기도 했다. 3장에 나오는 프랑스 노예선인 르 로되르Le Rodeur의 이야기는 마술처럼 어떤 이미지를 머릿속에 떠오르게 했고 그 때문에 많이 고통스러웠다. 독자들 역시 같은 경험을 하길 바란다. 그렇게 읽혀야 마땅한 인간의 이야기이기 때문이다. 이 책의 다른 이야기들은 즐거움과 기쁨을 주었다. 열정을 북돋아주고 행동에 나서기를 요구하는 내용이었다. 나는 독자들이 이 모든 다양한 감정 역시 함께 경험하길 바란다. 그렇게 해서, 많은 이가 잘 알고 있다고 믿는 오래된 미국의 역사에 대한 새로운 시각을 접하며 고무되고 또 흔들리기를 바란다. 그것이 장애의 역사다.

개요

장애의 역사를 연구하는 학자들이 늘어나고 장애인에 대한 평전과 기록도 점점 더 많은 사람들이 읽고 있다. 그러나 누구도 장애인의 삶을 통해 미국 역사를 연대기적으로 기술하고자 시도하지는 않았다. 이 책으로 모든 서사를 담아낼 수는 없었지만, 그 빈자리를 메꾸고자 했다. 이 책은 수많은 이들이 만들어온 이야기와 사회운동과 연구가 없었다면 완성될 수 없었다. 그들 중에는 자신이 장애에 대해 말하고 있다는 걸 몰랐던 이들도 포함되어 있다.

다른 연구자들이 젠더, 계급, 성적 지향, 인종을 분석의 도구로 이용해 역사를 새로운 시각에서 서술했던 것처럼, 이 책은 장애를 분석 도구로 사용해 미국의 역사를 더 잘 이해할 수 있도록 돕고자 한다. 장애를 이용해 역사에 질문하고 답한다는 것이 어떤 의미를 가질 수 있는지, 장애가 어떻게 인종·젠더·계급·성적 지향과 얽혀 있는지도 보여주길 원한다. 역사의 수많은 장면에서 장애는 다른 사회적 범주를 설명하고 정당화하기 위해 사용되어왔다. 그렇기에, 장애를 분석 도구로 사용하는 것은 역사학자와 다른 학제의 연구자들이 동시에 다층적인 분석을 시도할 수 있는 가능성을 열어준다.

이 책의 또 다른 목적은 연구가 더 필요한 부분을 명확히 하는 것이다. 여러 측면에서 이 책은 장애의 역사에 대해 대답하기보다는 질문을 하는 데 집중하고 있다. 수많은 질문과 주제와 통찰이 학자들의 손에 닿은 적 없이 남아 있다. 예를 들어, 역사학자 마고 캐너데이Margot Canaday는 2009년 그의 책『이성애 국가: 20세기 미국의 섹슈얼리티와 시민권』에서 미국이 현대 관료 국가로 발전하는 과정에서 성적 규범을 경찰권력으로 통제했던 활동이 중대한 역할을 했다고 주장한다. 이와 유사하게, 이 책은 미국의 역사에서 현대 관료제가 장애를 정의하고 그 정의에 따라 행정을 집행해가며 발전했음을 보여준다. (나는 역사학자들이 이 문제를 더 연구하길 바란다.) 또한 이 책은 미국 자본주의와 산업화가 장애라는 개념을 만들고 장애인의 수를 증가시켰다는 점도 말하고 있다. 연구가 필요한 수많은 과제가 남아 있다.

이 책은 아메리카 대륙에 유럽인이 도착해 식민지로 만들기 이전 시기부터 시작한다. 1장은 북아메리카에 거주하던 토착민의 다양한 문화에서 장애에 관해 알려진 바를 검토한다. 2장과 3장은 새로운 국가를 정의하고 만드는 과정에서 장애가 어떠한 역할을 했는지 논한다. 북아메리카에 거주하기 시작한 장애를 가진 유럽인과 아프리카인의 삶에 대해 말하고 유럽인들이 북아메리카를 점령하고 토착민에게 질병을 전파한 결과에 대해 분석한다. 4장과 5장은 장애가 수사적·법적·사회적 범주로 굳어지는 과정을 탐구한다. 민주주의를 실험하는 새로운 국가는 좋은 시민을 정의하고 나쁜 시민과 구분하고자 했고, 정치 이론가들은 "백치Idiots", "정신이상자", 여성, 노예를 충분한 시민권을 행사할 수 없는 사람들로 분류했다. 진보의 세기Progressive Era 를 거치며, 남북전쟁과 도시화, 산업화로 인한 사회의 변화는 장애인을 위한 시설 증가로 이어졌다. 그러한 시설은 장애인에게 때로는 힘이 되었고, 때로는 그들을 절망하게 만들었다.

이 책에서 진보의 세기는 미국 역사에서 1890년부터 1927년까지의 기간을 가리킨다. 이 기간 동안 산업화, 도시화, 정치적 부패, 이민 등으로 생겨난 여러 문제를 해결하기 위해 사회운동이 활발하게 이루어졌다.

6장은 우생학의 시기에 미국이 맞닥뜨린 모순, 구화법 운동, 이민 제한, 강제 불임시술법, 증가하는 의료화, 장애인이 시민으로서 바람직하지 않다고 주장했던 여성 투표권 운동의 주장 에 대해 분석한다. 그러나 같은 시기 장애인들은 그들의 몸을 전시

여성은 장애인과 달리 국가의 운명을 현명하게 결정할 수 있는 충분한 능력을 가지고 있다는 주장.

하는 공연과 프릭쇼를 공동체를 구성하는 공간이자 저항의 근거지로 활용했다. 7장은 장애인들이 20세기 중반을 거치며 장애 인권을 위해 어떻게 조직을 만들고 활동했는지 보여준다. 그들은 법을 제정하고 교육과 노동의 기회를 확대하고 장애 차별을 부당한 일로 규정하고자 했다. 그리고 장애인의 아름다움과 품위를 인정하는 사회를 만들려 했다.

8장은 1968년부터 현재까지 장애인들과 그들의 비장애인 동료들이 이끌었던 주요한 사회운동과 장애인들이 자신의 목소리로 스스로를 정의하려 했던 행동들을 분석한다. 그 과정에서 장애문화는 점차 풍성해졌고 때때로 주류문화에 진입했다.

여성과 유색인종이 성별이나 인종에 따른 신체적 차이를 이유로 한 위계를 비판했듯이, 장애인은 장애에 따른 신체적 차이를 이유로 한 위계를 비판했다. 새로운 세대는 교육과 접근성을 권리로 받아들였고, 젊은이들은 장애를 가진 미국인이 된다는 것이 무엇을 의미하는지 근본적으로 다르게 생각하기 시작했다.

이 책은 장애인의 삶을 이용해 오래된 이야기를 새로운 시각에서 이야기한다. 그 과정을 통해 드러난 미국의 역사는 이상적인 시민이 누구이고 우리가 극찬하는 국가적 이상이 무엇인지에 대해 질문하게 만든다. 그리고 개인, 공동체, 국가로서 우리가 서로의 삶에 대해 가진 의무감을 곰곰이 생각하게 만든다.

용어에 대한 간략한 고백

"불구", "백치", "정신지체", "미치광이", "정신박약", "프릭", "미친", "핸디캡", "절뚝거리는", "특별한", "느린", "다른 능력을 가진"… 장애에 대한 생각은 역사 속에서 계속해서 바뀌어왔고, 장애인을 부르는 용어 역시 변화해왔다. 사실 이러한 용어의 변화는 역사적 변화를 반영한다. 이웃이나 가족만이 아니라 사회적으로 권위 있는 사람들이 일상에서 장애를 지칭하기 위해 사용해왔던 (그리고 지금도 쓰이는 몇몇) 용어들은 오늘날 보기에는 별 의미가 없거나, 친절한 척하면서 실은 잘난 체하거나, 문제적이거나 공격적인 것들이었다. 이 책은 독자들에게 충격을 주기 위해서가 아니라, 미국의 역사와 그 역사적 변화를 더 잘 이해하고자 이 단어들을 그대로 사용했다.

나는 작가로서 사용하는 단어를 신중하게 선택한다. 단어는 중요하다. 예를 들어, 누군가를 "휠체어에 속박된", "휠체어에 구속된"이라고 말하는 것은 "휠체어 사용자"나 "휠체어 탑승자"라고 부르는 것과 근본적으로 다르다. 정치적 올바름의 차이가 아니다. 이는 장애를 이해하는 이념적이고 지적인 관점이 전혀 다름을 의미한다. 페미니스트, 레즈비언, 게이, 퀴어, 트랜스젠더를 위한 운동이나 인종 해방운동에서와 마찬가지로 오늘날 장애 인권 운동에서 언어를 재정의하고 되찾는 일은 운동의 방향을 찾는 데 결정적이다.

언어의 부재는 역설적이고 흥미롭게도 이 책을 만드는 데 기여했다. 우리가 종종 인지하지 못하지만, 장애는 미국 역사와 그에 대한 우리의 연구에 스며들어 있다. "장애"나 "핸디캡" 같은 단어는 종종 도서 색인이나 데이터베이스 키워드로 나타나지 않는다. 나 같은 역사학자는 키워드로 문헌을 찾는 데 있어 창조적이어야 한다. "맹인"이나 "정신이상자"같이 특별히 장애를 지칭하는 특정 단어를 이용하거나 질병, 사회복지, 사회운동, 부랑, 건강에 대한 논쟁의 행간을 읽어내야 한다.

개인적 기록

10여 년 전 헬렌 켈러의 정치 연설을 우연히 접하면서, 장애의 역사 연구에 뛰어들게 되었다. 당시 나는 여성과 정치의 역사를 연구하는 훈련을 받았고 여성이 공적인 영역에서 계속해서 배제당하는 동안 여성이 스스로를 참여하는 시민으로서 어떻게 정당화했는지를 탐구하고 있었다. 그런 내게 헬렌 켈러의 정치적 삶 자체도 매혹적이었지만, 그 활동들이 일반적인 역사 기록에서 누락되어 있다는 사실이 흥미로웠다. 그때까지 나는 그녀에 대해 아는 게 없었고, 장애에 대해서도 관심이 없었다. 장애를 가진 가까운 가족도 없었고, 스스로를 비장애인으로 생각하고 있었다. 그러나 그때부터 나는 장애의 역사와 장애학 연구에 깊게 빠져들었다. 그 이후 나의 이력은 독자들이 이제 아시는 바와 같다.

좋은 역사학적 분석이란 무엇일까? 열정적인 훈련, 고집스러움, 꾸준한 노력, 약간의 기술을 갖춘다면 나는 좋은 역사학자가 될 수 있을 것이다. 그러나 현실은 그보다 복잡하다. 나는 백인 여성이고 박사학위 소지자이며 남성 배우자를 가지고 있고 아직 노인이 아니다. 미국에 살고 영어를 모국어로 사용한다. 스스로를 비장애인이라고 생각하고 사람들도 그렇게 인식한다. 나는 그렇게 특권을 체화하고 있다. 장애의 역사를 현명하게 연구하기 위해서는 역사 기록을 정밀하게 분석하는 것과 함께 내가 가진 특권을 인정하고 그것과 씨름하는 일을 계속해야 했다. 그 과정에서, 여러 차례 실수를 했고, 많이 배웠다.

그럼에도 솔직히 말해, 출판사와 이 책을 두고 상의하기 시작했을 때, 나는 진심으로 내가 모든 것을 알고 있다고 생각했다.

으레 그렇듯, 바로 그때 삶의 새로운 장이 느닷없이 펼쳐졌다.

장애의 역사를 공부한 지 10여 년이 지났고 이 책을 쓰기 위한 계약서에 서명을 한 지 2주일이 채 지나지 않았던 때, 당시 열여섯이던 딸은 갑자기 심각한 병에 걸렸고 결국 젊은 장애 여성이 되었다.

내가 역사학자이고 페미니즘 연구자이자 장애학 연구자라는 사실은 이 과정을 더 쉽게 만들기도, 더 힘들게 만들기도 했다. 딸은 휠체어 사용자가 되고 싶지 않은 마음과, 장애를 가지고 스스로의 삶을 온전히 살아내는 사람들을 만났던 자신의 경험 사이에서 갈등했고, 그 둘을 조화시키고자 애썼다. 나 역시 그러했다. 나를 포함한 많은 장애학 연구자들이 장애를 의료적 문제로 정의하는 분석틀을 비판해왔다. 하지만 딸의 상태를 두고 의사가 명확한 진단을 내리지 못하는 동안(초창기 의사들의 진단은 엇갈렸다), 내가 그동안 장애를 바라보는 의학적 모델에 얼마나 감정적으로 의존해왔는지 깨달았다. 딸의 장애를 두고 비극적이라고 표현하는 몇몇 먼 친척들과 친구들의 전형적인 반응은 도움이 되지 않았다. 어떤 사람들은 내 가족의 경험을 두고서 "감동적"이라고 말했는데(나는 그냥 엄마일 뿐이다), 그것은 내가 헬렌 켈러와 앤 설리번 메이시를 두고서 사용하지 않으려 그토록 노력했던 단어였다. 나는 장애가 어떻게 가족 전체를 바꾸어놓는지 경험하고 있다. 그리고 놀라울 만큼 많은 사람들이 "너처럼 예쁜 여자가 왜 휠체어를 타고 있니?"라고 질문해도 괜찮다고 생각한다는 것을 알게 되었다.

그 경험들은 눈에 보이는 면에서 또 보이지 않는 측면에서 모두 이 책에 영향을 미쳤다. 가장 직접적으로는 집필이 지연되었다. 책을 쓰는 데 더 오랜 시간이 걸렸다. 그리고 이 경험들로 인해 지적이고 감정적인 면에서 더 깊고, 더 나은 책을 쓸 수 있었다. 그리고 그 경험들은 근본적으로 내 질문을 미묘하지만 의미심장하게 바꾸어놓았다.

이 책은 내가 집필을 시작했을 때와는 다른 책이 되었다. 그것은 내가 몇 년 전과는 다른 사람이고, 다른 가정에서 살고 있기 때문이다.

딸이 고꾸라져 넘어질 때까지 웃게 만드는 일은 정말로, 정말로 재미있다. 딸은 몸의 중심 근육이 약해서 크게 웃으면 넘어지곤 한다. 남편인 네이선이 처음 성공했다. 막내가 크리스마스 교회 연극에서 성모 마리아의 역할을 하기 위해 집에서 연습하고 있던 때였다. 성모 마리아로 분한 막내가 아기 예수를 처음 만나는 결정적인 장면에서 남편이 외쳤다. "[아기 예수

들어가며

를 두고서] 오, 하느님, 딸이네요". 장애를 가진 딸은 너무나 심하게 웃어 부엌 바닥에 넘어져 일어나지 못했다. 딸은 약물 치료를 받느라 등과 팔이 부어 있었고 만지면 아파했다. 딸을 바닥에서 일으켜 세우는 일은 더 많은 통증을 동반했지만, 아슬아슬한 자세로 딸을 일으켜 세우며 어찌된 일인지 우리는 더 크게 웃었다. 그녀를 마룻바닥에서 들어 올리며 나는 정말 많이 배웠다.

장애의 멋지고, 즐겁고, 혼란스럽고, 좌절스러운 역설은 내가 몇 년 전의 나와 같은 사람이고, 같은 가정에서 살고 있다는 점이다.

영혼은

자신이

머무를 몸을

선택한다

: 북아메리카의
  토착민들,
  1492년 이전

이로쿼이는 오늘날 기준으로 북아메리카의 뉴욕주와 펜실베이니아주 북부 지역에 거주했던 다섯 토착민 부족 연합을 지칭한다. 모호크족, 오네이다족, 세네카족, 오논다가족, 카유가족이 여기에 속한다.

피스메이커는 히아와타와 함께 이로쿼이 연합을 만드는 데 기여했던 인물이다. 토착민 역사에서 위대한 지도자로 알려져 있다. 그의 실제 이름은 데간위다(Deganawida)로, 함께 흐르는 두 개의 강을 뜻한다.

가족과 부족민들을 통해 전해 내려오는 이로쿼이Iroquois 의 역사는 우리에게 다음과 같은 이야기를 전한다. 유럽인들이 북아메리카에 도착하기 오래전 휴런족 부족민 한 명이 '위대한 평화의 법The Great Law of Peace'을 이로쿼이의 사람들에게 전했다. 그 법을 처음 배운 부족은 모호크족이었고, 이후 오네이다족, 카유가족, 세네카족을 거쳐 오논다가족에게까지 전달되었다. 피스메이커 는 '위대한 평화의 법'을 나누며, 그들이 평화와 연민과 정의를 회복하고 그 법을 지키며 살아가는 데 필요한 힘을 기르도록 했다. 모호크족에게 '위대한 평화의 법'은 카이아네레코와Kaianere'kó:wa라는 이름으로 불렸고, 오네이다족에게는 카야늘슬라코Kayanl'hsla'kó라는 이름으로 불렸다. 피스메이커는 이 법을 이로쿼이의 모든 개인과 공동체에 전했다.[1]

피스메이커가 모호크족을 가르치던 어느 날, 히아와타라는 이름의 남자가 사랑하는 가족을 잃고 슬픔에 빠진 채로 찾아왔다. 피스메이커는 그를 위로했다. 피스메이커는 히아와타를 만나 크게 기뻐했는데, 실은 오래전부터 그와 같은 이를 기다리고 있었기 때문이다. 모호크족 기록에 따르면 히아와타는 피스메이커를 위해 '번역가'나 '대변인'으로 일했다. 피스메이

유럽인이 도착하기 전, 북아메리카 토착민에게 '장애'는 신체의 손상
이 아니라 공동체와 관계가 약하거나 없어지는 경우에 생겨나는 것이
었다. 공동체의 다른 이들과 호혜활동을 하며 조화를 이루며 살아가는
한, 다양한 신체를 가진 사람들의 가치는 폄하되지 않았다. 사진 속
인물은 1903년 출판된 책에 실린 이로쿼이의 포푸케위스[Paupukkewis]
추장이다.

커가 말을 심하게 더듬어 사람들은 그의 말을 알아듣기 어려워했는데 히아와타는 그의 말을 이해해 공동체에 전달할 수 있었기 때문이다. 히아와타와 함께 피스메이커는 이로쿼이의 사람들에게 조화를 추구하는 창조자의 뜻을 전달할 수 있었다.

북아메리카 토착민들의 전통적인 세계관에서는 모든 사람과 사물이 재능(기술, 능력, 목적)을 가지고 있다. 개인, 공동체, 세계가 조화롭다면, 사람들은 누군가의 도움을 받아 자신의 재능을 찾고 발휘할 수 있다. 예를 들어, 피스메이커는 놀라운 통찰력을 가지고 있었지만, 자신의 지혜를 사람들과 나누기 위해서는 히아와타가 필요했다. 튤립은 봄에 아름다운 꽃을 피우지만 가을에 고개를 떨군다. 조화롭고 건강한 상태라면, 세상에 존재하는 모든 생명은 필요한 일을 할 수 있는 재능을 가지고 있다. 조화 속에서 사람들은 호혜관계를 맺고 살아가는 공동체의 구성원으로서, 자신의 재능을 타인과 나누고 타인의 재능으로부터 도움을 받는다. 예를 들어, 어떤 사람을 도자기를 만드는 재능만으로 규정하거나 반대로 나무에 오르지 못한다는 재능의 부재만으로 규정할 수는 없었다. 조화는 전체로서 인식되고 받아들여져야 하는 것이었다.

토착민에게 장애는 무엇이었나

북아메리카 토착민들도 장애의 역사를 가지고 있다. 다른 모든 역사가 그러하듯, 그 역시 토착민들이 스스로와 자신들을 둘러싼 세계를 어떻게 문화적으로 이해했는지 그리고 그들의 삶이 어떠한 사회적 요인의 영향을 받았는지에 큰 영향을 받았다. 오늘날과 마찬가지로 유럽인들이 북아메리카에 도착하기 전에도 토착민 사회에 다양한 형태의 몸이 존재했다는 것은 의심의 여지가 없다. 눈과 귀를 통해 주변 세계를 받아들이는 감각, 인지 과정, 몸의 움직임, 장소를 이동하는 형태는 다양했고 바뀔 수 있었다. 그리고 그것들의 사회적 의미 역시 그러했다.

하지만 보다 정확하게 말하자면, 역설적이게도 북아메리카 토착민 사회에서 장애의 역사는 존재하지 않았다. 대부분의 토착민 공동체는 오늘날 '장애Disability'에 해당하는 단어나 개념을 가지고 있지 않았다. [2]

토착민 연구자이자 활동가인 도로시 론울프 밀러(검은발족)와 제니 R. 조(나바호족)는 몇몇 토착민 부족들이 장애를 신체적인 상태가 아닌 사회적 관계에 따라 정의했다고 말한다. 토착민 문화에서, 장애는 누군가가 공동체와 관계가 없거나 약할 경우에 발생하는 것이었다. 개인이 결함을 가지고 있더라도 장애는 그 사람이 공동체의 호혜 활동에 참여할 수 없거나 그 관계에서 제거된 경우에만 생겨났다. 예를 들어, 인지적 결함을 가진 젊은 남성이 물을 운반하는 능력이 있다면 그는 뛰어난 인재일 수 있다. 그렇다면 그것이 그 남성의 재능이었다. 물을 필요로 하는 공동체에서 그 역할을 잘해낼 수 있다면, 낙인

없이 공동체의 중요한 구성원으로서 살아갈 수 있었다. 그는 호혜 활동에 참여했고, 균형 속에서 살아갔다. 그의 결함은 공동체에 기여하는 방식에 영향을 미쳤지만, 사람들은 모두 자신의 공동체에 서로 다른 방식으로 기여하고 있었다.[3]

유럽인들이 북아메리카에 도착하면서 장애인 수용시설이 생겨났을 때, 토착민들은 그 시설에 가족을 맡기는 것을 유럽인들에 비해 더욱 꺼렸다. 그 이유를 두고 밀러와 조는 토착민들이 장애를 관계 속에서 정의했기 때문이라고 말한다. 개인의 인지, 신체, 감정적 역량과 관계없이 그 사람이 노동과 관계의 측면에서 호혜 활동을 하며 공동체에서 의미 있는 역할을 하고 있는 한 그들은 조화롭게 살고 있다고 여겨졌지 장애를 가지고 있다고 간주되지 않았다. 호혜 활동과 그로 인한 유대는 누군가의 가치를 규정하는 데 있어 가장 중요한 점이었다.[4]

토착민들이 몸, 영혼, 정신의 관계를 이해하는 방식은 훗날 북아메리카에서 자신의 세상을 찾은 유럽인들이나 쇠사슬에 묶인 채 강제 이주를 당한 아프리카인, 19세기 철도 건설 노동을 하기 위해 이동해 온 아시아인들과 달랐다. 토착민들이 세상을 바라보는 시각은 몸, 영혼, 정신이 서로 얽혀 있다는 점을 전제한다. 당시 토착민들에게 오늘날 통용되는 '장애'에 해당하는 단어가 없었던 것처럼, '능력 있는 몸'이라는 현대적 개념에 상응하는 단어 역시 없었다. 몸은 인간의 영혼과 정신으로부터 분리될 수 없기 때문에, '능력 있는 몸' 그 자체는 중요치

1장. 영혼은 자신이 머무를 몸을 선택한다

않게 다뤄졌다. 토착민 공동체에서는 그 사람의 영혼과 몸과 정신이 모두 조화롭다면, 그가 맹인이건, 만성 통증을 가지고 있건, 춤추듯이 걷건 상관없이 건강하다고 생각했다. 대다수의 토착민 공동체는 오늘날 우리가 인지장애로 부르는 상태, 예를 들어 뇌성마비로 몸이 흔들리는 사람이나 농인을 두고 낙인찍거나 능력이 부족하다고 생각하지 않았다. 개인의 몸, 영혼, 정신이 조화를 이루지 못할 때에만 낙인이 생겨났고 공동체가 개입할 필요가 있다고 여겼다. 따라서 오늘날의 기준으로는 장애나 질병에 해당하지 않는 몸과 정신의 상태이더라도 부조화스럽다고 생각될 수 있었다.[5]

예를 들어, 오늘날의 미국 남서부 지역에 거주했던 나바호족은 구순열이나 짧은 팔다리같이 태생적인 신체적 차이를 두고서 그것들이 생겨난 이유를 부모가 조화를 파괴하는 행동을 했던 데서 찾았다. 예를 들어, 부모가 번개 맞은 물건을 만졌다거나 근친상간 혹은 가까운 가족과 결혼을 했거나, 아니면 다른 금기를 위반하는 행동을 했기 때문이라고 여겼던 것이다. 따라서 이에 대해 적절히 대응하기 위해서는 구순열과 같은 손상의 원인을 파악하고 적합한 치료 의식을 통해서 영혼의 균형을 잡는 일이 필수적이었다. '문제'는 손상 자체가 아니라, 부조화가 초래한 무언가였다. 구순열은 사라지지 않지만, 문제를 초래했던 상황은 해결되고 조화를 되찾을 수 있었다.[6]

호피족은 부적절한 행동으로 그 자신과 가족들의 신체적

차이가 생겨날 수 있다고 믿었다. 사죄의 기도를 하지 않고 동물을 상처 입히거나, 약한 동물을 조롱하면 그 인간의 몸에 부조화가 생겨날 수 있었다. 한 호피족 여성은 토착민 연구자인 캐럴 로커스트^{Carol Locust}에게 "내가 곤봉발^{Club Foot} 을 가지고 태어난 이유는 아버지가 고슴도치를 덫으로 잡아서 앞발을 잘랐기 때문"이라고 말했다. [7]

곤봉발은 태아의 발끝이 안쪽으로 휘어져 골프채 모양처럼 변형된 상태를 의미한다.

비슷하게, 아파치족은 부모가 곰에 대한 금기를 위반하면 아이의 팔과 다리가 구부러진다고 생각했다. 또 임신한 여성이 메추라기 알을 먹으면 아이에게 언어 문제가 생겨날 수 있고, 사슴이나 엘크 고기를 먹으면 아이가 입이나 얼굴 근육을 조절하지 못하거나 마비될 수 있다고 믿었다. 아파치족에게 노년까지 살아남았다는 것은 육체적인 생존을 위협하는 "초자연적인 세계의 악의"를 간신히 모면하는 데 성공했다는 것을 뜻했다. 마녀와 엮이는 일뿐 아니라 금기로 여겨지는 행동이나 장소를 매번 피할 순 없었기 때문에, 그런 일로 생겨난 신체적 결과에 항상 낙인이 생기지는 않았다. [8]

그뿐 아니라, 로커스트에 따르면 대다수 부족들은 다음과 같이 가르쳤다. "영혼은 자신이 살아갈 몸을 선택한다. 사람은 자기 몸의 단점을 두고서 타인을 비난할 수 없다. 따라서 사람은 자신이 누구이고 무엇인지에 대해 책임을 진다." 육체는 영혼이 자신의 목적을 달성하기 위해 선택하는 것이었다. 누군가

1장. 영혼은 자신이 머무를 몸을 선택한다

자신이 원하는 일을 할 수 없을 때, 그 사람의 몸이 실제로 무엇을 할 수 있는지와 무관하게, 몸은 그 상황에 대한 책임이 없었다.[9] 영혼의 조화가 중요할 때, 신체적 차이는 상대적으로 사소한 의미를 가졌다.

마찬가지로, 토착민 부족들에게 조화가 무너져 건강하지 못한 경우는 있었지만, 오늘날 말하는 정신질환에 대한 개념은 존재하지 않았다. 그들의 문화에서 정신을 신체나 영혼과 구분하는 것은 불가능했다. 몇몇 집단은 오늘날 정신장애라 부르는 행동과 인식을 보물처럼 다뤄야 할 재능으로 생각하고, 공동체 지혜의 원천으로 여겼다. 어떤 집단들은 그 상태를 두고 초자연적인 존재의 한 형태라고 생각하거나 신체, 정신, 영혼이 조화롭지 못한 증거로 여기기도 했다. 예를 들어, 맹이나 오늘날 심리 장애라고 부르는 상태, 수두는 금기를 어기는 것 같은 부조화로 인해 발생한다고 생각했고, 그 치료법들 역시 개인의 조화를 회복시키는 것을 목표로 했다.[10]

오늘날 장애로 분류되는 인간의 다양성은 북아메리카의 토착민 부족들에게도 분명 존재했고 그 역사를 가지고 있다. 사람들마다 시력, 청력, 정신의 명민함, 이동하는 방법이 달랐다. 어떤 사람은 두 팔이 아니라 한 팔을 가지고 있었고, 어떤 사람은 한쪽 다리가 다른 쪽보다 더 짧았다. 그러나 영적인 통찰력, 리더십, 새지 않는 냄비를 만드는 능력 역시 사람마다 달랐다. 대다수의 토착민 공동체는 이 모든 것(신체적, 지적, 영적,

기능적인 것을 포함해서)이 같은 스펙트럼 안에 있다고 여겼다. 북아메리카 토착민들이 자신과 세계를 이해하는 방식은 신체적·영적·정신적 차이를 이해하는 데에도 지대한 영향을 미쳤다.

그러한 이해의 형태는 북아메리카 토착민 사이에서도 매우 다양했다. 집단에 따라 자신과 주변 세계를 이해하는 방식이 달랐기 때문이다. 유럽인들이 대륙에 도착했을 때, 그들은 우리가 오늘날 아메리카 토착민이라고 부르는 집단을 발견하지 못했다. 당시 수천만 명의 북아메리카 토착민들은 서로 다른 문화적·정치적 집단을 이루고 있었고, 무려 2,500개에 가까운 지역 언어를 사용하고 있었다.[11] 그들은 다양한 기후에서 살았고 다양한 믿음 체계를 가지고 있었다. 다양한 규모의 정치적 집단을 형성했고, 평원과 산림지대, 사막과 같은 다양한 물리적 영토에서 거주했다. 그들은 자신들이 아메리카 토착민이라는 문화적 정체성을 공유하고 있다고 생각하지 않았다. 토착민 부족 사이에서 장애의 단일한 정의가 존재하지 않았던 것처럼, 장애에 대한 경험도 단일하지 않았다.

토착민의 일상과 장애의 의미

북아메리카에 유럽인이 도착하기 전, 농인이고 맹인이면서 뇌성마비의 리듬에 따라 움직이는 사람과 걷지 못하거나 걷는 데 어려움이 있는 사람의 일상은 크게 다르지 않았다. 이 시

　　　　1장. 영혼은 자신이 머무를 몸을 선택한다

기 수많은 토착민 부족의 일상생활은 매우 다양했지만, 몇몇 공통점이 있었다. 장애는 개인의 능력을 측정하는 데 거의 영향을 주지 않았던 것으로 보인다. 예를 들어, 농인 아이가 북아메리카 토착민 부족에서 태어났다면, 그 아이는 성장 과정에서 거의 대부분의 경우 자신이 속한 공동체와 소통할 수 있었고, 격리되거나 배제되지 않았다. 다른 모든 사람들 역시 겪을 수 있는 다양한 삶의 위협을 이겨내고 살아남는다면, 아이는 파트너를 만나 즐길 수 있을 것이고 나이가 들면서 주변의 아이들을 간지럽히고 가르치는 소중한 노인이 될 수도 있었을 것이다. 조화롭게 살아가게 된다면, 아이는 자신의 재능을 찾았을 것이다. 그것은 뜨개질 실력이었을 수도 있고, 특별히 향긋한 허브를 잘 찾아내는 능력일 수도 있다. 아이는 성장하면서 그 재능을 공동체와 나누고, 그 공동체의 사람들은 자신의 재능을 아이와 나누었을 것이다. 필요하다고 여겼다면 불편함을 해결하고 조화를 찾기 위한 성공적인 치료 의식이 진행되었을 것이다. 그러나 누구도 치료의 결과가 그 젊은 여성이 소리를 듣게 되는 일이라고 기대하지는 않았다. 그러한 변화는 필요하지 않았기 때문이다.

거의 모든 토착민이 수어를 어느 정도 사용했고, 서로 다른 구어를 가진 부족들은 수어를 이용해 소통했다. 16세기 초 유럽인들은 북아메리카 토착민들이 수어를 사용했다고 기록했는데, 오늘날 인류학자와 언어학자들은 토착민들이 유럽인들과 접촉하기 오래전부터 수어를 사용했다는 데 일반적으로 동의한다. 북아메리카에서 수어는 최소한 40개의 다른 구어 집단에서 사용된 것으로 확인된다. 오늘 우리가 토착민의 수어에 대해 알 수 있는 것은 몇몇 노인들이 계속해서 수어를 사용해왔기 때문이기도 하고 19세기 후반 스미스소니언의 개릭 맬러리와 같은 인류학자의 작업이나, 1930년대 토착민수어협회에서 휴 스콧Hugh L. Scott이 만든 동영상 자료, 제프리 데이비스Jeffrey E. Davis와 같은 현대 언어학자의 끈질긴 연구와 활동 덕분이다.

가장 널리 퍼진 수어는 캐나다의 노스서스캐처원강부터 리오그란데강까지, 로키산맥 기슭에서부터 미시시피-미주리 계곡까지, 대평원의 광범위한 지역에서 사용되었다. 오늘날 '대평원 토착민 수어Plains Indian Sign Language'라고 불리는 수어는 공동체 간 무역이나 중요한 정치 협상, 심지어 상대에게 구애할 때에도 소통의 도구로 사용되었다. 데이비스가 서술했듯이, 대평원의 사람들은 공동체에서 의식을 행하거나 이야기를 공유하기 위한 목적으로 수어를 사용했다. 물론 농인과 그 주변 사람들에게는 그 수어가 일차 언어였다. 유럽인들이 말Horses을 들여오고 유목민 생활이 늘어나 다른 구어를 사용하는 사람들 사이의 접촉이 많아지면서 사용은 급격히 증가했다. 개인과 부족에 따라 그 유창함에는 차이가 있었지만, 수어가 꾸준히 사용되었다는 점은 농인들이 소통이 필요할 때 사용할 수 있는 언어를 항상 가지고 있었다는 점을 뜻한다.[12]

1장. 영혼은 자신이 머무를 몸을 선택한다

농인으로 태어난 어린 소녀는 수어로 사람들과 소통할 수 있었다. 그녀의 청인 가족들은 자신들 역시 나이가 들어 청력이 약해지면 수어에 의존할 수 있다는 걸 알았다. 소녀는 성장하면서 좋은 음식을 먹으며 기쁨을 표현할 수 있었고, 뜨개질을 통해 자신의 노동을 공정하게 교환할 수 있었다. 갈대를 충분히 모았다고 자신의 딸을 안심시킬 수도 있었을 것이다. 유럽인들이 도착하기 전 북아메리카 거의 모든 곳에서 토착민들은 자신이 농인이든 청인이든 목 아래에 오른손을 대고, 손바닥이 아래로 향하게 둔 다음, 앞으로 몇 인치를 움직이는 것으로 만족감을 표현할 수 있었다. 그녀도 그렇게 했을 것이다.

수어가 널리 사용되는 사회적 환경은 농의 의미와 함의를 결정했다. 청인과 농인 모두 일상생활에서 수어를 널리 사용했다는 점을 고려하면, 누군가 태어날 때부터 농인이었거나 인생의 어느 시점에 청력을 잃었다고 해서 사회적으로 고립되지는 않을 것이다. 농 때문에 청인들과 중요한 호혜 활동을 하는 과정에서 배제되지 않았던 것이다. 어떤 사람이 농인이 된다고 해도 그는 거의 변화 없이 공동체와 계속 연결되어 있을 것이다.

가혹한 환경은 토착민에게 큰 위협이었고, 아무리 조심스럽고 숙련된 사람일지라도 그 속에서 무사하기란 쉽지 않았다. 그들은 일상적으로 다쳤고 몸은 변형되었다. 다양한 신체를 가진 사람이 존재했던 것은 당연한 일이었다. 예를 들어, 대평원에서 유목민으로 살아가던 토착민들은 그 물리적 환경으로 인해 대가를 치렀다. 사납게 차가운 날씨 때문에 사람들은 동상에 걸렸고 손가락과 발가락을 잃었고, 분쟁이나 사고로 인해 사지와 시력을 잃거나 두뇌에 외상을 입거나 이동능력이 제한되는 일도 종종 생겨났다. 때로는 질병 때문에 몸이 변형되었다. 동물을 돌보거나 사냥을 하는 과정에서 남성과 여성, 아이들은 동물에 물리거나 짓밟히기도 했으며 화살이나 칼에 베일 수도 있었다. 임신과 출산으로 인한 합병증은 만성 통증을 초래할 수 있었고, 자궁 탈출증이 생기면 여성의 이동능력이 제한되기도 했다. 모든 몸은 그렇게 변형될 수 있었고 종종 실제로 변형되었기에, 그로 인한 신체적 차이는 특별할 게 없었다. 한 토착민 연구자는 퓨마와 곰의 공격, 천연두, 전쟁, 질병을 언급하며 "후천적으로 얻게 된 [신체적] 장애가 너무 흔했기 때문에, 거기에 관심을 기울이는 경우는 거의 없었다"라고 말한다. [13]

오늘날 미국의 지배적인 문화와 달리, 토착민의 세계관에서 모든 사람은 자신의 재능을 가지고 있고 신체적 노화가 능력의 감소로 이어지지 않았다. 다른 모든 사람과 마찬가지로 삶의 여러 단계를 거치며 재능이 변화했지만, 노인들은 사람들과 나눌 재능을 가지고 있었다. 공동체는 나이 듦으로 인한 능력 감소와 관계없이, 사고, 분쟁, 혹한 때문에 생겨난 팔다리의 변화와 상관없이, 그들의 정신이 과거만큼 명징하지 않은 것과

1장. 영혼은 자신이 머무를 몸을 선택한다

무관하게 노인들이 사람들을 지도할 능력이 있고 그 능력을 발휘해야 한다고 믿었다. 다른 문화 공동체에서 종종 무시했던 노인의 몸과 마음을 토착민 공동체는 적극적으로 받아들였다.

그러나 이 점이 당시 토착민 사회에서 오늘날 장애로 분류되는 신체적 차이가 그들의 삶에 별다른 영향력이 없었다는 것을 뜻하는 것은 아니다. 기본적으로 장애로 인한 결과는 극단적으로 나타날 수 있었다. 사냥과 채집을 하기 위해서는 신체적인 강건함이 필수적이었을 뿐 아니라 신생아나 몸에 상처를 입은 사람들은 날씨, 지형, 분쟁과 같은 환경적 요인으로 인해 쉽게 죽을 수 있었다. 오늘날이라면 관리를 하며 오래 건강하게 살 수 있는 수준의 장애를 가지고 있는 사람이라 하더라도, 당시 토착민 집단이 살아가던 환경에서는 죽음을 피하기 어려웠다.

공동체는 이러한 신체적 차이를 구분했다. 호피족의 경우 출생 후 생겨난 장애를 두고, 호피족답게 살아가지 않았기 때문에 생겨난 결과라고 이해했다. 시력 감퇴부터 소변 조절 실패나 사지마비까지, 미미한 신체적 변화가 생겨나는 경우에도 호피족은 그것을 이상적인 몸으로부터 멀어진 것으로 이해했다. 예를 들어, 다른 모든 장애와 마찬가지로 "자연스러운 호피족은 나이와 상관없이 완벽한 건강상태를 가져야 했기에, 85세에 시력을 잃더라도 그것은 여전히 호피족답지 않은 것으로 간주되었다."[14] 결론적으로, 누구도 자신의 몸이 호피족답지 않게 변화하는 것을 피할 수 없었다.

호피족과 다른 토착민 부족들은 장애에 부정적인 가치를 부여하기도 했다. 만약 균형과 조화가 도달해야 하는 목표이고 불균형과 부조화가 신체적 정신적 차이를 통해서 드러나는 것이라고 한다면, 오늘날 우리가 장애라고 부르는 신체적 정신적 차이는 낙인 혹은 최소한 불편한 느낌과 연관될 수 있었다. 치료 의식을 통해 조화를 되찾을 수 있다 하더라도, 그 사람이 과거에 불균형한 상태였다는 걸 보여주는 물리적 흔적이 몸에 표시된 채 남아 있었다.

사코크웨니옹콰는 '승리하는 자(The One Who Wins)'를 의미하는 톰 포터의 모호크족 이름이다. 그는 1971년부터 1992년까지 모호크족의 아홉 명 족장 중 한 명으로 일했다.

역사학자인 톰 포터Tom Porter(사코크웨니옹콰Sakokweniónkwas)가 자세히 기술했듯이, 피스메이커가 가르쳤던 '위대한 평화의 법'에 따르면 농인이나 맹인 혹은 움직이는 데 제한이 있는 사람들은 추장이 될 수 없었다. 추장으로 일하는 동안 장애를 가지게 되면 지도자로서 자격을 잃게 되지는 않았지만, 그 경우 부추장들이 의무적으로 추장을 보좌해야 했다.[15] 포터가 설명했듯이, 이것은 낙인 때문이 아니라 그 자리가 요구하는 책무 때문이었다. 물론, 조화를 이상으로 추구했지만 그 이상대로 살아가기란 힘들었다. 토착민 부족 공동체를 과도하게 낭만적으로 묘사하지 않는 것은 중요하다. 공동체의 가르침이 있더라도 인간은 옆길로 새는 존재다. 하지만 토착민 부족들은 기본적으로 조화와 호혜를 강조하는 태도를 가지고 있었

1장. 영혼은 자신이 머무를 몸을 선택한다

고, 이것은 훗날 유럽인들이 가졌던 태도와 극명히 대조된다.

유럽인들이 북아메리카를 점령하기 전, 토착민들은 몸, 정신, 영혼을 하나로 이해하는 세계관을 가지고 있었다. 이러한 믿음에 따라 표준적인 몸과 정신을 유연하게 정의할 수 있었다. 기본적으로 모든 사람은 공동체와 나눌 수 있는 재능을 가지고 있고, 공동체가 건강한 균형 속에 존재하기 위해서는 사람들이 서로 그 재능을 나누어야 한다고 믿었다. 주변 부족을 정찰하다가 절벽이나 나무에서 떨어져 팔을 움직일 수 없게 된 젊은 남성은 다른 방식으로 사냥하고, 낚시하고, 북을 두드리고, 그의 성적인 파트너를 기쁘게 하는 법을 배웠을 것이다. 공동체의 과거를 사람들과 나누고 가르치는 것이 그의 재능이었을 수도 있다. 만약 공동체가 풍요롭고 자원이 넘쳤다면 그는 잘 먹으며 지냈을 것이고, 어려운 시기에는 다른 모든 사람들과 마찬가지로 부족한 상태로 지냈을 것이다. 사람들이 보지 못하는 존재들에게 말을 걸고 난데없이 소리를 내서 주변 사람들의 사냥과 낚시를 방해하는 사람이 있었을 수도 있다. 그 사람은 다른 사람들이 이해하지 못하는 것에 대한 뛰어난 통찰력이 있다고 여겨져 그들을 지도하는 역할을 했을 수도 있다. 두 사람 모두 가족과 함께 살았을 것이고 공동체에 기여하고 공동체로부터 도움을 받았을 것이다.

하지만 외부에서 시작된 변화는 북아메리카 토착민 공동체를 돌이킬 수 없는 상태로 바꾸었다. 이 변화는 15세기에 유럽인들이 도착하면서 시작되었고, 수세기에 걸쳐 이어졌다. 토착민들의 몸과 삶은 유럽인의 침략과 군사적 갈등, 그들이 가져온 질병들로 인해 극적으로 바뀌었다. 건강과 의학에 대한 서구적 개념은 직접적이고 비극적인 형태로 몸, 정신, 영혼을 하나로 여기는 토착민들의 세계관과 충돌했다. 유럽인과 토착민의 문화 사이에 존재했던 서로에 대한 호의적인 감각은 질병, 탐욕, 문화적 우월성의 관념 속에서 소멸되었다. 이 피할 수 없었던 만남에 관여된 모든 공동체에서 문화적 갈등과 그로 인한 결과는 장애를 새롭게 규정했고, 장애인의 삶은 달라지기 시작했다.

1장. 영혼은 자신이 머무를 몸을 선택한다

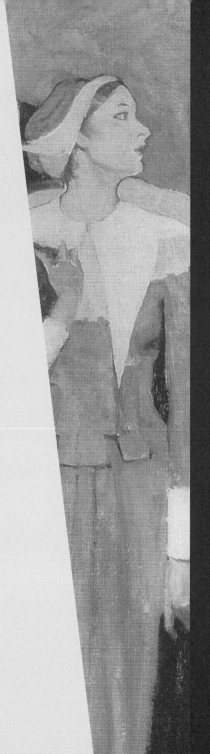

2장

가난한,

사악한,

그리고

병약한 사람들

: 식민지 공동체,
  1492~1700

장애란 무엇이고, '적절한' 신체와 정신이란 무엇인지에 대한 관념은 유럽인들이 북아메리카를 식민지로 만들기 위해 배를 타고 유럽의 항구를 떠나기 전부터, 지대한 영향력을 발휘했다. 대서양을 가로지르는 여행은 가장 튼튼한 몸을 가진 이들에게도 힘든 일이었고, 그 과정에서 항해를 지휘하는 사람들은 살아남기 어려워 보이는 몸과 정신을 가진 사람들을 배제했다. 배를 탔던 모험가, 식민지 개척자, 일확천금을 꿈꾸던 사람들은 그 위험하고 불쾌한 환경에서 죽어나가기 일쑤였고, 그럴 때마다 그들 시신은 바다에 던져졌다. '능력 있는 몸'에 대한 정의는 계급, 젠더, 인종, 종교에 대한 당대의 일반적인 인식에 큰 영향을 받았다.

신세계New World를 가장 먼저 찾아 나선 유럽인은 스페인 사람들이었다. 스페인 왕의 지원을 받아, 크리스토퍼 콜럼버스는 세 척의 배를 이끌고 탐험에 나섰고, 1492년 오늘날의 바하마에, 그다음에는 쿠바에 도착했다. 1592년까지 스페인, 프랑스, 영국에서 온 탐험가와 식민지 정착민들은 때로는 배를 타고 때로는 걸어서 북아메리카의 대서양 해안과 멕시코만과 태평양 해안의 여러 지역에 도달했고, 내륙으로 들어갔다. 유럽인이 가는 곳마다 다른 언어, 다른 문화, 다른 역사를 가진 토착민이 있었다. 유럽인이 처음으로 오랜 기간 정착했던 곳은 스페인 사람들이 머물렀던 플로리다 해안 근처였다. 이후 1600년대에, 영국과 프랑스 사람들은 오늘날 캐나다, 뉴잉글랜드, 그리고 남쪽으로는 버지니아까지 자신들이 영구적으로 정착할 땅을 마련했다. 정착지가 확장되고 무역이 확대되며 북아메리카의 유럽인 수는 증가했다.

토착민과 유럽인, 그 첫 번째 만남

유럽인들이 북아메리카에 막 도착했을 때, 토착민들은 그들을 보고 이상하고 신기한 생명체라고 생각했다. 예수회 선교사인 피에르 비아르Pierre Biard와 프란치스코회의 성직자 가브리엘 사가르Gabriel Sagard는 짐작컨대 평균의 외모를 가진 프랑스 사람이었을 것이다. 하지만 그 둘은 17세기 초 [오늘날 캐나다 동부 대서양 연안에 위치한] 뉴프랑스 지역인 노바스코샤의 토착민들이 자신들의 몸을 바라보며 역겨워했다고 기록하고 있다. 사가르의 기록에 따르면 휴런족 사람들은 턱수염 때문에 그가 멍청하고 못생겼다고 생각했다. 비아르는 다음과 같이 적었다. "처음에 그들은 우리의 머리와 입 주변에 털이 있어 매우 못생겨 보인다고 종종 말했다. 그러나 점점 그들은 우리의 외모에 적응했고, 이제는 우리가 덜 망가져 보인다고 말한다."[1]

덜 망가져 보인다고? 얼굴에 난 수염 때문에 추해 보이고 지적으로 부족해 보인다고? 토착민들, 적어도 뉴프랑스 지역의 휴런족 사람들에게 정상적인 몸이라면, 입과 머리에 털이 있어서는 안 되었다.

유럽인이 북아메리카 대륙에 도착한 이후 첫 번째 세기 동안, 유럽인과 토착민 사이에서 발생했던 문화적 혼동과 오해는 거대한 것이었다. 두 대륙의 사람들은 서로에 대해 그리고 세계가 작동하는 방식에 대해 근본적으로 다르게 이해했다. 선의로 시작된 행동도 종종 심각한 오해로 이어졌다. 거의 모든 만남에 폭력, 잔인함, 공포가 함께했다.

소통이 어려웠던 유럽인과 토착민의 관계는 빈번하게 악화되었지만, 그들은 자신의 몸과 손을 사용해 대화했다. 토착민은 북아메리카와 중앙아메리카에 널리 퍼져 있던 수어를 사용해 다른 언어를 쓰는 사람들과 소통하는 데 익숙했다. 베르날 디아스 델 카스티요Bernal Díaz del Castillo와 알바르 누녜스 카베사 데 바카Álvar Núñez Cabeza de Vaca는 토착민과 소통하기 위해 수어를 사용했다고 보고했지만, 두 사람 모두 그 구체적인 내용을 기록하지는 않았다. 1528년 판필로 데 나르바에스가 이끄는 스페인 탐험대가 오늘날 플로리다의 탬파 베이 지역에 도착했을 때, 기록 담당자였던 카베사 데 바카Cabeza de Vaca는 자신들이 만난 토착민을 두고 다음과 같이 기록했다. "그들은 많은 신호를 보냈고 우리를 위협하는 몸짓을 했다. 그들은 이 땅에서 떠나라고 말하는 듯한 몸짓을 하며 우리에게서 멀어져갔다."

수어는 서로 이해가 가능할 뿐 아니라 상대적으로 복잡한 내용을 전달하는 것도 가능했던 게 분명하다. 카베사 데 바카가 오늘날의 갤버스턴섬 가까이에 있는 해안가로 밀려왔을 때,

토착민은 그에게 수어로 "지금은 음식을 가지고 있지 않지만, 내일 해가 뜰 때 음식을 가져오겠다"라는 말을 전달했다. 카베사 데 바카는 수어로 소통하는 사람들을 캘리포니아만과 같이 멀리 떨어진 곳에서도 만났다고 기록했다. 1541년에 프란시스코 바스케스 데 코로나도Francisco Vásquez de Coronado 역시 비슷한 기록을 남겼다. [2]

스페인 탐험대는 수어를 두고서 언어가 아닌 개별적인 여러 몸짓으로 이해했다. 오늘날 학자들은 토착민이 사용하던 수어가 서로 다른 구어를 쓰는 집단끼리 소통하는 경우뿐 아니라, 난청인이나 농인들이 소통하는 경우에도 도움이 되었다고 확신한다. 유럽인 탐험대는 토착민이 사용해오던 수어의 도움을 받았지만, 그것이 미개한 손 신호라고 폄하했다. 당시 스페인 탐험대들은 농인도 교육받을 수 있다고 주장하며 알파벳 수어 메뉴얼을 개발했던 스페인의 베네딕도회 수도사인 폰세 데 레온Ponce de León(1520~1584)과 동시대 사람들이었다. 즉, 북아메리카 토착민들의 수어는 유럽의 어떤 수어보다 훨씬 오래전부터 존재했던 것이다. (훗날 농인 교육의 선두주자가 되는 프랑스에서도 초기 유럽인 탐험대가 왔었다. 하지만 프랑스가 그 분야에서 리더가 된 것은 1700년대 이후였다.) 토착민들은 유럽인들과 달리, 농인으로 태어난 사람이 그들만의 지적 역량을 가지고 있다고 믿었다. 유럽인들은 북아메리카 토착민이 야만스럽고 열등하다고 믿었기에, 자신들이 아직 개발하지 못한 무언가를 토착민들이 이미 가지고 있을 거라고 생각하지 않았다.[3] 수어는 유럽인과 토착민이 소통하는 도구였다. 하지만 수어만으로는 두 집단의 문화적 화해를 가져올 수는 없었다.

붕괴, 질병, 장애: 유럽인 침공의 결과

북아메리카 대륙에 도착한 사람들은 유럽을 떠나 대양을 건너는 험난한 여정에서 살아남은 이들이었다. 그들은 안도감과 두려움 속에서 걸음을 재촉하며, 생활용품과 무기를 운반했고, 그 과정에서 질병도 함께 가져왔다. 유럽인들이 가지고 온 질병은 북아메리카 대륙 토착민들의 몸과 공동체를 심각하게 훼손시켰다. 유럽인들과 함께 북아메리카에서 건너온 천연두, 홍역, 유행성 전염병, 콜레라, 백일해, 말라리아, 성홍열, 발진티푸스, 디프테리아로 인해 토착민들은 농과 맹, 신체 변형을 겪었고 간병인을 잃었으며, 헤아릴 수 없이 많은 토착민들이 사망했다. 가혹한 환경에서 살아가며 영양실조로 고통받은 토착민들 사이에서 질병은 급속도로 퍼져 나갔다. 토착민들이 상대적으로 동일한 유전자를 가지고 있었기 때문에 낯선 질병에 적절히 대응하며 면역력을 획득하기 어려웠던 점이 이러한 과정에 크게 기여했다. 수많은 사람들이 사망하면서 초래된 사회적 혼란으로 토착민 공동체의 상호 간 호혜 활동은 무너졌고 삶은 붕괴되었다. 그 밖에도 유럽인이 북아메리카에서 자신의 정착지를 확대하려던 시도나 스페인인의 토착민 노예화, 북아메리카 남동부에서 자행된 노예무역, 그리고 프랑스인, 스페인인, 영국인들이 이용한 무역로를 따라 이동했던 사람들과 상품, 이 모든 것들이 질병의 확산을 가속시켰다. [4]

전염병은 널리 퍼졌다. 1616~1619년 뉴잉글랜드에서 처음으로 기록된 전염병으로 그 지역에 살던 앨곤퀸족 토착민의 90~95퍼센트가 죽었다. 1630년대와 1640년대를 거치며, 천연두로 인해 세인트로렌스강Saint Lawrence River과 오대호Great Lakes 지역에 살던 휴런족과 이로쿼이 사람 중 대략 50퍼센트가 사망했다. 오늘날 버지니아, 캐롤라이나, 루이지애나가 된 미국 남동쪽 해안가 지역에서 1700년까지 살아남은 토착민은 5,000명이 안 되는 것으로 연구자들은 추정한다. 1520년 플로리다에는 7만 명이 넘는 토착민이 살고 있었지만 그 후손 중 1700년경까지 살아남은 수는 2,000여 명에 불과했다. [5]

1616~1619년 전염병으로 인해 이미 초토화된 뉴잉글랜드 토착민 공동체에 1630년대에 다시 한번 전염병이 찾아왔다. 윌리엄 브래드퍼드는 플리머스 식민지Plymouth Colony의 앨곤퀸족에 대해 썼다.

이 질병에 걸려 쓰러진 앨곤퀸족 사람들은 결국 서로를 도울 수 없었다. 그들은 불을 피울 수도, 마실 물을 구할 수도 없는 상태가 되었다. 죽은 사람을 묻을 수도 없었다. 하지만 그들은 최선을 다해 살아남기 위해 노력했다. 불을 피우기 위한 다른 방법을 찾을 수 없을 때, 고기를 올려놓고 먹었던 나무로 된 탁자와 접시를, 소중한 화살과 활을 태웠다. 몇몇은 약간의 물을 구하기 위해 네 발로 기었고, 때때로 그 과정에서 죽어 다시 돌아오지 못했다. [6]

토머스 모건은 1637년 같은 공동체에 대해 다음과 같이 기록하고 있다. "사람들은 자신들의 집에 누운 채 무더기로 죽어갔다. 많은 사람이 살았던 곳이었지만, 어떻게 된 일인지 말해줄 단 한 사람조차 살아남지 못한 채… 뼈와 두개골들이 여기저기 놓여 있었다"[7] 브래드퍼드나 모건 둘 모두 이 같은 끔찍한 상황에 자신들이 어떻게 대응했는지를 기록하지는 않았다.

전염병 때문에 공동체는 물리적, 문화적으로 더 약해졌고, 그로 인해 토착민은 이후 발생하는 전염병에 더욱 취약해졌다. 농사일을 할 수 있는 사람들이 거의 없었고, 살아남은 사람들은 새로운 전염병을 피하기 위해 다른 지역으로 이동했다. 이제 공동체는 시기마다 필요한 노동을 더 이상 할 수 없었다. 역사학자인 윌리엄 크로넌William Cronon에 따르면 "먹고살기 위해마다 적절한 시기에 꼭 해야 하는 일들을(예를 들어 옥수수 심기나 가을 사냥) 하지 못하는 경우가 종종 생겨났고 그 결과, 다음 전염병이 다가왔을 때 토착민들은 더 약해져 있었다."[8]

유럽인의 침입 때문에 생겨난 환경 변화는 전염병과 함께 토착민의 생존을 위한 토대를 붕괴시켰다. 역사학자인 데이비드 존스가 썼듯이, 식민지 정착민들로 인해 토착민이 거주했던 산림은 망가졌고 그 결과 "지역의 기온 변동이 더 커졌고 홍수가 더 빈번해졌다". 식민지 정착민이 기르던 동물들은 종종 토착민들의 작물을 갉아 먹었는데, 그로 인해 두 집단 사이의 긴장이 고조되고 이는 유럽계 정착민들이 종종 토착민의 땅을 빼앗는 결과로 이어졌다. 존스는 유럽인들이 "곤충, 쥐를 포함한 유해동물과 해충을 들여왔고, 그 모든 변화는 토지 침식을 가속화시켰고 살아남은 토착민들이 생존하기 위해 필요한 최소한의 조건을 무너트렸다"라고 기록했다.[9] 유럽계 정착민들로 인해 황폐해진 환경과 때로는 학살과 노예무역으로 인해 토착민들의 숫자가 줄어든 상황에서, 처음 유행했던 전염병으로 이미 취약해진 많은 토착민 공동체는 다음에 다가오는 전염병을 거의 아무런 자원도 없이 직면해야 했다.

천연두, 홍역, 수두, 볼거리와 같은 바이러스 전염병이 마을에 퍼졌을 때, 15세에서 40세 사이의 사람들이 가장 많이 감염되었고, 그들의 사망률이 가장 높았다. 그들의 면역시스템은 외부병원체에 대항하기 위한 성장을 이미 마친 상태였기에 바이러스 감염에 가장 공격적으로 반응했고, 그러한 면역반응은 고열, 농, 부종, 허약해짐, 피로와 같은 병적인 증상으로 드러났다. 이들이 육체노동을 하지 못하게 되면서, "매일같이 농작물을 기르고, 야생 식물을 채집하고, 물과 땔감을 모으고, 동물을 사냥하고, 낚시를 하는 일은 사실상 중단되었다". 어린이와 노인, 육체적으로 그런 노동을 할 수 없는 사람들은 식량을 구할 수 없었고 돌봄을 거의 받지 못했다. 많은 사람들이 음식과 물을 구해줄 사람이 없어서 죽어갔다. 그렇게 물리적·문화적으로 무너진 공동체에서, 서로를 돕는 호혜 활동을 하고 다른 이들을 돌보는 공동체의 전통을 유지하는 것은 불가능한 일이었다. 1710년 찰스턴 근처에 사는 토착민들에 대해 한 유럽계 식민지 정착민은 이렇게 썼다. "토착민들은 [북아메리카에 유럽인의] 식민지가 건설된 이후로, 거의 모든 전통을 잊게 되었다. 자신들의 축제를 계속했지만, 나이 든 사람들이 모두 사망했기 때문에 축제를 하는 이유에 대해 말할 수 있는 게 거의 없었다."[10] 이러한 공동체 파괴는 영적·문화적 위기를 초래했다.

신체·정신장애를 가지고 있어서 도망치는 것이 물리적으로 불가능하거나 식량, 물, 땔감을 구하는 것이 어려웠던 사람들에게 전염병의 유행은 그저 죽음을 의미했다. 그들이 뛰어난 이야기꾼이거나, 바구니를 잘 만드는 사람이거나, 아이를 양육하는 능력이 뛰어나거나, 지혜를 가진 사람이라 할지라도, 그 모든 것은 공동체를 덮친 압도적인 재난 앞에서 의미가 없었다. 장애인의 삶은 북아메리카에서 유럽인이 만들어낸 변화로 더 큰 영향을 받았다.

전염병은 종종 장애를 남겼다. 천연두 생존자들은 시력을 잃거나 신체가 변형되는 경우가 흔했다. 성홍열 생존자들은 농이나 맹을 가질 수 있었고, 둘 모두를 겪기도 했다. 유럽인이 북아메리카를 침공하며 생겨난 변화는 오늘날 장애라고 불리는 상태를 토착민들이 경험하는 방식을 바꾸었을 뿐 아니라 장애를 만들고 장애인을 죽음으로 내몰았다.

　유럽인이 북아메리카를 식민지화하던 시기는 장애와 질병의 관계에 대해 많은 점을 말해준다. 장애와 질병은 동의어가 아니다. 하지만 질병은 장애를 초래할 수 있다. 그렇게 생겨난 장애의 사회적·경제적 영향력은 때로는 거대하고 또 때로는 미미하다. 그러나 전쟁, 인종차별, 환경 파괴, 강제 이주 등으로 인해 극도로 쇠약해진 상황에서 대규모로 발생한 질병은 토착민에게 상당한 수준의 장애를 갖게 만들었다. 그렇게 장애를 가진 토착민들이 살아가는 물질적 현실은 매우 가혹한 것이었다.

　유럽계 정착민들도 질병으로 장애를 갖게 되는 경우가 있었다. 하지만 북아메리카 토착민에 비해 그런 경우는 드물었다. 그들이 살아가는 물질적 현실 역시, 토착민에 비해 상대적으로 풍요로웠다. 유럽계 정착민들은 젠더, 계급, 인종에 따라 적합한 방식으로 노동하는 데 있어 신체적 장애가 방해되지 않는다면, 장애를 별다르지 않은 일상적인 것으로 받아들였다. 유럽계 정착민들은 정신·인지장애를 가진 사람들에게 더 많은 관심을 기울였고 그들에게 자신들이 적절하다고 생각한 공동체 돌봄을 제공했다.

'능력 있는 몸'에 대한 유럽인의 생각
그리고 장애에 대한 공동체의 대응

북아메리카로 온 스페인, 프랑스, 영국, 그리고 다른 유럽인들은 다양한 목적을 가지고 있었다. 어떤 이는 가족이나 뜻을 같이하는 사람들과 함께 영구적인 정착지를 만들고자 했다. 어떤 이는 노예와 금을 찾았고 장기적인 무역로를 구축해 부와 권력을 얻고자 했다. 또 몇몇은 유명세를 원했다. 이처럼 거대한 목적을 가지고 탐험대를 모은 사람들은 '능력 있는 몸'과 정신을 가진 사람들을 찾았다. 북아메리카로 향하는 배가 유럽의 항구를 떠날 때, 장애를 가지고 있다고 생각되는 사람들은 배제되었다.

1600년대 유럽인들에게 능력 있는 몸과 능력 있는 정신은 무엇을 의미했을까? 1616년 예수회 선교사인 피에르 비아르는 그가 만났던 많은 사람들이 "외눈이거나 사시이거나 혹은 코가 평평한 결함"을 가지고 있다고 기록했다. [11] 1600년대 초, 프랑스, 영국, 스페인 중 어느 곳도 물리적으로 살기 쉬운 곳이 아니었고 북아메리카로 배를 타고 여행하는 것 역시 쉬운 일이 아니었다. 선천적인 이유나 질병, 사고로 인해 생겨난 다양한 형태의 신체는 드물지 않았고, 이러한 신체를 가지고 있다고 해서 능력 있는 몸의 범주에서 배제되지는 않았다. 그러므로 17세기 북아메리카에 도착한 유럽인들은 능력 있는 몸에 대한 당시의 기준을 충족시켰다 할지라도, 그들의 몸은 매우 다양했다. 자본주의가 유럽을 지배하기 시작한 17세기, 장애를 정의하는 일차적 기준은 노동을 수행할 수 있는 능력이 있는지 여부였다.

　유럽계 정착민들은 신체적 장애를 거의 주목하지 않았지만 인지·정신장애에는 상당한 관심을 쏟았다. 당시 신체적 표준이 상대적으로 유동적이었고 다양한 몸이 일상적으로 존재했다는 주장에 힘을 실어준다. 한 팔을 가진 남성과 여성, 가벼운 마비를 겪거나 다리를 절룩거리는 사람, 농인, 그 밖의 다양한 신체를 가진 사람들은 농사를 짓고 아이를 돌볼 수 있었고, 항해를 하고, 통을 만들고, 덫을 이용해 사냥을 하고, 낚시를 하고, 총을 쏠 수 있었고, 물레를 돌려 천을 짤 수 있었다. 그러나 16~17세기 북아메리카에서 사회 질서를 확립하고 정부를 건설하고 자본주의 무역 연결망을 구축하려 했던 유럽인들은 신체장애인과 달리 심리·인지장애가 있다고 분류되는 사람들과 관련해서는 실질적인 정책과 법을 만들고자 했다.

　토착민 공동체의 경험이 다양했던 것처럼, 영국계 정착민의 경험도 다양했다. 뉴잉글랜드 지역에 영구적인 정착지를 만들려 했던 영국 청교도들은 가족과 함께 종교적인 이상을 따라 살고자 했다. 그들의 지도자는 이런 희망을 실현하는 데 있어 여성이 적절하게 능력 있는 몸을 가지고 있다고 생각했다. 반면 체서피크만 지역의 영국인들은 지주나 계약노동자로서 경제적 성공을 위해 상업활동이 활발한 지역으로 자발적 혹은 강제적으로 이주한 이들이었다. 그들에게 담배 농장에서 일하기 적합한 몸을 가진 사람은 상당한 육체적 노동을 할 수 있는 젊은 남성이었다.

영국인들은 군대, 무역, 종교적 목적으로 전초기지를 만들려 했던 프랑스인, 스페인인과 달리, 남성, 여성, 어린이들이 계속 머물 수 있는 정착지를 찾고자 했고, 그런 이유로 공동체와 사회정책에 더 많은 관심을 쏟았다. 뉴잉글랜드의 청교도들은 자신들의 독자적인 법 체계를 빨리 만든 반면, 체서피크만 지역의 사람들은 상대적으로 영국 법원에 의존했다.

청교도 윤리는 뉴잉글랜드에 정착한 영국인의 삶 전반에 스며들었다. 청교도들은 신이 세상을 위계 속에서 질서 있게 창조했다고 믿었고, 그 질서에 따라 자신들의 공동체를 만들고자 했다. 1620년 윌리엄 브래드퍼드가 이끄는 영국 청교도들은 본래는 버지니아에 정착하려 했지만 훨씬 더 북쪽인 오늘날 매사추세츠주의 플리머스에 자리 잡았다. 그들이 선택한 땅은 파툭셋Patuxet 토착민들이 이미 개간하고 경작했지만 1617년 전염병 유행으로 인해 버리고 떠난 곳이었다. 플리머스에 정착한 사람들은 필그림Pilgrims•으로 알려져 있는데, 오늘날 미국의 어린이들은 추수감사절에 그들을 기억하며 모자를 만들곤 한다. 1636년 식민지 정착민들은 남성-

필그림은 '순례자'라는 의미를 가지고 있다. 헨리 8세가 영국 성공회를 국교로 삼고 이에 순종하지 않는 이들을 탄압하자, 종교의 자유를 찾아 네덜란드를 거쳐 아메리카 대륙에 최초로 이주했던 청교도 집단을 일컫는 말이다.

장애인-퇴역군인 수당제도를 만들며 "전쟁 중에 다친 이가 있다면, 남은 인생을 식민지 정부가 도울 것이다"라고 약속했다. 1641년, 매사추세츠 '자유의 법Body of Liberties'은 "나이가 어리거나 많은, 정신적으로 결함이 있는, 감각이 둔화된, 사지를 제대로 움직일 수 없는" 사람들이 공무를 맡지 않도록 보장했다. 또한 그 법은 올바른 경제적 판단을 내릴 수 없는 정신상태를 가지고 있다고 생각되는 사람들을 보호하는 규정을 가지고 있었는데, 결혼한 여성, 특정 나이 이하의 어린이, 백치나 실성한 사람이 그에 해당했다. '자유의 법' 개정판은 앞선 언급한 조항을 삭제했지만, "어린이, 백치, 실성한 사람 그리고 모든 낯선 이들이나 우리 지역에 새로 온 사람들은 범죄를 저지르거나 그밖의 상황에 있어서, 종교 및 이성적인 판단이 요구하는 바에 따라 지원과 처분을 받을 것"이라고 명시했다.[12]

매사추세츠와 다른 식민지의 법은 17~18세기에 걸쳐 "백치Idiots"와 "실성한 사람Distracted Persons"을 구분했다. 1693년 제정된 빈민법에 따르면, "백치"는 "선천적으로 이해능력이 결여된, 스스로를 돌볼 수 없는" 사람들이었다. 백치는 백치로 태어났고 그 상태는 평생토록 지속되는 영구적인 것이었다. 이와 달리 종종 "미치광이Lunatick"라고도 불리는 실성한 사람은 "신의 섭리에 따라 정신착란이 생겨나, 제정신이 아닌 상태"를 의미했는데, 정신적으로 불안정한 상태는 후천적으로 생겨난 일시적인 것일 수도 있었다.[13] 북아메리카의 식민지에는 오늘날 인지장애나 심리 장애라 불리는 상태에 대한 여러 법이 있었고, 이는 미국 혁명 때까지 유지되었다.

초기 식민지 법에 따르면, 법을 이해할 수 없는 사람들은 처벌을 받지 않았다. 앞에서 서술했듯이, 1639년 매사추세츠는 영국에서 이미 확고하게 성립된 관행을 채택하여 "어린이, 백치, 실성한 사람, 그리고 모든 낯선, 새로운 이들"은 법을 지키지 못한다 하더라도 처벌받지 않도록 했다. 1647년 로드아일랜드 역시 비슷한 조항을 채택했다. 살인 사건에 있어서도 다음과 같은 경우에는 처벌하지 않는다고 명시했다.

무엇이 선이고 악인지를 알 수 없는 선천적 백치이거나 범죄를 저지르려는 의도가 없었다면, (⋯) 미친 사람의 경우도 같다. 정신이 온전하지 않은 사람이라면 다음의 조항을 따른다: 정신에 죄가 없다면 어떤 행동이 그 사람을 죄인으로 만들지 않는다. [14]

뉴잉글랜드 법이 정신장애나 인지장애를 가진 사람에 대해 가장 우려했던 부분은 재정적인 문제였다. 나이가 어리거나 많아서 혹은 정신·인지·신체장애로 인해 노동할 수 없고 스스로를 돌볼 수 없는 사람들의 경우, 그들을 부양하는 일차적 책임은 항상 가족이 져야 했다. 백치와 실성한 사람은 경제적으로 스스로를 부양할 수 없다는 이유로 공동체에서는 그들을 바람직하지 않은 구성원으로 여겼다. 가족이 없는 경우에는 더욱 그렇게 생각했다. 1693년부터 빈민법은 공동체가 그들을 책임 질 경우 감당해야 하는 비용을 줄이고자 지역 공무원이 백치나 실성한 사람의 재산을 사용할 수 있도록 허가했다. [15] 법은 또한 백치나 실성한 사람이라고 여겨지는 경우, 이들이 소유했거나 상속받은 재산을 공동체가 보호하고 관리하도록 했다. 공동체가 그들의 생계를 유지시키기 위해 재정 지원을 책임져야 하는 상황을 피하기 위해서였다.

백치에 대한 법을 시행하기 위해서는 기준이 필요했고, 일반적으로 그 기준은 노동, 자기돌봄, 다른 사람의 눈에 감지된 지적 능력, 그리고 자산관리였다. 매사추세츠 주민인 미길 스미스Mighill Smith는 한 선거에서 세 번 투표를 했지만, 1647년 식민지 법정은 다음과 같이 말하며 그에게 벌금을 부과하지 않기로 결정했다.

"그가 선거에서 세 개의 콩•을 한꺼번에 넣은 것은 단순히 그가 무지해서 생겨난 악의가 없는 일이다."

당시 매사추세츠의 청교도 공동체에서는 선거에 콩, 옥수수알 등을 사용해 투표하기도 했다.

메리 핍스Mary Phipps에 대해서는 "그녀에게는 비슷한 나이인 사람들이 당연히 가지고 있는 상식적인 사고능력과 이해능력이 없고… 지적 능력은 자연상태와 다를 바 없다"라고 판단했다. [16] 스미스와 핍스는 자신들의 행동에 대한 책임이 없는 백치였기에, 보호가 필요한 순수하고 무해한 존재로 여겨졌다.

오늘날 인지장애를 가진 사람들이 신체적 폭력과 성폭력

의 피해자가 되거나 경제적으로 착취당하기 쉬운 것처럼, 식민지의 백치들도 그러했다. 베노미 벅Benomi Buck과 그 누나인 마라 벅Mara Buck이 그러한 사례다. 둘의 아버지인 리처드 벅Richard Buck은 런던의 버지니아 회사에서 수천 명의 마스터와 도제들을 영적으로 지도하는 목사였다. 역사 기록에는 "벅 부인"이라고 알려진, 두 번째 아내와 벅은 1609년 영국을 떠나 버뮤다에서 9개월 동안 고립되어 지낸 후, 1611년 마침내 버지니아에 도착했다. 1611년에 태어난 마라의 이름은 '쓴맛'을 의미했고, 1616년 태어난 베노미의 이름은 '내 슬픔의 아들'을 의미했다. 1624년 벅 목사와 그의 아내가 사망하자, 벅 남매는 가축과 담배와 같은 개인적 재산, 몇몇 계약노동자의 하인 고용계약서, 320파운드 무게 담배만큼의 값어치를 지닌 물건들, 그리고 상당한 크기의 땅을 소유하게 되었다.[17]

오늘날 우리가 벅 남매에 대해 알 수 있는 것은 그들이 물려받은 유산과 관계된 법적 분쟁 때문이다. 부모가 사망한 후, 주변인들은 그들의 재산을 뺏으려 했는데, 그러한 범죄 시도들이 기록으로 남아 있다. 백치로 불리며 "스스로를 통치할 수 없고, 자신의 아버지로부터 물려받은 작은 땅을 관리할 수도 없다"라고 여겨졌던 베노미는 1639년 사망할 때까지 유아기와 성인기를 모두 포함해 법정 후견인의 보호를 받으며 살았다. 존 하버 주지사가 베노미 사건을 조사했을 때, 그는 베노미의 법정 후견인 중 몇몇이 베노미의 생계를 위해 쓰도록 되어 있는 "재산을 이용해 그들의 부를 늘렸다는" 점을 알게 되었다. 마라는 열세 살이 되던 해, 어떤 남자가 마라의 유산을 노리고 그녀와 결혼하려 한다는 소문이 널리 퍼져, 순회 형사 재판소Crown Court가 주의를 기울이기 시작했다. 법원은 그녀가 장애인이고 후견인이 필요하다고 판단했고, 1624년 그녀의 후견인은 "그녀가 너무 아둔하여 배우지 못한다"라고 법정에서 증언했다.[18]

메리 핍스 역시 범죄와 관련된 역사 기록에 등장한다. 1689년, 매사추세츠 찰스턴에서 토머스 댄포스Thomas Danforth (세일럼 마녀 재판의 판사)의 19세 손녀는 결혼하지 않은 상태에서 아이를 낳았다. 핍스는 벽돌 쌓는 노동을 하는 49세 남자인 존 워커가 아이의 아빠라고 두 번 증언했다. 핍스가 산파에게 말한 바에 따르면, 그는 그녀가 울지 못하도록 입을 막은 채, "사악한 욕정으로 그녀의 몸을 여러 차례 학대했다". 하인인 한나 길슨은 워커가 "매우 음탕하고 사악했으며, 그가 하는 말은 너무 비도덕적이어서 핍스는 어떤 경우에도 그와 단둘이 있으려 하지 않았다"라고 증언했다. 핍스의 아버지는 그녀가 "노예 상태에 가까웠고… 그 사실을 누구에게든 말하면 워커가 자신을 죽일 거라는 두려움을 품고 있었다"라고 보고했다.[19]

핍스가 강간당했던 것은 분명했다. 하지만 그녀가 법정에 서게 된 이유는 강간 피해자여서가 아니었다. 그녀의 아이가 사생아였기 때문이다. 법정은 아이에 대한 경제적인 책임을 누가 져야 하는지를 판단하려 했고, 존 워커가 책임져야 한다는 판결을 내렸다. 핍스가 마비 증상을 가지고 있고 백치라는 점은 법적으로 그녀에게 불리하게 작용했을 것이다. 법정 기록에 따르면 "핍스는 그녀의 나이 또래 사람들이 가지고 있는 상식적인 사고능력과 이해능력을 가지고 있지 못해서, 선과 악을 구별하거나 도덕적인 판단을 할 수 없었다. (…) 그러나 그녀는 사람을 알아보고 사람을 기억했다. 핍스는 지적인 측면에서 동물과 크게 다르지 않다. (…) 그녀는 신체의 반쪽이 상당 부분 마비되어 있었다는 점에서 강간에 저항하기 어려웠고… [우리는] 핍스를 아이라고 생각하며 도와야 한다".[20] 워커는 아이에게 재정적인 지원을 하라는 명령을 받았지만, 아이가 죽게 되어 더 이상 엮일 일이 사라졌다. 핍스의 유명한 할아버지는 1699년에 사망하며 그녀에게 재산의 일부를 남겨주었지만, 그 이후 핍스에게 무슨 일이 생겼는지는 불확실하다.

당시 공동체는 백치를 돌보고 재정적으로 책임을 지는 게 가족의 몫이라고 생각했고, 실성한 사람과 미치광이를 돌보는 것 역시 가족이 담당해야 한다고 믿었다. 부유한 가족이 있어 재정 지원을 받고 있다면 백치는 공공기록에 등장하지 않았다. 17세기 코네티컷 지사의 아내였던 앤 예일 홉킨스Ann Yale Hopkins는 "안타깝게도 병약함에 빠졌고, 이성과 이해능력을 잃어버렸다". 식민지 지도자이면서 가족의 친구였던 존 윈스럽John Winthrop은 그녀의 상태를 기록하며, 앤이 마음껏 지식을

2장. 가난한, 사악한, 병약한 사람들

탐구하도록 방치한 그녀의 남편을 탓했다. 앤은 윈스럽이 처방한 약물을 복용했지만, 그녀는 50년이 넘게 정신이상이라고 여겨지며 살아갔다.[21]

반면 정신이상이라고 여겨지는 가난한 사람이 폭력적이며 절제가 안 되는 경우에는, 그들을 돌보는 것이 공동체의 책임이 되었다. 1694년 매사추세츠 법령은 각 공동체가 "그처럼 무능력하거나 실성한 사람들을 구제하고 지원하고 그들이 안전하게 살 수 있도록 필요한 조치를 취할" 책임이 있다고 규정했다. 만약 정신이상인 사람이 파산하면, 그 사람을 재정적으로 지원하는 것은 그 지역 공동체의 책임이었다. 코네티컷, 뉴욕, 로드아일랜드, 버몬트, 버지니아는 비슷한 법령을 채택했다. 펜실베이니아의 얀 보레리슨이 "타고난 분별력을 잃고 상당히 실성한 것으로 보이는" 그의 아들 에릭을 부양할 수 없는 상태가 되자 공동체가 그 책임을 맡았다. 뉴헤이븐 공동체에서는 실성한 상태인 굿와이프 램프슨Goodwife Lampson을 돌보기 위한 자금을 "그녀의 남편이 부양할 능력이 없다는 전제하에" 지역 보안관에게 제공했다.[22]

공동체는 공공의 안전을 위협한다고 생각되는 경우에 정신이상이라 여겨지는 사람들을 제지했다. 버지니아 법원은 1689년 보안관에게 "밤과 낮에 동네를 실성한 상태로 뛰어다니며, 사람들에게 큰 피해를 주었던 존 스톡John Stock"을 통제하라고 명령했다. 보안관은 "존 스톡이 스스로를 다스릴 수 있는

상태가 될 때까지 밖에 나갈 수 없도록 닫힌 방에 가둬" 그를 제지했다. [23]

공동체가 지역 주민에 대해서는 그 책임을 받아들였던 것처럼 보이지만, 이방인을 돌보는 것에 대해서는 완강히 저항했다. '부랑자 예방법'이나 '빈민 예방법' 같은 이름의 법들은 새롭게 유입된 외부인들이 그들의 경제적 생존능력을 증명하길 요구했다. 그렇게 할 수 없었던 이방인들은 채찍과 함께 "경고"를 받았다. 역사학자인 앨버트 도이치Albert Deutsch에 따르면 사람들은 밤을 틈타 자기 마을의 정신이상인 극빈자들을 다른 지역이나 공동체에 버리는 방식으로 그들을 제거했다. 1695년 뉴욕의 킹스 카운티에서 "미친 제임스"라 불렸던 한 남자는 거리를 배회했는데, 각 마을의 집사들이 한자리에 모여 그를 부양하는 데 필요한 비용을 어떻게 분담할지 논의했다. 그들을 쫓아내려 했던 이유는 경제적 우려였지, 정신이상 상태에 대한 공포가 아니었다. 제럴드 그롭Gerald Grob이 서술했듯이 "정신이상인 사람들의 운명은 다른 사람에게 의지해야 하는 다른 집단의 운명과 그다지 다르지 않았다". [24]

그롭의 분석은 여러 측면에서 중요하다. 정신이상이라 여겨지던 사람들에 대한 이해와 치료가 "타인에게 의지해야 하는 다른 집단과 다르지 않았"던 것은, 정신이상 역시 백치처럼 부끄러운 것이 아니라고 생각했기 때문이다. 저명한 청교도 신학자였던 코튼 매더Cotton Mather는 광기를 두고서, 그 자신의 말

2장. 가난한, 사악한, 병약한 사람들

더듬는 증상처럼 인간의 죄에 대한 하느님의 처벌이라고 여겼다. 그러나 세상에는 인간이 죄를 짓도록 유혹하는 것들 투성이였고, 그 유혹에 저항하는 투쟁은 모든 사람에게 힘겨운 일이었다. 한 역사학자의 기록에서처럼 "그 투쟁에서 실패했다고 해서 반드시 수치심을 느낄 필요는 없었다".[25]

이러한 초기 식민지 시기에, 다양한 신체를 가진 사람은 가족과 공동체의 일상생활에서 쉽게 만날 수 있었다. 유럽인들은 그 사람이 노동할 수 있다면, 신체적 비정상성에는 거의 관심이 없었다. 유럽계 식민지 정착민들은 개인의 인종, 계급, 젠더, 종교에 적합한 방식으로 경제적인 생산성을 강조하며 장애를 정의했다. 부유한 가정에서는 정신이상자, 백치 혹은 실성한 사람이 노동할 수 없다 해도 그들이 가족의 자원을 이용해 살아갈 수 있다면, 그 개인의 장애는 공동체에 별 의미가 없었다. 맹인이거나 절뚝거리거나 아주 천천히 걷더라도 개인이 노동할 수 있는 한, 특히 북아메리카에서 산업화 이전 시기에 그들은 대개 노동할 수 있었는데, 이러한 신체장애에 사람들은 주목하지 않았다.

그러나 장애는 여전히 사회적 규범을 구성하는 핵심 요소였다. 점점 더 많은 사람들이 북아메리카에 정착하면서, 식민지들은 점차 법 규정을 세련되게 만들어나갔다. 1701년 매사추세츠에서는 다음과 같은 법령이 처음으로 통과되었다. "가난하고, 사악하고, 병약한" 사람들이 북아메리카에 도착하는 것을 막기 위해 배의 선장은 승선한 사람 중 "다리를 절거나, 노동할 수 없는, 병약하거나, 자기 자신을 돌볼 수 없는" 사람이 있는지를 확인해야 했다. 선장이 그 사실을 보장하지 못할 경우, 그는 자신의 돈으로 승객들을 항구로 돌려보내야 했다. [26] 장애는 스스로를 경제적으로 "유지"할 수 있는 능력이 없다는 뜻으로 정의되었고, 그들은 북아메리카로 향하는 배에 탈 수 없었다.

장애, 괴물 출산, 그리고 반체제 여성

유럽인이 북아메리카에 정착하던 초기 역사에서 장애는 노동 능력과 경제적인 면에 초점을 맞춰 정의되었다. 그 과정에서 하나의 예외가 있었는데, 그것은 '괴물 출산Monstruous Birth'이었다. 토착민 부족 사람들처럼, 많은 유럽인들은 임신한 여성이 부적절한 생각을 하거나 행동을 했을 경우 아이에게 문제가 생긴다고 여겼다. 16~17세기의 신학적이고 대중적인 문헌들은 공통적으로 괴물 출산이 신의 분노를 보여준다고 경고했고, 그렇게 태어난 아이들은 지역 장터에서 전시되기도 했다. 괴물처럼 여겨지며 태어난 어린이는 생사와 무관하게 극단적인 신체 다양성을 가진 아이들이었다.

이 시기 모든 식민지 역사 기록에서, 가장 공포스럽고 중요한 출산은 메리 다이어Mary Dyer와 앤 허친슨Ann Hutchinson의 사례다.

청교도 신학은 위계와 질서를 강조했다. 하느님이 왕국의 백성들을 사랑과 지혜로 다스리듯이, 남성인 가장은 사랑과 지혜로 가족을 다스려야 했다. 인간은 죄 많은 본성으로 항상 신으로부터 멀어지려 하지만, 선한 일을 행하며 공동체의 약속을 지킨다면 그들은 신이 선택한 사람이 될 수 있었다. 북아메리카로 온 청교도들은 그들의 신학대로 살아가는 새로운 공동체를 만들 장소를 찾고자 했다. 훗날 15명 아이의 어머니가 되는 앤 허친슨은 영국에서 좋은 교육을 받고 북아메리카로 떠났다. 허친슨과 그녀의 남편과 아이들은 1634년 매사추세츠에 도착했다. 배 위에서 그녀와 다른 이민자들은 자신들이 들었던 설교를 두고 토론했다. 허친슨은 보스턴에 있는 그녀의 집에서 신학적 토론을 주최하기도 했다. 허친슨은 점차 성직자를 거치지 않아도 모든 사람이 하느님과 직접 소통하고 용서받을 수 있다고 생각했고, 개인이 행하는 선행보다도 하느님의 은혜와 구원이 중요하다고 믿었다.

1637년 11월에 진행된 허친슨의 이단 재판에서, 목사는 그녀에게 직설적으로 말했다. "당신은 설교를 듣는 게 아니라 직접 하려 했고, 아내가 아니라 남편이 되려 했다. 당신은 마땅히 당신이 있어야 할 장소에서 벗어난 것이다." [27] 허친슨과 그녀를 따르던 메리 다이어를 포함한 사람들은 허친슨의 신학과 행동을 통해 젠더와 정치적 위계를 뒤엎었고, 결국 성직자의 위계질서를 전복시켰던 것이다.

이러한 가운데, 매사추세츠의 식민지 지도자였던 존 윈스럽은 메리 다이어와 앤 허친슨을 '괴물 출산'으로 고소했다. 다이어는 1637년 10월 사산을 했는데, 윈스럽은 이에 대해 다음과 같이 증언했다.

〔다이어는〕 여자 아이를 사산했는데, 몇 시간 살아 있었던 그 아이는 예정일보다 두 달 일찍 태어났지만, 일반적인 아이들만큼 컸다. 얼굴은 가슴으로 들어가 있었고, 귀는 원숭이처럼 어깨 위에 있었고, 눈과 입은 다른 아이들보다 더 눈에 띄었고, 코는 위쪽으로 올라가 있었다. 얼굴은 머리 뒷부분이 없었지만 부서지지는 않은 상태였다. 이마가 없었고 뿔이 있었는데, 그중 둘은 1인치 정도였고 나머지 둘은 그보다 짧았다. 가슴과 어깨는 마치 가시고기마냥 비늘과 날카로운 가시투성이였다. 엉덩이가 앞쪽에 있었고 팔다리는 다른 아이들과 비슷했지만 배꼽을 포함한 배 전체와 성별을 구별할 수 있는 부위는 어깨 뒤쪽에 있었고, 각 발에는 발가락 대신 마치 새처럼 날카로운 세 개의 발톱이 나 있었다. 등 뒤쪽의 윗부분에는 두 개의 큰 입이 있고 각각 붉은 살덩이가 튀어나와 있었다. [28]

1638년 허친슨 역시 윈스럽이 '괴물 출산'이라고 부른 경험을 한다. 윈스럽이 훗날 다음과 같이 기록했다.

"(다이어 부인처럼) 하나가 아니라 (너무나 이상하고 놀랍게도) 서

2장. 가난한, 사악한, 병약한 사람들

1637년 성별·정치적·신학적 위계질서에 도전했던 한 여성의 사산은 '괴물 출산'으로 불렸다. 사망한 태아의 모습은 메리 다이어가 죄인임을 보여주는 증거로 사용되었다. 퀘이커 교도였던 그녀는 1660년 반체제 인사로 처형당한다.

윈스럽이 '악마적 출산'이라고 기록한 허친슨의 상태는 오늘날의 진단명에 따르면 포상기태(Hydatidiform Mole)인 것으로 알려져 있다. 포상기태는 수정된 난자에서 태반이 형성될 때 융모가 과다 증식해 개구리알 모양으로 낭포를 형성하는 질병이다.

른 개의 악마적 출산을 한꺼번에… 몇몇은 한 가지 모양을 하고 다른 것은 또 다른 모양을, 그러나 온전한 모양을 한 경우는 거의 없었고, 그것들 중 무엇도 인간의 형태가 아니었다." [29]

서른 개의 출산 각각은 허친슨이 저지른 이단 하나씩을 뜻했다. 1637년 열린 이단 재판 이후, 종교 지도자들은 허친슨을 파문했다. 허친슨과 그의 가족과 추종자들은 로드아일랜드로 추방되었다. 세월이 지나 1660년 다이어는 퀘이커 교도이자 반체제 인사로서 보스턴 커먼에서 처형당했는데, 식민지에서 교수형을 당한 첫 유럽 여성으로 알려져 있다.

이 시기에 많은 여성들은 사산을 하거나 비정상적인 몸의 아기를 출산했다. 가임기 여성 중 그런 경험이 없는 경우는 사실 극소수였다. 그렇다면 신학적으로 반체제 인사였던 두 여성이 출산한, 유럽인의 자손이기도 했던 아기를 가장 비정상적이고, 끔찍하고, 공포스럽게 묘사한 것은 무엇을 의미하는가? 비정상적인 아기를 출산한 다른 여성들은 대중적, 신학적으로 주목받지 않았다. 북아메리카의 유럽인 여성 중 허친슨과 다이어는 종교적·정치적·젠더 위계를 위협하는 존재들이었다. 존 윈스럽이 주장한 바에 따르면, 그들이 저지른 괴물과 같은 죄는 말 그대로 그들의 자궁에서 발달한 괴물과 같은 존재로 나타났고 이러한 생명체를 출산한 것은 그 여성들이 죄인이라는 증거였다. 윈스럽이 주장했듯이, 아기의 변형된 몸은 엄마의 죄를 상징했다. 그 죄가 더 극악한 것일수록, 태어난 아기의 몸은 더 괴물처럼 변형된다고 믿었던 것이다. 여성이 가부장제와 신학적 권위 모두에 도전한 결과, 다이어와 허친슨의 몸뿐 아니라 그들이 사산한 아이의 몸 또한 크게 변형되고 공포스러운 것이 되었다. 유럽계 식민지 정착민들에게 장애는 물질적인 현실이었지만, 그것은 강력한 은유와 상징으로 작동하기도 했다.

식민지 신학자인 코튼 매더는 자신이 말을 더듬는 것이 죄의 징후라고 생각했을 수도 있지만, 대다수 다른 사람들의 장애와 마찬가지로 그것이 크게 수치스러운 죄 때문에 생긴 것이라고는 여기지 않았다. 그의 장애는 큰 문제를 초래하지도 않았다. 그러나 같은 논리가 다이어와 허친슨에게는 적용되지 않았다. 신학적 반체제인사인 여성이 사산한 아이의 몸이 보통과 달랐던 것은 위험한 도덕적 죄악을 저지른 증거가 되었다.

가여운 이들이 바다로 던져졌다

새뮤얼 쿨리지는 자신의 미래에 관한 원대한 꿈을 가지고 있었을 것이다. 1703년 매사추세츠의 워터타운에서 리처드 쿨리지와 수재나 쿨리지의 다섯째 아들로 태어났고 1738년 하버드대를 졸업한 이 젊은 백인 남성은 여러 곳에서 설교를 했다. 그러나 사람들은 그를 위대한 설교자나 뛰어난 지식인이 아닌, (후기 식민지 시기 그의 주변 사람들이 사용하던 용어를 빌리면 정신이상으로 불리던) 정신장애를 가지고 살았던 사람으로 기억한다. 당시에는 그런 장애를 가진 사람을 돌보는 것이 일차적으로 가족의 책임이었다. 그러나 점차 유럽계 정착민이 늘어나고 공동체 질서가 확립되면서, 가족이 돌보지 않거나 돌볼 수 없는 경우에 그들을 돌보는 것은 마을의 몫이 되었다.

정신·인지장애와 유럽계 정착민 공동체 돌봄의 한계

통제할 수 없는 예측 불가능한 행동을 종종 보였던 쿨리지는 결국 하버드대가 있는 매사추세츠의 케임브리지에서 추방당해 워터타운의 집으로 돌아갔다. 그곳에서 쿨리지는 이웃들이 선의로 제공하는 음식을 먹으며 임시숙소에서 지냈는데, 1744년 자신의 "절망과 탐욕스러움과 사악함이 너무 깊어지자" 그곳을 떠났다. 1749년 그는 다시 워터타운으로 돌아왔는데, 주민들은 쿨리지가 마을에서 교사로 일하는 것을 전제로 그를 다시 돌보기로 했다. 마을은 쿨리지를 부양했고, 쿨리지

3장. 비참하고 가여운 이들이 바다로 던져졌다

는 아이들을 가르치는 것이 가능한 상태일 때면 학교에서 일했다. 쿨리지는 워터타운과 케임브리지를 반나체의 상태로 배회했고 그가 졸업한 대학에서 비속한 말들을 외쳐 수업이 중단되기도 했다. 주변 마을들은 계속해서 쿨리지를 워터타운으로 돌려보냈다. 워터타운의 관료들은 주민들이 쿨리지를 재우고 먹이도록 돈을 지불했고, 쿨리지가 다음 날 수업을 할 수 있도록 학교에 그를 가둬놓기도 했다. 1763년 쿨리지의 상태가 악화되자 워터타운 주민들은 그를 데리고 있기를 거부했다. 그러자 워터타운의 행정위원회는 그가 집 안에 갇혀 있어도 된다면 데리고 있겠다는 사람을 찾아냈고, 쿨리지는 1764년 죽을 때까지 그 방에서 갇혀 살았다.[1]

장애가 있어 스스로를 부양할 수 없는데 가족의 도움도 받을 수 없던 사람들을 돌보는 것은 고향마을의 몫이었고, 쿨리지의 경우도 다르지 않았다. 다른 마을은 그를 돌보는 일을 거부했고, 쿨리지를 강제로 고향인 워터타운으로 돌려보냈다. 많은 마을들이 재정적 부담을 피하고자 그곳 주민이 아닌 스스로를 부양하지 못하는 극빈자들을 신체적·언어적으로 위협하며 쫓아냈다. 뉴욕의 오논다가 카운티Onondaga County는 해 질 녘 극빈자들을 이웃 지역으로 밀수하듯 내쫓는 곳으로 유명했다. 비슷하게, 1785년에는 존 스컴John Skyrme이라는 맹인 남성이 뉴욕의 이스트체스터에서 그의 집이 있는 로드아일랜드주의 프로비던스로 돌아오는 21일간의 여행 동안, 각 지역의 행정직원으

로부터 다른 사람에게 넘겨지는 일을 24차례나 경험했다. [2]

쿨리지의 상태가 도저히 관리할 수 없을 만큼 악화되었을 때(당시에는 상당한 수준의 행동들이 용납되었고 관리 가능하다고 여겨졌다), 마을의 지도자들은 그를 방에 가둬두었다. 하지만 그 전까지 마을 사람들은 쿨리지가 밤에는 학교 건물에 가둬야 할 정도로 심각한 상태이지만, 아이들을 가르칠 수 있을 만큼은 정신이 또렷하고 무해하다고 여겼다. 마을 사람들은 그가 가지고 있는 기술로 (쿨리지의 경우에는 교육 능력을 사용해서) 스스로를 부양하길 바랐고, 실제로 그렇게 하도록 강요했다.

혁명사상가이자 영웅이었던 제임스 오티스 주니어("대의권을 주지 않고 과세만 하는 것은 폭정이다(Taxation without representation is tyranny)"라는 말로 유명하다)도 쿨리지와 마찬가지로 매사추세츠에 살았고 또 그와 비슷한 정신이상증을 가지고 있었던 것으로 보인다. 하지만 그는 뛰어난 정치적 지도력과 부유하고 안정적인 가족 덕분에 공동체에서 큰 트라우마가 될 수 있는 경험을 겪지 않을 수 있었다. 어린 시절부터, 오티스의 행동은 예측하거나 이해하기 어려운 경우가 많았다. 1769년 말에 오티스는 세금을 징수하려 했던 영국인의 공격을 받아 머리를 심각하게 다쳤다. 주변 사람들에 따르면, 오티스는 그 이후 정신이 더 혼미해졌고 폭력적이고 예측하기 어렵게 변했다.

1770년 1월, 오티스의 오래된 친구이자 동지였던, 훗날 미국의 대통령이 된 존 애덤스는 오티스에 대해 이렇게 말했다.

"오티스는 여전히 혼미한 상태다. 그는 제정신이 아니다. 키가 없는 배처럼 좌충우돌하고 있다. (…) 나는 그처럼 동시에 존경, 숭배, 경멸, 동정의 대상이 되는 이를 본 적이 없다. 나는 두렵고, 떨린다. 나는 그와 그의 나라를 애도한다. 많은 사람들이 그를 애석하게 생각하며 눈물을 흘린다."

애덤스는 오티스가 하는 말이 "쓰레기, 외설, 욕설, 비상식과 실성"으로 가득 차 있다고 적었다. 그해 3월, 오티스는 그의 친구들이 "미친 짓거리"라고 부른 행동들을 했다. 유리창을 깨고 안식일에 총을 쏜 것이다.[3]

이러한 상황에서, 오티스의 가족은 그를 반스터블에 있는 시골집으로 보내기로 했다. 1771년 가족들은 오티스를 금치산자로 선언하는 데 성공했다. 그의 법적·재정적 문제를 다른 사람이 관리하게 한다는 뜻이었다. 오티스는 계속해서 폭력적으로 행동했고, 결국에는 반스터블의 가족들도 (실제로는 아마도 하인이나 노예들이) 감당할 수 없는 상황이 되었다. 사회적으로 존경받는 남성들이 자신의 시골집에 정신이상이라고 생각되는 사람을 돌보며 돈을 버는 것은 종종 있는 일이었는데, 오티스는 1783년 그가 죽을 때까지 그런 방식으로 돌봄을 받았다. 앤도버에서는 오스굿이, 헐에서는 대니얼 서더 선장이 오티스를 돌봤다. 헐에서 오티스는 새뮤얼 쿨리지가 그랬던 것처럼 학교에서 잠시 가르치기까지 했다.[4]

오티스가 반스터블의 가족 집에 있는 동안, 오티스의 아버지인 제임스 오티스 시니어James Otis Sr.는 자식을 꾸짖는 부모의 전형적인 모습이 드러나는 편지를 썼다. 그 편지를 보면, 이 나이 든 남자가 아버지로서 꾸짖는 일에 전문가라는 사실뿐 아니라, 그가 정신이상에 대해 어떻게 생각했는지를 알 수 있다. 그는 오티스가 지금처럼 된 것이 내면의 나약함에 굴복했기 때문이고, 이를 자제력과 더 강한 의지로 극복할 수 있다고 생각했다. "사랑하는 아들아" "너는 끔찍한 모습이구나". 그는 오티스가 오로지 "행동을 개선하고, 네가 지나치게 빠져 있는 제멋대로인 열정을 억제하며", 하느님께 진실되게 기도하면 모든 게 괜찮아질 거라고 편지에 남겼다. 만약 오티스가 "하느님을 찾아 진심으로 은혜를 구한다면" "삶과 행동의 개혁"을 이룰 수 있을 거라고 했다. 오티스의 아버지는 "첫째 아이를 가르치기 위해 내가 치렀던 돈과 고통" 그리고 "너를 위해 했던 그 많은 기도, 특히 지금은 천국에 있는 너의 착한 엄마가 했던 기도"를 생각한다면, 오티스가 마땅히 "바로 앉아 자신이 살고 있는 방식에 대해 심각하게 생각해봐야" 한다고 썼다. 오티스의 아버지는 편지 마지막에 다음과 같이 서명했다. "고통받고 있는 아빠가."[5]

제임스 오티스 주니어는 총 13명의 형제 중 둘째였는데, 첫째는 영아기에 사망했다. 이에 아버지는 편지에서 그를 첫째 아이라고 지칭하고 있다.

오티스의 친구이자 동료 애국자였던 패트릭 헨리 역시 정신장애를 안고 살았다. 그러나 그 장애는 아내의 것이었다. 1771년 세라 셸턴 헨리Sarah Shelton Henry가 여섯째이자 막내인 아이를 출산한 후, 그녀의 행동은 가족들이 감당하기 어려운 수준이 되었고 "그녀는 지하실에 구속복을 입은 채로 감금되었다. 그 옆은 하인(노예)이 지키고 있었다". 가족들의 기록에 따르면 그곳은 버지니아 해노버 카운티에 있는 헨리 가문의 장원인 스카치타운의 "공기가 잘 통하고 햇빛이 비치는 반지하 방"이었다. 가족과 친구들은 그녀가 미쳤다고 믿었다. 세라 셸턴 헨리는 스카치타운에 감금되고 몇 년 지나지 않아 죽었다. [6] 그녀는 남편이 가진 돈 덕분에 빈민법의 적용 대상이 되지는 않았고, 우리는 그녀가 겪었던 역경에 대해 안타까울 만큼 아는 바가 없다. 아내의 상태를 고려하면, 패트릭 헨리가 동료 활동가였던 제임스 오티스의 운명을 어떻게 생각했는지 궁금하다.

토머스 제퍼슨의 여동생이었던 엘리자베스 제퍼슨를 두고 사람들은 백치라고 생각했는데, 그녀 역시 가족의 자원으로 보호받았다. 그녀는 유명인사인 오빠의 집에 살면서 경제적인 도움을 받았다. [7] 공동체의 도움이 필요한 이들은 빈민법의 대상에 해당되었고 공공의 기록에 더 자주 남았다. 엘리자베스 제퍼슨은 가족이 보호했고 그녀는 피보호자상태에서 법적으로 아무것도 소유할 수 없었기에 법적 후견인도 필요하지 않았다. 따라서 공공 기록에도 등장하지 않았다.

그에 비해, 로드아일랜드의 토머스 래스번Thomas Rathburn은 그를 충분히 돌봐줄 가족이 없었고 공동체의 도움이 필요했기에 그의 이름은 공공 기록에 남아 있다. 래스번은 정신질환자 수용소 대신 지역 공동체로부터 세금 면제만을 받으며 자신의 집에 머물렀다. 16년 동안 "목발이나 두 개의 지팡이 없이는 한 걸음도 걸을 수 없었고", 할 일을 찾을 수도 없었다. [8] 래스번은 오늘날의 다른 많은 사람처럼 (20세기 후반의 자립생활 운동이 보여주듯이) 정신질환자 수용소보다는 자기 집에 머무르며 지내기를 원했던 것으로 보인다. 하지만 그렇다 하더라도 [20세기 자립생활운동이 주창했던 원칙과는 달리] 래스번은 공공 빈민구제 프로그램의 정책결정 과정에서 자신의 목소리를 내지는 못했을 것이다.

다행히도 래스번은 보호시설에 수용되지 않았다. 역사학자 카린 울프Karin Wulf는 식민지 시절 필라델피아에서, 빈민구제를 담당하는 관료가 남자는 빈민 구호소 등의 시설로 보내고, 여자는 개인 집으로 보내는 경우가 많았다는 점을 발견했다. 심지어 다른 사람에게 여성들을 돌보기 위한 돈을 지불하기도 했다. 예를 들어, "미친" 메리 차튼은 빈민 구호소로 보내질 뻔했지만, 그녀를 돌보는 대가로 매주 2실링 6펜스를 받기로 한 엘리자베스 히니의 집으로 가게 되었다. 울프는 빈민 구제 활동에서 남자는 맹이나 신체 마비와 같은 영구적인 장애 때문에 노동할 수 없다고 묘사되어 있는 경우가 많다는 점을 발견했다. 반면 여성은 그들 중 다수가 장애를 가지고 있었을 것이라고 추정되지만, 단순히 가난하다고 묘사되는 경우가 많았다. 실제로, 선원, 건설 노동자, 마부같이 간단히 말하자면 실외에서 시간을 많이 보내는 사람들이 더 많은 위험에 노출되었다. 그런 남자들은 산업재해로 심각하게 다칠 가능성도 훨씬 높았고, 그들의 장애는 세상에 더 많이 알려졌다. 산업재해보상보험이 없던 시절, 노동자가 사고를 당하면 그 가족 전체가 가난해졌다. [9]

미국 독립혁명 이전, 유럽계 정착민 공동체에서는 정신이상, 백치라고 여겨졌던 쿨리지나 오티스, 세라 셀턴 헨리, 엘리자베스 제퍼슨 같은 이들이 반드시 필요하다고 판단되는 경우에만 감금되었다. 광기를 보이는 사람들이 사회적으로 불편함과 짜증을 유발하더라도 광기 그 자체는 위험한 것으로 생각되지 않았기에 어떻게든 격리하거나 배제해야 하는 대상은 아니었다. 또한 제임스 오티스나 새뮤얼 쿨리지 같은 경우, 학교에서 교사로 고용되어 일을 할 수도 있었다. 제임스 오티스의 아버지가 아들을 질책했듯 개인은 자신의 광기에 대해 책임이 있다고 여겨지기도 했지만, 그 때문에 심각한 사회적 수치심을 느끼지는 않았다. 1719년 유명한 종교지도자인 코튼 매더는 자신의 아내에 대해 "불쌍한 나의 아내가 미쳤다는 사실이 알려지면 목사인 내 삶이 망가질 수 있다고 생각해 1년 가까이 고통스럽게 지냈다. 지금은 그 사실이 공개되었지만, 신도들 사이에서 내 평판은 놀라울 만큼 전과 같이 유지되고 있다"라고 기록했다. [10]

물론 특이한 행동들이 단순히 일상생활의 일부였다는 점

을 보여주는 여러 증거들도 있다. 폭력적이지만 않다면, 정신 이상이라고 생각되는 사람들은 사회에서 살아갈 수 있었다. 매사추세츠주 브램튼에서 주민들은 잭 다운스Jack Downs가 성가신 짓을 해도 일상을 이어갔다. 다운스는 줄과 낚싯바늘을 이용해 교회에서 예배 보는 사람들의 가발을 낚는 것을 즐겼고, 설교 중인 목사에게 썩은 사과를 던지는 것으로 유명했다. 홉킨턴의 빌 벅Bill Buck은 마을의 구호소에서 살았지만, 그곳에 갇혀 지내지는 않았다. 벅은 마을을 배회하며 밭의 작물뿐 아니라 지역 주민에게도 모욕적인 말을 던졌는데, 그들은 그 말을 무시하거나 때로는 즐기기도 했다.[11]

급격히 발전하고 있던 식민지에서 구호소가 홉킨턴에만 있는 것은 아니었다. 식민지 시기 말에 널리 이용된 구호소는 여러 면에서 공동체의 요구에 부응하는 공간이었다. 구호소는 경제적으로 스스로를 부양할 수 없는 사람들을 내버리는 곳이었고, 종종 교도소로 사용되기도 했다. 예를 들어, 1727년 코네티컷에 처음 설립된 구호소는 "악당, 부랑자, 마을에서 구걸하는 나태한 사람들…. 관상이나 손금에 대한 지식이 있다고 가장하거나 미래를 내다볼 수 있고 잃어버린 물건을 어디서 찾을지 알 수 있다고 말하는 사람들… 거리를 다니며 연주하는 사람들, 거짓말을 일삼는 사람들, 가출한 사람들… 주정뱅이, 몽유병자, 좀도둑, 잡스럽고 음탕한 사람들…. 흔히 보이는 악담을 하거나 말다툼을 하는 사람들, (…) 실성한 사람, 일반적으

3장. 비참하고 가여운 이들이 바다로 던져졌다

로 적합하지 않은, 친구들이 안전하게 돌볼 수 없는" 사람들을
수용하는 것이 목표였다. [12] 초창기 수용시설이 발달하고 확대
되는 과정을 이끈 것은 "거리의 연주자", 부랑자, "실성한 사람"
등에 대해 의학적 진단보다는 돌봄과 감금이 필요하다는 인식
이었다.

　1725년 로드아일랜드, 1736년 뉴욕, 1752년 펜실베이니
아에 비슷한 시설들이 생겨났다. 펜실베이니아 병원은 "이 지
역에 거주하는 정신이상자들, 병들고 가난한 사람들을 수용하
고 구제하는" 목적으로 설립되었다. 뉴욕의 "빈민의 집, 노동
의 집, 교정의 집"은 마찬가지로 다양한 범주의 사람들을 환영
했다. 1773년 버지니아는 "백치, 정신이상자, 그 밖의 불건전한
정신을 가진 사람들"이라 불리던 정신장애 혹은 인지장애를 가
진 사람들만을 대상으로 하는 첫 번째 정신질환 수용소를 열었
다. 그 시설은 "완전히 절망적인 상태가 되지 않은 사람들을 돌
보고… 사회에 해를 끼칠 수 있는 다른 사람들을 통제하고자"
했다. [13]

　인지·정신장애를 가진 사람들은 감금이 반드시 필요하다고
여겨질 경우에만 감금되었다. 그 장소가 집이든 시설이든 감금
은 즐거운 일이 아니었다. 때때로 감금은 끔찍했다. 패트릭 헨
리의 아내는 그녀의 지하방에 갇힌 채 죽었다. 코네티컷의 정
신질환 수용소에 들어간 모든 사람들은 등에 무조건 "상처의
개수가 10개가 넘지 않는" 채찍질을 당했다. 펜실베이니아 병

원에서 정신이상자로 감금된 사람들은 건물 지하에서 발목이나 손목이 사슬로 묶여 벽에 고정된 채로 지내야 했다. 많은 사람들이 입었던 "미친 셔츠Mad Shirt"는 "침대 커버나 텐트, 돛을 만드는 데 사용되는 질긴 천으로 만든 것이었는데, 몸에 붙는 원통형 디자인으로 소매가 없었고 머리부터 씌워져 무릎 밑까지 닿았다. 사람을 제대로 움직일 수 없게 만드는 이 옷은 환자를 분노하게 하는 동시에 스스로를 무력하다고 생각하게 만들었다". [14]

오늘날의 눈으로는 끔찍해 보이지만, 이러한 시설의 환경은 환자를 치료하기 위한 초창기 노력을 보여주기도 한다. 미국 독립혁명 앞뒤로 수십 년을 거치며 정신장애 혹은 인지장애를 가진 사람들의 삶은 전환기를 맞았다. 그럼에도 의사가 환자에게 해줄 수 있는 것은 피를 뽑아내고 피부를 깎아내고 물집이 생기게 하는 것 말고는 거의 없었지만, 의사에게 환자를 맡긴 것은 그 상태가 "치료"될 수 있다고 여겼기 때문이었다. 제임스 오티스 주니어의 경우, 그 치료는 그의 아버지에 따르면 그저 자제력을 키우는 일일 뿐이었다. 그러나 치료법(문제가 있음을 가정했다)을 찾는다는 것은 점차 가족이 아닌 누군가의 도움을 구한다는 의미였다. 도움을 줄 수 있었던 사람들은 산파, 목사, 교육자였지만, 점차 의사가 그 역할을 맡기 시작했다.

이는 미국의 계몽주의가 교육, 이성, 과학, 그리고 인간의 능력(적어도 어떤 사람들의 능력)에 대한 믿음으로 향했다는 증거 중 하나였다. 미국 독립혁명과 새로운 국가 건설은 시민들이(물론 그 시민의 범주는 제한적이었지만) 이성적인 결정을 내릴 수 있고 신뢰할 만한 투표를 할 수 있는 권리와 능력이 있다는 급진적인 주장을 전제로 가능했다. 1787년 채택된 미국 헌법에서는 "모든 사람은 평등하게 창조되었고… 창조주로부터 양도 불가능한 권리를 부여받았다"라고 명시한다. 그러한 인간의 잠재력과 이성에 대한 믿음 위에서 새로운 과학적 사고방식은 거대한 변화를 가져왔다. 의학과 기술을 발전시키기 위한 시도와 그 성과는 질서를 발견하고 해결책을 찾고 더 많은 사람들이 깨우칠 수 있다는 믿음을 전제로 했다.

코튼 매더 목사(자신의 말더듬증을 죄의 징후라고 생각했던 그 청교도 목사)가 천연두 예방 접종을 장려하고 그로 인해 사망률이 감소했을 때, 사람들은 자연을 정복한 계몽된 사회의 힘을 보여주는 좋은 사례로 생각했다. 매더가 아프리카에서 태어난 흑인 노예를 실험대상으로 삼아 예방접종의 효과를 확인했다는 사실을 아는 사람은 거의 없다. 그러나 과학과 이성이 기술을 발전시키고 새로운 정치적 상상력을 불러오고 몸의 문제를 해결하기 위한 의학적 해결책을 찾을 수 있다면, 그것은 아마 다른 영역에서도 사용될 수 있을 것이다.

이 시기 가장 인기 있던 가정 의료 매뉴얼도 정신 및 인지장애 치료에 대한 대안을 제시했다. 존 웨슬리John Wesley의 『1747 기초 의료1747 Primitive Physic』에는 "광기"를 치료하려면 환자에게 매일 1온스의 식초를 먹이거나, 환자의 머리를 깎은 뒤 담쟁이덩굴과 기름 그리고 백포도주를 섞어 끓인 것을 3주 동안 이틀 간격으로 머리에 바르라고 나와 있다. "극심한 광기Raging Madness"의 경우에는 차가운 물을 머리에 붓거나 한 달 동안 오직 사과만 먹으면 치료될 수 있다고 책에는 적혀 있다. (대머리는 증상이 있는 부위에 하루 두 번씩 양파를 비비고 꿀을 바르면 치료될 수 있다고 여겼다.)[15]

미국 독립혁명 이전에 유럽계 정착민 공동체에서는 일반적으로 신체장애인을 위한 제도가 없었고 그와 관련된 논의도 없었다. 이는 신체장애가 그다지 주목할 만한 일이 아니었음을 시사한다. 실제로 그러한 신체적 다양성은 일상적으로 볼 수 있는 예상 가능한 것이었고, 그 신체장애인이 공동체의 노동에 참여할 수 있도록 대응책이 만들어졌고 또 단순히 그런 대응책 없이 노동하기도 했다. 그리고 몇몇 사람들은 그냥 죽었다. 천연두와 다른 전염병들은 식민지 마을을 주기적으로 휩쓸어 청력이나 시력을 앗아가거나 피부에 심한 흉터를 남겼다. 때때로 나무는 잘못된 방향으로 쓰러졌고 도끼를 사용하던 사람들은 손가락과 사지를 잃었고 아이들은 불에 탔고 총은 잘못 발사되었다.

후기 식민지 시기, 가족들이 환자를 집에서 돌보는 일은 상대적으로 용이했다. 예를 들어, 정신이상자라고 여겨지던 이들에게는 매일 한 스푼의 식초만 주면 되었다. 유럽계 정착민 공동체는 가족들이 그를 돌보지 않거나 돌볼 수 없고, 그 사람이 지나치게 생활에 지장을 준다고 생각되는 경우에만 사회적 돌봄을 제공했다.

천연두 유행과 토착민 부족

공동체나 가족이 구성원을 돌보는 능력은 가족과 공동체의 안정성, 자원, 안전의 정도에 따라 달라진다. 유럽인이 북아메리카를 식민화하면서, 실질적이고 확실한 돌봄을 제공할 수 있는 토착민 집단은 거의 남지 않게 되었다.

1738년의 천연두 유행으로 오클라호마의 체로키족 중 거의 절반이 죽었고, 1759년 남동쪽 해안의 카토바족도 비슷한 경험을 했다. 1792년 영국 탐험가이자 항해가인 조지 밴쿠버George Vancouver가 처음 퓨젓사운드에 도착했을 때, 그가 만난 남쪽 해안의 살리시족 사람들은 이미 천연두 때문에 시력을 잃고 흉터를 가지고 있었다. 북아메리카에 더 많은 식민지를 확보하기 위해 유럽의 여러 국가들이 경쟁하는 동안, 천연두는 대륙의 북서쪽 해안까지 진출했다.[16]

오늘날 오클라호마주, 텍사스주, 뉴멕시코주 지역에 살고 있는 카이오와족 사람들은 한 남성이 말을 타고 대평원을 달리던 천연두와 만난 이야기를 한다.

남자는 묻는다.

"너는 어디서 왔고, 무엇을 하며, 왜 여기에 있는가?"

천연두는 대답한다.

"나는 백인과 함께하는 존재다. 카이오와족이 너의 사람이듯, 백인은 나의 사람이다. 나는 때로는 그들 앞에서, 때로는 그들 뒤에서 여행한다."

"너는 무엇을 할 수 있는가?" 카이오와 사람이 묻는다.

"나는 죽음을 가져온다." 천연두가 대답한다. "내 입김은 어린이들을 봄눈 속에 있는 어린 식물처럼 시들게 한다. 아무리 아름다운 여성도 나를 한 번 보면, 그녀는 죽음처럼 추하게 변한다. 그리고 나는 남성들을 홀로 죽게 내버려두지 않는다. 그의 아이들을 파멸시키고 그들의 아내를 엉망으로 만든다. 가장 강한 전사조차도 내 앞에서는 고개를 숙인다. 나를 한 번이라도 본 사람은 결코 그 이전과 같을 수 없다."[17]

유목민이나 농민으로 살아가던 토착민 부족들과 비교해서 전사Warrior를 중요하게 생각했던 토착민 부족들은 이상적인 신체는 어떠해야 하는지에 대해 더 엄격한 기준을 가지고 있었고, 장애를 더 거부했다. 유럽계 정착민들의 수와 그들이 점령한 땅이 계속 늘어나면서, 토착민 부족과 유럽계 정착민 사이에 크고 작은 군사적 갈등이 늘어났다. 그런 지역에서 전투 능력은 토착민과 유럽인 모두에게 훨씬 더 중요해졌다. 뛰어난

3장. 비참하고 가여운 이들이 바다로 던져졌다

전사는 물리적 힘, 민첩함, 예리한 시력, 청력, 분석능력을 갖춰야 했다. 몇몇 여성들이 전쟁에서 뛰어난 모습을 보이기는 했지만, 대부분의 부족에게 이상적인 전사의 몸은 남성적인 것이었다. 어떤 이들은 그들의 몸이 육체적, 정신적으로 허약하기 때문에 이상적인 전사가 될 수 없을 거라고 여겨졌다. [군사적 갈등을 계속 겪어야 했던] 아즈텍이나 이로쿼이 같은 부족의 사람이 가장 존중받는 지위를 가지기 위해서는 충족시켜야 하는 이상적인 몸에 대한 기준이 존재했다. 그 기준에 못 미치면 지도자가 되기 어려웠다. 그러한 배제는 손상된 몸을 가진 사람에게 (때로는 가혹하고, 때로는 온건한) 낙인을 찍는 결과로 이어졌다.

'폐품 노예'와 노예무역

유럽인들이 점령한 지역에서 수많은 토착민들이 쫓겨나고 죽어가던 그 시기, 유럽인들은 아프리카인들을 강제로 북아메리카로 데려오고 있었다. 1619년 북아메리카에 도착한 첫 아프리카인은 그 숫자가 19명이었는데, 그들은 모두 노예가 아닌 법적으로 계약 노동자인 하인의 신분이었다. 그러나 1640년대에, 아메리카의 유럽인 거주민들은 노예제를 위한 법적인 준비를 마쳤고, 아프리카인들이 이 신세계에 도착했을 때 그들은 인간이 아닌 소유물이었다. 1700년에는 2만여 명의 아프리카

미국의 노예 인구 추정(1619~1860)

연도	미국 노예 추정인구(명)
1619	19
1700	20,000
1790	697,897
1800	893,041
1810	1,191,364
1820	1,538,038
1830	2,009,050
1840	2,487,455
1850	3,204,313
1860	3,953,760

출처: 미국 통계청

인이 북아메리카에서 노예로 살고 있었다. 1790년에는 그 수가 70만에 달했고, 1860년에는 거의 400만으로 늘어났다. 노예를 미국으로 운송하는 일이 1808년 1월부터 금지되었지만, 남북전쟁에서 1865년 북군이 승리할 때까지 노예제는 미국의 일부 지역에서 합법적으로 존재했다.

노예제의 근간을 이루는 인종차별 이념에 따르면, 북아메리카로 온 아프리카인은 그 자체로 장애인이었다. 노예 소유자들과 노예제 옹호자들은 노예제를 정당화하기 위해 아프리카인들이 정신적·신체적으로 열등하게 태어났고 그들의 몸이 비정상적이고 혐오스럽다고 가정했다. 실제로 노예 소유자들은 자신들이 부리는 노예가 몸과 정신에 심각한 장애를 가지고 있어서, 노예제가 돌봄이 필요한 노예에게 도움이 되는 친절한 제도라고 주장했다. 장애는 노예제의 이념, 경험, 실행에 있어 다양하고 심오하게 스며들었다.

유럽인 노예무역상들은 아프리카에 이미 존재하는 노예무역과 시장에 기반을 두고 있었다. 아프리카 내부 노예무역과 대서양을 횡단하는 노예무역은 서로 얽혀 있었지만, 중요한 차이도 있었다. 예를 들어 아프리카에서는 [북아메리카와 달리] 노예 신분이 세습되지 않았고, 노예인 어머니에게서 태어난 아이는 자유인이었다. 노예무역상들은 수익을 남기기 위해 사업을 했다. 그들은 일하기에 적합한 몸과 정신을 가진, 좋은 가격에 팔릴 수 있는 사람들을 노예로 삼으려 했다.

1701년, 한 노예무역 회사는 서부 아프리카 해안의 와이다 Whydah 왕국의 왕에게 왕의 무역상들이 찾아내야 하는 사람들의 몸과 정신에 대해 다음과 같이 썼다.

폐하, 저희가 원하는 것은 다음과 같습니다. (⋯) 폐하의 상인들이 30세가 넘었거나 키가 137센티미터 이하인 니그로를 사서 우리에게 넘기지 않도록 해주십시오. (⋯) 우리는 니그로를 가장 비싼 가격에 팔길 원합니다. 그렇기 때문에 몸이나 팔다리가 심하게 기형이거나 결함이 있는 자들 또한 원하지 않습니다. 병들거나 늙은 니그로들은 운송 도중 죽어버리는 경우가 많습니다. 우리는 니그로들이 모든 면에서 완벽하고 제 역할을 할 수 있기를 원합니다. 30세가 넘거나 아프거나 기형인 자들을 원치 않습니다. 성인 남자 5명과 여자 5명으로 구성된 성인 10명당, 키 105센티미터 이상인 어린 남자아이 한 명과 여자아이 한 명이 포함되었을 경우에 적절한 비용을 지불하겠습니다.[18]

어떤 이들은 나이, 키, 병력, 팔과 다리의 상태로 인해 납치되거나 노예로 팔려 갈 위험은 없었다. 하지만 그들이 폭력으로부터 안전했던 것은 아니다.

노예가 되기에는 심각한 신체장애를 가졌던 사람들에게는 무슨 일이 발생했을까? 역사학자 휴 토머스Hugh Thomas는 노예 사냥 도중에 "어린이뿐 아니라 나이 든 남성과 여성은 가치 없는 존재로 여겨졌고 종종 학살당했다"라고 기록하고 있다. 신체장애가 있어 노예가 되기에 적합하지 않던 사람들도 마찬가지였다. 한편, 몸이 극단적으로 비정상적인 아프리카인들은 그들의 몸을 전시해 돈을 벌 수 있었기 때문에 높게 평가받았다.[19]

아프리카에서 노예로 붙잡히거나 노예 시장에서 팔린 사람들은 아프리카 서부 해안까지 죽도록 고통스러운 여행을 해야 했다. 역사학자들은 노예로 내몰린 사람 중 절반가량이 이 육지 여행에서 질병, 영양실조, 피로, 폭력 등으로 고통받았을 거라고 추정한다. 살아서 해안가에 도착했다 하더라도, 그들은 음식이 거의 없고 질병에 걸릴 위험이 높은 상태에서 그간의 트라우마로 만신창이가 된 몸과 정신으로 나무로 만든 구조물 안에 갇혀 지내야 했다. 수송되기를 기다리는 동안 더 많은 사람들이 죽어나갔다.[20]

이 시기 대서양을 건너는 항해는 가장 좋은 배를 타고 가더라도 고통스러운 일이었고 그 과정에서 누구든 죽을 수 있었다. 여러 차례 항해를 했던 선원들은 노예들보다 훨씬 더 오랫동안 배 위에 머물렀다. 브리스틀과 리버풀 무역회사의 영국 배를 타고 항해하던 선원 중 20퍼센트가 넘는 사람들이 일하다 죽었다. [21]

노예가 된 사람들은 예외 없이 '중간 항로Middle Passage'로 알려진 항로를 따라 아프리카에서 북아메리카로 가는 끔찍한 항해를 경험해야 했다. 그들은 이미 정신적 트라우마를 겪고 물리적으로 난타당한 몸으로 배의 갑판 사이 좁은 공간에 갇혀 지냈다. 종종 쇠사슬에 묶인 채로, 고향 땅에서 적으로 싸웠을지도 모를 낯선 언어를 쓰는 다른 부족 사람들에 둘러싸여, 55일에서 70일 사이의 시간(출발하고 도착하는 항구에 따른 차이)을 견뎌야 했다. 선원들은 여성을 강간했고 때때로 남성도 강간했던 것으로 보인다. 식량과 물도 충분치 않았다.

그런 상황에서 질병은 빠르게 퍼져 나갔다. 그중 노예무역의 잔인함을, 질병과 장애로 생겨난 결과를 보여주는 가장 끔찍한 사례는 프랑스 노예선인 르 로되르의 이야기다. 1819년 항해를 시작한 지 15일이 지났을 무렵, "끔찍한 질병"인 안염Ophthalmia(실명을 초래할 수 있는 전염성이 매우 높은 병)의 첫 증상이 나타났다. 선원들은 노예들의 "심각하게 충혈된 눈"을 대수롭지 않게 여기며 물이 부족해 그런 거라고 생각했다. 노예들은 하루에 대략 230밀리리터의 물을 배급받았는데, 그 양이 나중에는 와인잔의 절반으로 줄었다. 감염된 환자 수와 질병으로 실명한 사람의 수는 빠르게 증가했다. 감염성 설사는 이러한 증가세를 악화시켰고 결국에는 선원들도 영향을 받았다. 결국 40명의 아프리카인들이 감염 후 시력을 회복하는 데 실패했고 12명은 한쪽 눈의 시력을 잃었고 14명은 "상당한 수준의 흠Blemish이 생겼다". 선원 중에서는 의사를 포함한 12명이 시력을 잃었고, 선장을 포함한 5명은 한쪽 눈을 잃었다. 시력을 잃은 노예는 잘 팔리지 않기에 노예무역업자들의 이윤이 줄어들었다. 훗날 작성된 정부 보고서에는 "한쪽 눈만 실명해도 아주 낮은 가격에 팔린다"라고 적혀 있었다.[22]

르 로되르 사례는 배에서 일했던 어린 소년 로메뉴가 엄마에게 쓴 편지에 잘 드러나 있다.

아침에 선장은 노예를 포함한 모든 사람을 갑판 위로 불러 모았습니다. 저 멀리 과달루페 해안이 보였어요. 우리가 기적처럼 이 여행을 마무리하게 된 것을 두고 하느님께 감사를 표하려는 것이라고 생각했습니다.

3장. 비참하고 가여운 이들이 바다로 던져졌다

"화물이 보험에 가입된 게 확실합니까?" 선장의 동료가 물었습니다.

선장이 이어 대답했습니다.

"확실하다. 모든 분실된 노예들은 보험회사 직원이 잘 처리할 게 분명하다. 아니, 이 배를 실명한 노예를 치료하는 병원으로 만들기라도 해야 된다는 말이냐? 우리는 이미 충분한 대가를 치렀다. 너의 일을 시작해라."

선장의 명령에 그 동료는 완전히 맹인이 된 흑인 39명을 골라냈습니다. 그는 나머지 선원들의 도움을 받아 흑인들의 다리에 무게추를 묶었습니다. 그리고는 그 비참하고 가여운 이들은 바다로 던져졌습니다. [23]

노예무역은 돈을 벌기 위해 존재했기 때문에, 노예에게 장애가 있으면 수익이 감소했다. 당시 널리 퍼진 왜곡된 노예제의 논리, 실명한 사람들은 노동할 수 없다는 지배적인 비장애 중심적인 믿음, 그리고 "한쪽 눈만 보이지 않아도 헐값에 팔려"는 상황에서 선원들은 살아 있는 것보다 죽는 게 자신들에게 더 이익이 되는 사람들을 배 밖으로 내던졌다. 시인 존 그린리프 위티어John Greenleaf Whittier는 1834년 그 사건에 대해 다음과 같이 썼다.

족쇄 찬 눈먼 이들, 하나씩 하나씩

배 옆구리에서 아래로 내던져진다

위에선 칼이 내리치고

아래에선 날렵한 상어가

피범벅 아가리를 쩍 벌리고 기다린다

한입 거리 인간 먹이를[24]

거의 모든 노예무역선에는 상어가 함께 따라왔다. 모든 항해가 르 로되르 사례와 같이 끔찍하게 끝을 맺은 것은 아니었지만 인간의 가치가 폄하되는, 특히 장애를 이유로 인간을 가치 없다고 여기는 일은 노예무역 어디에나 있었다.

노예선이 북아메리카에 도착했을 때, 눈에 띄는 신체, 정신·인지장애를 가진 노예는 손상된 상품으로 취급받았다. 당시 그들은 '폐품 노예Refuse Slaves'라고 불렸다. 노예 회사 판매자들은 낮은 가격을 받는 이유를 정당화하기 위해서 질병과 장애가 있는지를 확인하고 가격표에 명시했다. 눈에 띄는 장애가 있는 노예들은 시장에 내놓았을 때, 팔리지 않거나 매우 천천히 팔렸다. 1680년에 바베이도스 지역의 노예 판매자는 3주가 지났는데도 자신의 화물이 팔리지 않았다고 불평하며, 이는 "늙고 상태가 좋지 않은 눈이 먼 노예와 수많은 상처 난 노예들이 우리 수중에 오래 있다가 헐값에 팔려나가기" 때문이라고 말했다. 비슷하게, 사우스캐롤라이나의 노예무역상인 헨리 로렌스는 1755년 '폐품 노예'에 대해 불만을 털어놓았다. "이날 우리

1840년 조지프 터너가 완성한 그림 <노예선>의 우하단에는 쇠사슬에 묶인 채 바다에 던져진 흑인 노예의 발과 그 옆에 몰려든 바다상어가 보인다. 사망시 보험금을 노린 노예상인들은 장애로 인해 상품가치가 떨어진 이들을 바다로 던졌다.

J. M. W. Turner, <The Slave Ship>
미국 보스턴 미술관 소장
(사진: 김승섭)

는 42명을 7,455파운드 12실링에 팔았고 이 돈에는 경매로 번 푼돈 35파운드 12실링도 포함되어 있었다. 그들은 모두 회복될 희망이 보이지 않았다. 하느님은 우리가 남은 노예들을 어떻게 할지 알고 있다. 그들은 가장 불쌍한 무리들인데… 몇몇은 눈이 매우 안 좋았고 세 명은 아주 못생긴 아이들이었다. 나머지는 여섯이나 여덟 명의 노인을 포함해 최악의 병약한 이들이다." 입국항에는 그런 노예들이 넘쳐났고, 그들은 버려져 죽어 갔다.[25]

노예무역상과 주인들은 이 폐품 노예들을 북쪽에 팔았다. 어떤 무역상은 "니그로 남자" 하나가 "미쳐서 일을 거의 하지 않는다"라고 말하며 "그를 북쪽에 팔아 처분하길" 권했다. 그러나 북쪽 식민지도 이들을 원하지 않기는 마찬가지였다. 1708년, 로드아일랜드는 폐품 노예를 "몇은 살인을 저질러서 왔고, 몇은 도둑질을 해서 왔고, 몇은 도망쳐 왔다. 대부분 성질이 못됐고 다리를 절뚝거리는 병에 걸렸다"라고 묘사하며 그들을 지역에 들어오지 못하게 만드는 법을 통과시켰다.[26]

노예제의 잔혹성은 노예제를 유지하고 그로부터 이득을 얻는 사람들을 점점 더 끔찍하고 비인간적으로 만들었다. 인종주의, 비장애중심주의, 경제적 동기의 잔인한 결합은 장애를 가진 노예를 극단적으로 취약하게 만들었다.

식민지 시절 북아메리카에서 살아가는 장애인의 경험은 그 사람의 인종, 법적 상태, 젠더, 계급, 그리고 가족이 가진 경제적·신체적 자원에 따라 매우 다양했다. 노예무역을 통해 강제로 납치되어 북아메리카로 이송된 사람들에게 장애는 종종 '폐품'의 위치에 놓이는 것을 의미했고, 그 결과 많은 노예들이 죽거나 버려졌다. 토착민 부족의 사람들에게 장애는 종종 유럽인들이 가지고 온 질병과 폭력의 결과로써 생겨났다. 토착민들이 공동체에서 취약한 이들과 나눌 수 있는 자원은 점차 사라졌고, 신체적 능력의 가치는 점점 커져갔다. 장애를 가진 유럽인의 후손에게는 그의 가족이 가진 경제적 자원이 매우 중요했다. 주변 사람들에게 위협적이지만 않다면, 정신장애는 상대적으로 심각한 결과를 초래하지는 않았다. 그렇지 않은 경우에 정신장애인은 가족의 돈과 돌봄이 있더라도 고통스러운 감금 생활을 해야 했다.

미국이 건국되기 이전, 가족과 공동체의 법적·경제적 상황은 장애의 정의, 장애인의 경험, 장애의 사회적 의미에 지대한 영향을 미쳤다. 그리고 그것은 비장애중심주의라는 표준과 그 결과를 규정했다. 매우 약한 국가조차 존재하지 않던 시기, 개인이 속한 공동체의 복지는 매우 중요했다.

비정상인 자와

의존하는 자

: 시민의 탄생,

1776~1865

1770년대에 이르면, 영국 정부와 그에 충성하는 식민지 주민들은 북아메리카 전역의 유럽인들에게 자신들의 의도를 분명히 밝힌 상태였다. 조지 왕과 영국 의회는 북아메리카에 대한 정치적·경제적 통제를 지속하면서 확대하고자 했다. 영국은 여전히 북아메리카에서 영향력을 행사하고 있던 프랑스와 스페인을 몰아내고 싶어 했다. 영국이 뛰어난 리더십이라 믿으며 자행했던 행동을 두고서, 점차 많은 식민지 주민들은 불법적인 권력 남용이라고 생각했다. 부당한 착취를 당할 때, 사람들은 저항할 의무가 있다. 북아메리카의 사람들은 독립을 선언했다.

조지 왕은 북아메리카의 사람들이 계속 복종하기를 원했고, 그들의 삶을 자신이 결정하고자 했다. 토머스 페인, 존 애덤스, 제임스 오티스 그리고 오티스의 여동생인 머시 오티스 워런 같은 혁명가들은 자신들이 어린애가 아니고, 인간으로서 기본권이 있음을 주장했다. 그들은 자신들이 정부에 발언할 권리가 있고, 그 권리를 행사하길 원하며, 무엇보다 스스로 통치할 수 있다고 주장했다.

미국 독립혁명 이후 수십 년 동안 새로운 국가는 좋은 시민과 나쁜 시민을 정의하고 구별했다. 민주주의는 시민들이 이성적으로 정치적인 결정을 내릴 수 있고 또 그렇게 할 것이라고 간주하는, 거대하면서도 동시에 잠재적으로 위험한 실험이었다. 투표를 통해 국가의 운명을 결정할 시민들이 충분히 능력 있는 몸과 정신을 가지고 있지 않다면, 어떻게 새로운 공화국이 살아남을 수 있겠는가? 정치 이론가들은 온전한 시민권을 가질 수 있는 사람을 백치, 정신이상자, 여성, 토착민과 구분했다. 국가는 인종과 젠더, 그리고 무엇보다도 장애에 따라 투표할 권리로부터 사람들을 배제했다. 미국이라는 국가를 만드는 일에는 능력 있는 몸을 가진, 온전한 시민권을 체화한 사람들에 대한 법적·이념적 설계가 내재되어 있었다. 그 과정에서 신체와 정신에 결함이 있다고 여겨지는 사람들은 배제되었다.

시민으로서 적합한 사람과 부적합한 사람을 구분하는 과정은 수많은 법적·이념적·실용적인 질문을 제기했다. 부적절함은 어떻게 규정할 수 있는가? 언제 그것은 국가를 위협하는가? 부적절한 사람들은 구제될 수 있는가? 만약 그렇다면 어떻게 구제할 것인가?

시민의 경계

국가의 법적·경제적·시민적 구조를 형성하는 과정에서 법적인 틀은 일종의 해결책을 제공했다. 인종주의 이데올로기는 아프리카계 미국인을 노예로 일하기에 가장 적합한 몸과 정신을 가진, 근본적으로 열등한 존재라고 규정했다. 토착민들은 자신들이 살아온 땅에서 쫓겨나 낯선 곳으로 이주당하거나 살해당했고, 대개의 경우 시민권을 얻지 못했다. 백인 여성들은 백인으로서 특권을 누리긴 했지만, 그들 중 대다수는 법적으로 당시 미국에서 여성의 법적 지위는 미혼녀와 기혼녀 중 하나였다. 미혼녀(Feme Sole)는 결혼을 하지 않았거나 이혼 혹은 사별을 한 경우를 의미했는데, 직접 재산을 소유하고 자신의 이름으로 계약을 할 수 있었다. 하지만 대부분의 여성은 결혼과 동시에 기혼녀가 되었고, 법적 권리와 의무는 모두 남편에게 있었다.

시민권을 행사하는 데 부적합하다고 간주된 '기혼녀Feme Coverts'로 남았다. 장애라는 개념은 법적으로 확립된 불평등을 정당화하기 위해 사용되었다.

미국 독립혁명 이후에는 부적합한 몸을 가진 사람들을 규정하고 조직하는 사적·공적 시설이 급증했다. 1971년 역사학자 데이비드 로스먼David Rothman은 "비정상인 자와 의존하는 자"를 위한 시설이 급증한 점이 독립혁명 이후 [아직 새로운 국가 시스템은 온전히 갖추어지지 않은 상태에서] 껄끄럽게 여겨진 무질서를 나타낸다고 주장했다. 민주주의 공화국은 유능하고 투표하는 시민을 필요로 했기에, 국가는 시설을 이용해 자신이 정한 질서를 집행하고자 했다. 초기 산업화와 도시화라는 두 동력이 가져온 사회 변화는 통제되지 않은 혼란(예를 들어, 더 이상 부모에게 경제적으로 의존할 필요가 없는 아이들, 자신의 일에서 주도권을 가지려 하는 임금 노동자들, [초창기 유럽인들이 정착했던 동부지역에서 법과 제도가 확립되면서] 심해지는 규제를 피해 서쪽으로 떠나는 사람들 등)의 우려를 키웠다. 국가는 모든 사람을 모범적인 시민으로 바꾸려 했고, 그러한 변화가 불가능하거나 그 변화를 거부하는 사람들은 시설에 가두려 했다. 각 수용시설은 서로 다른 역사를 가지고 있지만, 전문적인 개입을 통해서 인간의 행동을 관리하고 변화시킬 수 있다는 전제를 공유했다.[1]

4장. 비정상인 자와 의존하는 자

로스먼의 주장이 정확한지와는 별개로, 수용시설들이 생겨나고 관련된 규제가 증가하는 과정은 '정상과 비정상', '유능함Ableness과 장애Disability'를 정의하는 일을 동반했다. 정신이상자나 백치 혹은 신체적 상태로 인해 스스로를 경제적으로 부양할 수 없다고 여겨진 시민들은 점차 시설에 수용되었다. 정신적 무능을 이유로 투표권을 제한하는 일도 점차 늘어났다. 연방정부와 주정부는 장애인의 입국을 제한하는 이민법을 강화하기 시작했다. 부적합한 사람이라고 생각되었지만 구제 가능성이 있거나 구제받을 만한 자격이 있다고 여겨질 때에는 교육받을 기회가 주어졌다. 1817년에 설립된 '농아인 교육과 지도를 위한 코네티컷주 수용소'는 권한을 부여하고 자유로운 생활을 제공했던 기관의 한 예다. 그 옹호자들과 학생들은 전국적으로 비슷한 학교를 설립했고, 그들이 농인들과의 관계에서 보여준 리더십은 큰 차이를 만들어냈다. 이와 반대로 몸과 정신이 구제할 수 없는 상태라고 여겨진 사람들은 창고에 갇히거나 죽임을 당하기도 했다. 시설이 발전하는 과정에서 수용되는 당사자의 목소리는 고려되지 않았다. 지적 능력, 신체적 역량, 인종, 계급, 젠더, 민족, 환경은 한 인간의 시민으로서의 역량을 결정하는 데 있어 함께 영향을 미쳤다.

시민권을 거부당한 사람들이 온전한 시민권을 획득하기 위해 싸울 때, 그들은 종종 장애와 능력 있는 몸에 대한 언어를 사용했다. 예를 들어, 1791년 이름을 밝히지 않은 한 인물은

《수용시설과 컬럼비아 매거진》에 기고한 글에서 여성의 교육을 제한할 경우 생겨나는 부정적 효과를 경고했다. "자신의 존재를 비참하게 만드는 무능력함으로 고통받아, 창백하고 노쇠하며 연약하고 기형적인 몸을 가진 여성을, 그런 여성의 얼굴을 매일 보는 것에" 누구도 놀라지 않게 될 것이라고 썼다.[2] 기고자는 여성이 능력 있는 몸을 가져야 이 거대한 민주주의 실험이 성공할 수 있기 때문에 국가가 여성 교육을 진행해야 한다고 주장했다. 기형적인 몸을 가진 쇠약한 여성이 새로운 국가를 건설하는 누군가처럼 중요한 시점에 도움이 될 수 있겠는가? 이러한 주장에는 모든 면에서 유능하고 경쟁력 있는 사람이 좋은 시민이라는 암묵적인 전제가 있었다.

1848년 세니커폴스 여성 권리 회의Seneca Falls Women's Rights Convention에서 만난 여성운동가들은 자신들이 시민으로서 적합한 사람이라는 점을 강조하며 동등한 시민권을 요구했다. 그 방식은 자신들과 시민으로서 적합하지 않다고 여겨지는 사람들을 조용히 대조하는 것이었다. 참석자들은 "평등한 인권은 자신이 속한 인종 정체성에서 나오는 능력과 책임감에 기인한다"라고 결의했다. 비슷하게 능력을 강조하는 맥락에서, 노예 출신인 노예 폐지론자 프레더릭 더글러스Frederick Douglass는 "권리의 진정한 기반은 개인의 능력이다"라고 말했다.[3]

점점 확장되고 건실해지는 새로운 공화국은 유능한 시민들을 보호하고 유지하고자 했다. 비장애중심주의뿐 아니라 인

118   4장. 비정상인 자와 의존하는 자

종주의, 성차별주의와 같은 이념은 시민권을 온전히 행사할 수 있는 사람과 그렇지 않은 사람을 구분하는 일을 뒷받침하고 그 과정에 기여했다. 하지만 장애인으로 분류된 모든 사람이 배제되었던 것은 아니다. 독립전쟁 이후 수십 년 동안, 장애를 가진 퇴역군인들은 자신들의 고용, 경제적 여건, 가족 관계가 능력 있는 몸을 가진 다른 남성들과 크게 다르지 않음을 즐겁게 확인할 수 있었다.

놀랄 만큼 동등하게 살아가는: 장애를 가진 퇴역군인

매사추세츠주 뉴턴 지역의 에베네저 브라운Ebenezer Brown이 미국 독립전쟁에서 싸우기 위해 집을 떠났을 때, 그는 젊은 남성이었다. 브라운은 자신만의 꿈과 계획이 있었지만 앞으로 인생이 어떻게 펼쳐질지는 알지 못했다. 1820년에 그는 63세의 노인이 되어 있었고 이제 막 두 번째 결혼을 했으며 딸 엘리자베스와 "다리를 저는Cripple" 아들 프레더릭이 있었다. 1777년의 새러토가Sarotoga 전투에서 브라운은 "어깨에 심각한 부상"을 입었고, "노동할 수 있는 능력이 없었기에" 연금을 받고자 했다. 1820년 연금을 받기 위해 제출한 탄원서에는 "독립전쟁 동안 군대에서 나보다 오래 복무한 사람은 거의 없습니다. 그리고 나보다 더 궁핍한 상황에서 살고 있는 사람도 찾을 수 없습니다"라고 적혀 있다. 연금을 받고자 했던 퇴역군인 중 87퍼센

트가 그러했듯, 브라운의 장애는 전쟁 중 입은 부상이 원인이었다. [4]

브라운은 미국 독립전쟁에서 살아남았다. 질병(전쟁 중 사망자의 90퍼센트는 병사했다), 치료(사지에 부상을 입으면 절단 수술을 해야 했는데, 허벅지 가운데를 절단하는 수술은 치사율이 65퍼센트였다), 그리고 때때로 발생하는 총기 폭발 사고에도 살아남았다. 브라운은 자신이 부상당한 후에 살아남을 확률보다 죽었을 확률이 더 높았다는 사실은 알지 못했던 것 같다. [5]

전쟁 전까지 브라운은 병원에 입원한 적이 없었던 것으로 보인다. 대다수의 유럽계 식민지 거주민들은 계급에 상관없이 집에서 치료를 받았다. 치료를 본인이 직접 하건 이웃이 하건, 혹은 의사가 하더라도 그 장소는 집이었다. 독립전쟁에서 대륙군은 선술집, 마을 회관, 그리고 영국 왕실 편에 섰던 사람들의 몰수된 재산을 이용해 야전병원과 일반병원을 빠르게 만들려 했다. 군인들은 병원에서 치료를 받는 데 익숙하지 않았을 뿐 아니라, 때때로 병원은 아무것도 제공하지 못했다. 때로는 침대조차 없었고, 종종 음식도 끊겼다. 병원이 제공하는 의료서비스는 제한적이었다. 앤서니 웨인 장군은 타이콘데로가 병원을 "학살의 집"이라고 불렀다. 윌리엄 허친슨은 자신이 있었던 병원을 묘사하며 "가장 끔찍한 광경"이라고 말했다. 바닥은 온통 피범벅이었고, 절단된 팔과 다리가 여기저기 끔찍하게 널브러져 있었다. 절단 수술을 받아야 했던 사람들은 의사가 수술

4장. 비정상인 자와 의존하는 자

을 하고 있는 그 방에서 줄을 서서 기다렸다.[6] 브라운에게 병원에 입원하는 것 자체가 낯선 일이기도 했겠지만, 그가 어떻게든 입원을 피하기 위해 부단한 노력을 했을 수도 있다.

브라운은 어깨에 부상을 당한 후 치료를 위해 병원 대신 집으로 돌아갔을 것이다. 당시 대부분의 군인들은 부상을 당하면 집으로 가는 것이 일반적이었다. 예를 들어, 벤저민 파넘의 친구인 존 바커는 벙커힐 전투에서 다리에 총을 맞은 파넘을 전쟁터에서 끌고 나왔다. 근처 앤도버에 있던 파넘의 가족들은 그가 부상을 당했다는 소식을 들었다. 그날이 저물기 전 파넘은 가족이 보내준 말이 끄는 수레를 타고 집으로 갈 수 있었고, 그곳에서 파넘은 치료를 받았다. 이처럼 가족의 도움을 받을 수 있는 경우가 아니었다면, 부상을 당한 후 브라운은 자신을 집으로 데려다줄 사람을 고용했을 것이다.[7]

브라운이 연금을 받기 위해 신청했을 때, 해당하는 기준을 충족시켰다는 것을 우리는 알고 있다. 자신이 군 복무를 했고, 군 복무 때문에 장애를 가지게 되었고 노동할 능력이 없다는 점을 증명했다. 1818년 제정된 미국 독립전쟁 연금법은 법적·사회적 복지의 범주에서 장애를 정의했다. 이 법에서는 19세기 초 장애의 정의에 따라 실명, 다리 절단, 마차 사고로 인한 손부상 등의 손상으로는 장애인이 되지 않는다고 정했다. 연금법에 따르면, 장애는 경제적으로 생산적인 노동을 할 수 없는 상태를 의미했다.

그러나 많은 퇴역군인들은 일자리를 찾았다. 49퍼센트가 농부로, 27퍼센트가 통Barrel 제조업자나 대장장이 같은 숙련 노동자로 일했다. 교육을 받을 수 있는 계급적 배경을 가진 소수는 교사나 목사, 혹은 육체노동을 거의 하지 않는 숙련 노동자가 되고자 했다. 장애를 가진 퇴역군인들은 장애를 가지지 않은 퇴역군인과 비슷한 직업에 대략 비슷한 비율로 종사했다. 더욱 놀라운 것은 역사학자 다니엘 블래키Daniel Blackie가 발견한 사실인데, 1820년을 기준으로 장애를 가진 퇴역군인과 장애가 없는 퇴역군인의 빈곤율과 취업률이 비슷했다는 점이다.[8]

브라운은 그의 첫 번째 아내 캐서린이 죽기 전까지 25년이 넘는 시간 동안 혼인관계를 유지했다. 어깨에 부상을 입고 장애를 가진 퇴역군인 브라운이 결혼을 하고 두 아이를 키웠다는 점은 그 자체로 주목할 만하다. 오늘날 장애가 있는 사람들이 결혼을 하고 가족을 꾸리는 비율은 장애가 없는 사람들에 비해 더 낮다. 미국 독립전쟁으로 장애를 갖게 된 퇴역군인들은 일을 했고 결혼하고 아이를 가졌으며, 그 규모와 구조에 있어 비장애인 퇴역군인들과 거의 동일한 수준의 가족을 꾸렸다.

브리스틀 로즈가 미국 독립전쟁에서 싸우기 위해 로드아일랜드의 크랜스턴을 떠났을 때, 로즈는 짐작컨대 브라운보다 더 희망과 기대에 차 있었을 것이다. 1778년, 로드아일랜드주 의회는 "몸이 온전한 모든 니그로 노예, [백인과 흑인의 '혼혈'인] 물라토 노예, 토착민 노예"가 군복을 입으면 "모두 완전하

4장. 비정상인 자와 의존하는 자

게 자유로워질" 거라고 선언했다. 1755년에 노예로 태어난 스물셋의 젊은이 로즈는 자유를 갈망했다. 그는 군대에 들어가 대포에 맞고 한쪽 다리와 한쪽 손을 잃을 때까지 3년을 복무했다. 로즈는 부상당한 후 과거 자신이 노예로 거주했던 크랜스턴으로 돌아갔지만, 1789년에 프로비던스로 이주했고, 주의회가 주는 연금으로 살아갔다. 그 연금은 간헐적으로 제공되었는데, 예를 들어 1790년 4월, 주의회는 로즈에게 약 26불을 지급했다. 로즈의 집은 자유로운 아프리카계 미국인들의 지역센터가 되었다. 프로비던스에서 그는 군 복무를 했다는 이유로 지역의 흑인과 백인을 모두 포함한 많은 사람들로부터 존경받는 삶을 살 수 있었다. 1810년 그가 사망했을 때, 지역신문은 "미국 독립전쟁의 흑인"이라고 부고를 실었다.[9] 로즈는 생계를 위해 다시 일을 시작하지 않았지만, 지역 공동체에서 중요한 인물로 살았다.

새롭게 만들어진 국가의 경제 구조, 성장하는 시장 경제, 주어진 일을 완수하기 위해 가족이 함께 일하는 방식은, 장애를 가진 사람들도 생산적인 노동에 참여하는 것을 가능하게 했다. 그들이 그 노동에 적응하거나 혹은 노동의 형태를 그들에 맞춰 조정했고, 필요한 경우에는 다른 사람들의 도움을 받았다. 훗날 산업화와 자본주의가 심화되며, 이러한 일은 점차 어려워졌다.

인종과 유능한 시민의 자격

　미국 독립전쟁 이후, 노동할 수 있는 능력과 시민의 자격을 연결 짓는 법적·지적인 고리가 더 분명해졌다. 사회는 미국 독립전쟁의 퇴역군인들이 흑인과 백인 모두, 자유인으로서 경제적으로 생산적인 노동에 종사하길 기대했다. 그러나 백인 여성의 경우, 그러한 기대는 보편적이지 않았다. 백인 여성이 가정부이거나 계약노동자 하인이거나 혹은 신발을 만드는 가족의 구성원인 경우, 가족들은 그 여성이 노동할 것이라고 기대했고 법적으로도 그러한 직군의 여성은 존재했다. 어떤 종류의 육체노동을, 혹은 돌봄이나 관리감독 노동을 할지는 그들의 계급, 나이, 결혼 상태에 따라 달랐다. 하지만 당시 백인 여성의 몸과 정신은 [남성에 비해] 결핍되어 있다고 여겨졌고, 그러한 인식은 백인 여성을 특정 노동에서 배제하는 결과를 낳았다. 노예가 된 아프리카계 미국인의 몸과 정신 역시 특정 일을 하기에는 지나치게(백인 여성과는 다른 방식으로) 기형적이라고 여겨졌지만 단순노동, 재생산, 가사노동을 하기에는 적합하다고 여겨졌다.

　백인 여성과 노예인 아프리카계 미국인은 일반적으로 백인 남성과 같은 방식으로 자신의 노동력을 소유할 수 없었다. 그들은 자신들이 노동으로 얻은 경제적인 결과물을 관리하고 결정할 수 있는 법적인 권한이 거의 없었다. 장애의 정의가 노동할 수 있는 능력의 부재였음을 감안할 때, 백인 여성, 자유인인 아프리카계 미국 여성, 노예는 장애로부터 완전히 자유로울 수 없었다. 당시 정치이론은 결핍된 몸을 가진 사람들의 재산권이 박탈당하는 것이 정당하다고 주장했다.

노예제와 인종주의는 북아메리카에 거주하는 아프리카인과 그들의 후손이 공동체와 시민 활동에 참여할 수 있는 지능과 능력, 그리고 심지어는 인간성의 측면에서도 백인과 동등하지 않다는 이념을 전제하고 있었다. 노예 소유자들, 의학자, 신학자, 미국 헌법의 초안을 작성한 사람들, 그리고 유럽과 미국 사회 주류의 거의 모든 사람들이 노예와 아프리카계 미국인 자유인이 정신적·신체적으로 장애가 있다고 주장했다. 그러한 장애 개념은 노예제와 인종주의를 정당화시켰고, 심지어 많은 백인들로 하여금 노예제가 스스로를 돌볼 수 없는 아프리카인들에게 이득이 된다며 스스로를 기만하거나 기만하는 척하는 데 기여했다.[10]

[독립선언문을 기초한 인물이자 미국의 3대 대통령인] 토머스 제퍼슨Thomas Jefferson의 인종에 대한 모순적이고 불편한 태도는 이 국가의 정체성을 계속해서 오염시켰다. 1800년 그는 『버지니아주에 대해 남긴 메모』에서 "기억력의 측면에서 노예들은 백인들과 동등"하지만, 그들은 "이성적으로 훨씬 더 열등하다. … 상상력의 측면에서 그들은 둔하고, 취향이 없고, 기형적"이라고 적혀 있다. 노예는 "잠을 적게 자도 괜찮아" 보였기

에, 장시간 노동을 할 수 있다고 주장하기도 했다. [11]

1839년 《크래니아 아메리카나》에서 새뮤얼 조지 모턴은 아프리카계 미국인보다도 유럽인 자손의 두개골이 더 크다는 것을, 따라서 뇌도 더 크고 지능도 더 높다는 점을 "증명해냈다". 아마도 과학적 인종주의 연구의 가장 영향력 있는 지지자 중 한 명이었을 의사 새뮤얼 카트라이트Samuel Cartwright는 1848년 출판된 그의 책 『니그로 인종의 질병과 신체적 특이함』에서 다음과 같이 말했다. "흑인들은 신체적·정신적 결함으로 인해 백인이 감독하고 돌보지 않으면 살아남을 수 없다."

카트라이트는 심지어 흑인이 노예 신분에서 벗어나고자 하는 열망은 그들이 가진 열등한 몸 때문에 생겨난 것이라고 했다. 흑인들은 출분증Drapetomania 때문에 노예상태를 벗어나 도망가려 하고, 무기력하기에 게으르고 교활하며 농기구 같은 재산을 망가뜨린다고 카트라이트는 말했다. 그에 따르면 디사에스테시아 아에티오피카Dysaesthesia Aethiopica로 불리는 정신질환 때문에 흑인들은 주인의 재산을 망가트리고자 하는 정신적 열망을 가지고 있었다. 카트라이트에 따르면, 이러한 상황들은 모두 흑인 몸의 결함 때문에 발생했다. 1840년대에 외과의사 조사이아 놋Josiah C. Nott도 아프리카계 미국인들이 "자립해서 살아가기에는 충분히 계몽되지 않았

출분증은 새뮤얼 카트라이트가 노예 신분으로부터 탈출하려는 흑인의 열망을 정신질환으로 지칭하며 진단명으로 만들어낸 용어다.

디사에테시아 아에티오피카는 새뮤얼 카트라이트가 흑인들의 게으름을 설명하기 위해 만든 정신질환 진단명이다. 오늘날 출분증과 함께 사이비과학의 대표적 사례로 인용된다.

4장. 비정상인 자와 의존하는 자

다"라며, 북쪽의 추운 날씨가 "그들의 두뇌를 얼려서 정신이상 자나 백치로 만들었다"라고 말했다. [12]

과학적 인종주의 '전문가들'은 자신의 이념을 인종에 따른 여성의 차이를 묘사하는 데에도 사용했다. 1843년 놋은 다양한 지식인들이 탐독하던, 1820년 만들어진 저명한 학술지《미국 의과학저널American Journal of Medical Sciences》의 독자들에게 다음과 같이 권했다.

"그녀의 장미와 백합빛이 도는 피부, 부드러운 머리칼, 비너스 같은 몸매 그리고 잘 다듬어진 얼굴을 먼저 보라. 그 다음 아프리카계 여성의 냄새나는 검은 피부, 양털 같은 머리카락, 동물 같은 얼굴을 보기 바란다. 그리고 그들의 지적·도덕적 수준 그리고 해부학적 구조를 비교하라."

놋은 흑인 여성들이 지적·도덕적·신체적으로 분명히 결함이 있다고 믿었다. 그는 또한 미국 토착민들이 "그저 놀라울 뿐인 많은 특이함"을 가지고 있다고 지적했다. [13] 노예인 여성의 결함 중에는 통제하지 못하는 동물적인 성적 욕구가 포함되기도 했다.

노예 소유자들과 그들을 지지하는 지식인들은 노예제를 정당화하기 위해 장애 개념을 이용한 반면, 폐지론자들은 노예제에 반대하기 위해서 장애 개념을 이용했다. 폐지론자들은 노예제로 인해 생겨난 정신적·신체적 피해와 장애를 가진 노예들이 경험하는 학대, 노예들이 점점 쇠약해지고 의존적으로 변한다는 점을 강조했다. 노예제 폐지론자들의 글과 분노에 찬 연설들은 노예제의 타락과 잔인함을 강조하기 위해서 무기력하게 구타당한 모습, 노예의 몸에 생긴 끔찍한 손상과 흉터를 자세히 묘사했다. 노예제 폐지론자들은 사람들의 양심에 호소하기 위해 다리를 절뚝거리고 몸이 망가져 장애를 가지게 된 노예의 몸을 직접 보여주거나 글과 그림을 통해 전시했다.

다음은 1840년 매사추세츠주 노예제반대협회 연간 보고서의 내용이다.

"그[노예]는 연약하고 움직일 수 없다. 왜 그렇게 되었는가? 당신들의 노예로 일하는 동안 그는 이렇게 망가졌다. 최소한의 지성을 가진 척이라도 하는 사람이라면 노예제 때문에 그가 장애를 가지게 되었다는 사실을 부정할 수 있겠는가?"

노예제 폐지론자들은 노예해방이 장애를 만들어내는 노예제로부터 사람들의 몸과 정신을 치유할 것이라고 생각했다. 강요된 의존과 불평등으로부터 자유로워진다면, 그들은 "독립적이고, 열심히 일하는 (그 함의에 따르면, 능력 있는 몸을 가진) 시민"이 되어 사회에 편입될 것이다.[14] 자유와 함께 노예제가 만들어낸 장애와 무력감은 사라질 것이다.

노예제가 노예가 된 아프리카계 미국인들의 몸과 정신을 망가뜨린다는 노예제 폐지론자들의 주장은 옳았다. 노예제로 인해 아프리카계 미국인들은 부적절하고 열악한 환경에서 일하고 잠을 자야 했고, 고통스럽고 반복적인 육체노동을 해야 했으며, 종종 육체적 처벌을 받았고, 감정적·신체적·성적 학대를 견뎌야 했다. 탈출한 노예를 잡기 위한 광고에는 영양결핍을 보여주는 "바깥으로 휜 다리를 가진", "안짱다리인" 같은 구절이 종종 등장했다. 또한 농인이라거나, 총기로 생긴 상처에 대한 자세한 묘사나, 귀가 잘렸다거나, 눈에 띌 만큼의 큰 상처가 있다거나, 골절 이후에 뼈가 잘못 붙었다거나, 게으르다거나, 손가락이나 발가락을 동상으로 잃었다거나, 사고로 사지가 잘렸다거나 말을 더듬는 것과 같은 구절이 등장했다. 예를 들면, 1815년 《리치먼드 인콰이어러Richmond Enquirer》의 광고에는 닥터라고 불리는 도망간 노예에 대해 "한때 그의 오른쪽 팔이 부러졌었는데, 그 결과 그 팔은 왼쪽 팔보다 더 짧고 약간 구부러진 상태다"라고 쓰여 있었다.[15]

노예제 폐지론자들은 도망간 노예를 잡기 위한 광고를 노예제의 끔찍함을 보여주는 사례로 이용하는 동시에, 장애를 가진 노예의 경우에도 노예제에 저항할 의지와 능력을 잃지 않았다는 점을 보여주는 사례로 활용했다. 예를 들어, 뉴올리언스의 다리가 절단된 노예였던 밥은 1840년 목발을 이용해 그의 주인으로부터 탈출했다. 노예제 폐지론자이자 여성 권리 운동가였던 소저너 트루스Sojourner Truth는 그녀 자신의 표현을 빌리면 주인의 입장에서 "[그녀의] 끔찍하게 병든 손은 그녀의 쓸모를 감소시켰지만", 그녀의 정치적 활동과 리더십에는 지장을 주지 않았다고 말했다. 비슷하게 1798년 페기라는 이름의 노예는 "발이 안쪽으로 휘어서 걷는 데 지장이 있었지만" 버지니아 주에서 그의 주인으로부터 도망쳐 나왔다.[16] 1774년 농인 노예 조너선은 말을 타고 도망가는 데 성공했다.

7월 20일경, (버지니아의) 포키어Fauquier 지역에서 주인으로부터 도망감, 물라토 남성 노예, 이름은 조너선, 약 26세, 175~178센티미터, 농인임, 그의 발가락 두 개는 붙어 있고, 그럭저럭 글을 읽을 줄 앎. 갈색 리넨 코트, 베이지색 반바지, 새 펠트 모자, 하얀 아마포 셔츠를 입고 새 신발을 신고 있다. 그는 작은 검은색 말과 중간 크기의 활달한 검정 암말을 가지고 갔는데, 그 암말의 허벅지 근처에 큰 상처가 있고 그곳에는 'HK'라고 크게 낙인이 찍혀 있음. 이 식민지의 어느 지역에서건 제임스강 북쪽에서 이 노예를 가두어 그를 다시 잡게 해주면 3파운드, 제임스강 남쪽에서는 5파운드, 캐롤라이나 혹은 다른 지역에서 그를 잡게 해줄 경우 10파운드를 줄 것이다. 그가 캐롤라이나까지 갈 것이라고 예측된다.

휴센 케너Housen Kenner [17]

도망갈 것 같지 않던 노예들도 때때로 저항을 선택했다. 노예제 폐지론자 루이스 클라크Lewis Clark는 탈출한 노예였다. 그는 브루클린에서 자신이 "살면서 본 가장 심각한 학대를 당했던 어느 늙은 노예"의 저항에 대해 청중에게 말했다. 노예의 주인은 "그의 관절 중에 성한 게 없을 때까지 그를 때렸다. 그의

SALE OF SLAVE.
By order of the Probate
Court of Andrew County, the undersigned Administrator of the estate of Absalom Young, deceased, will expose to public sale to the highest and best bidder, a likely negro boy named Ben, belonging to said estate, before the Court House door in Savannah, Mo., on Tuesday, the 2nd day of August, 1853.
TERMS OF SALE—One third cash in hand, and the ballance in twelve months time, on bond and security.
W. J. Young,
Administrator.
JULY 11, 1853.

이 공고문에는 1853년 8월 2일 경매에서 가장 높은 가격을 부르는 이에게 벤이라는 이름을 가진 흑인 소년을 팔겠다고 적혀 있다. 장애를 가진 흑인 노예들은 인간의 가격을 매기는 이 경매에서 매력적인 상품이 되지 못했고, '폐품 노예'로 분류되어 헐값에 넘겨지거나 종종 버려졌다.

얼굴은 뭉개졌고 오른쪽 다리는 조각조각 났다". 그 노예가 "나이가 들고 절름발이가 되어, 가치가 떨어졌을 때", 주인은 그를 죽이려 했다. 그 노예를 익사시키는 일을 직접 하고 싶지 않았던 주인은 "노예가 직접 스스로 익사하게 만드는 방법을 고안했다". 노예 주인은 그를 물 웅덩이로 들어가게 한 다음, "그가 더 깊게 들어가도록 계속해서 돌을 던졌다". 노예는 자신의 모자로 돌을 받아냈다. "이 행위가 주인을 분노하게 했고, 주인은 채찍을 계속해서 휘두르며 노예가 더 들어가도록 했다". 그 나이 든 노예는 몸이 망가졌다는 이유로 폄하되고 있었다. 하지만 "절름발이였던 그는 주인을 움켜쥐고서 가차 없이 물속으로 집어넣었다 꺼내기를 반복했다". 클라크는 그가 주인을 익사시키려 했던 것이고 "이웃들이 와서 말리지 않았다면" 주인은 죽었을 것이라고 말했다. [18]

주인을 익사시킬 수 있을 만큼 육체적으로 강했던 이 노예 남성은 "건전하지 못하다Unsound"라는 평가를 받았을 것이다. 노예 주인들은 노예의 노동 능력을 "건전함Soundness"에 기초해 판단했기 때문이다. 노예 판매장Bills of Sale, 농장 기록, 유언, 법적 문서들은 노예의 질Quality을 명시하고 있었다. 주인에게 순종적인지, 노동을 할 수 있을 정도의 육체적·도덕적·정신적 능력을 갖추었는지를 문서에 포함하고 있었다. 노예 상인들은 노예와 관련해 이미 알려진 혹은 의심스러운 불건전함이 있을 경우, 법적으로 이를 공개해야만 했다. 앞서 이야기했듯, 노동할

　　　　　　　　4장. 비정상인 자와 의존하는 자

수 있는 능력이 감소되면 노예의 경제적 가치가 줄어들었기 때문이다. 예를 들어, 노예무역상인 새뮤얼 브라우닝은 자신이 팔았던 여성 노예 로즈가 '백치'라는 이유로 교환해줘야 했다. 특히 노예가 맹인이 되거나 시력이 떨어지는 것은 노예 주인에게는 큰 근심거리였다. 노예가 할 수 있는 일이 제한되고 노예의 경제적 가치가 감소하기 때문만은 아니었다. 노예가 주인을 속일 수 있었기 때문이다. [19]

노예 주인들은 속는 것을 두려워했다. 노예 주인들과 감시자들은 정신이상, 불임, 뇌전증은 물론이고 감각 장애까지도 노예가 일하지 않기 위해 가짜로 만들어낸 것이라고 의심하곤 했다. 꾀병도 걱정거리였다. 그로 인한 경제적 손실 때문만은 아니었다. 노예 주인에게 모든 면에서 자신보다 열등해야 하는 노예가 그들을 속일 수 있다는 것은 두려운 일이었기 때문이다. [20]

당시 북아메리카에서 여자 노예가 아이를 낳으면, 아이는 어머니의 노예신분을 세습했다. 영국식민지 그리고 이후 미국 남부에서 이른바 '자식의 신분은 어미를 따른다(Partus sequitur ventrem)'라는 고대 로마의 법을 차용하여 그런 제도를 법제화했다. 따라서 노예의 출산은 노예소유주의 재산증식과 직결되었다.

종종 "불건전"하다고 기록되었지만, 그럼에도 장애를 가진 노예들은 일을 했다. 예를 들어, 1830년대 사우스캐롤라이나주 찰스턴 지역의 새뮤얼 바커는 그의 노예 몇몇을 "쓸모없다"라고 기록했는데, 그 "쓸모없는" 노예들이 실제로는 중요한 노동을 했다. 역사학자 데아 보스터Dea Boster의 기록에 따르면 "'쓸모없다'라고 명시된 노예 중에는 '쓰레기를 정리하는' 올드 스테판, 간호사이면서 산파인 올드 베티, '니그로를 위해 요리하는' 페기, 23세의 '요리할 수 있는' '연약한' 여성인 베스, '일류 산파이자 간호사'인 올드 민다"가 있었다. 장애를 가진 다른 노예들은 들판에서 일하거나, 30명 규모의 탁아소에서 아이를 돌보거나, 가사노동을 했다. 외팔 목수 에런Aaron은 사우스캐롤라이나주에 있는 에드먼드 라베넬의 농장에서 숙련 노동을 했다. 당시 상황을 기록한 어느 노예주인의 회고록에는 옆에서 일을 돕는 동물들이 길 안내를 도울 거라고 생각하며 맹인 노예에게 매일 아침 면화 농장으로 식사 카트를 운반하는 일을 맡겼다고 기록되어 있다. [21] 장애를 가진 많은 노예들이 가치 있고 숙련된 노동에 종사했다는 것은 명백하다.

여성들은 재생산 능력으로 인해 노예제와 장애를 남성과 다른 방식으로 경험했다. 여성들은 인종을 떠나 출산 과정에서 장애를 얻기도 했다. 여성 노예는 출산 후에 바로 육체노동을 강요받았기 때문에 자궁탈출증을 겪는 경우가 많았다. 자궁탈출증은 자궁이 질 밖으로 부분적으로 튀어나와 지속적인 통증을 느끼는 상태인데, 성관계가 고통스러워지고 이후 임신을 하면 생명이 위태로워질 뿐 아니라 보행이 힘들어지는 장애를 초래했다. 노예였던 여성은 방광과 질 사이에 누공이 생기는 경우도 흔했다. 누공은 출산 과정에서 집게를 잘못 사용하는 등의 문제로 질과 방광 벽 사이가 찢겨서 질에서 소변이 계속 새어 나오는 상태를 말한다. 누공으로 생겨난 냄새, 지저분함, 당혹감 때문에 그 여성들은 종종 사회적으로 고립되기도 했다.

여성 노예가 장애를 가진 아이를 낳게 되면, 출산 과정에서 산모인 여성의 몸이 위험해질 뿐 아니라 태어나는 아이도 공포스러운 미래를 맞이해야 했다. 비정상으로 여겨지는 몸으로 태어난 아이는 미래가 불확실해졌고, 여성 노예의 재생산 능력도 의심받았다. "괴물"이나 "기괴하고 흉물스러운 것"이라고 여겨진 아이는 생사에 상관없이 부모로부터 분리되어 백인 공동체를 위한 공공장소에서 마치 노예시장에서처럼 몸이 전시되었다. 가장 유명한 사례 중 하나는 주인이 돈을 벌기 위해 몸이 하나로 붙은 쌍둥이 노예인 밀리와 크리스틴 맥코이를 전시했던 것이다. [22]

과학적 인종주의의 사악한 믿음 중 하나는 아프리카계 미국인들이 그들 몸의 인종적 결함 때문에 육체적 통증과 불안을 느끼지 못한다는 것이었다. 이 주장을 믿었든 그저 단순히 신경 쓰지 않았건 간에, 오늘날 근대 부인과학의 창시자로 일컬어지는 의사이자 노예 소유주였던 제임스 매리언 심스James Marion Sims는 "노예 여성 집단을 대상으로 어떠한 동의도 받지 않고 마취제 없이, 악몽처럼 고통스럽고 치욕스러운 실험"을 수년간 시행했다. 그는 결국 방광과 질 사이의 누공을 완화시키는 수술을 완벽하게 익힐 수 있었는데, 그 과정에서 수년 동안 노예 여성들은 육체적으로 구속된 상태에서 강제로 질 수술을 받아야 했다. 그는 아나카Anacha라는 이름의 노예 여성에게

그 수술을 30차례 넘게 진행했고 다른 수많은 노예들에게는 더 많은 수술을 하기도 했다. [23]

아프리카계 미국인 노예들은 자신의 공동체에 대한 강한 의무감을 가지고 있었다. 제도적인 돌봄이 부재한 상황에서, 그들은 서로에게 의존했다. 예를 들어, 자신의 아이와 강제로 헤어지게 되거나 다른 이유로 아이를 돌보지 못하게 된 경우에, 그 여성은 노예인 다른 누군가가 자신의 역할을 대신해줄 것을 알고 있었다. 또한 그들은 노화로 인해 신체·인지 기능이 저하되어 도움이 필요하게 되면 공동체가 최대한 자신을 도와줄 것이라 믿었다.

노예로 살아가던 이들이 서로를 돌보기 위해 안간힘을 썼지만, 백인들로 인해 그것은 종종 극단적으로 어려워졌다. 몇몇 주에서 법으로 금지하고 있었지만, 남부의 도시에서 나이가 매우 많거나 장애가 있는 노예에게 아무런 돌봄 없이 "자유free"를 주는 경우가 있었다. [아프리카계 미국인 노예였던] 프레더릭 더글러스는 어린 시절 입은 심각한 화상으로 장애를 가지게 된 사촌 헨니에 대해 다음과 같이 적었다. 헨니에게 자신이 원하는 일을 시키려고 계속해서 폭행하다가 포기한 주인인 토머스 울드는 결국 "헨니를 스스로 돌보게 하라며 내버렸다. … 그녀는 굶주리다가 죽는 것 말고는 아무것도 할 수 없던 아이였다". "자유를 가지게 된다면 충분히 자신을 돌볼 수 있는 건장한 능력 있는 몸을 가진 노예들은 꽉 붙들고 있으면서, 노예 중

유일하게 다리를 절뚝거려 실제로는 굶어 죽을 수밖에 없는 아이를 풀어주는" 결정을 내린 것이다. [24] 더글러스는 울드가 성경에 대한 대화를 나눈 후에 그런 행동을 했다는 사실이 침통했다.

1840년 인구조사 무렵부터 인종, 장애, 국가의 상태에 대한 논쟁이 공공 영역에서 시작되었다. 매년 인구조사는 시민들의 몸에 대한 질문을 추가했다. 1830년 인구조사는 처음으로 맹인, 농아인의 수를 기록했다. 1840년 인구조사는 "정신이상자와 백치"를 하나의 범주로 묶어 확인하는 질문을 추가했다. 인구조사 결과 자유로운 흑인의 경우 노예인 흑인들보다 정신이상과 백치인 비율이 11배 가까이 높은 것으로 나타났다. 노예제가 없던 메인주에서는 흑인 14명 중 1명이 정신이상자이거나 백치였는데, 노예제가 있던 루이지애나주에서는 그 수가 5,650명 중 1명이었다. 1840년 인구조사에서는 노예제가 없는 지역에서 정신이상자와 백치가 넘쳐나는 것으로 보였다. 그 비율이 북부 지역에서는 아프리카계 미국인 162명 중 1명이었는데, 남부에서는 1,558명 중 1명에 불과했다. [25]

노예제 찬성론자들은 이 데이터를 증거 삼아 무능력한 아프리카계 미국인에게 자유를 주는 것은 해로운 일이라며, 국가가 노예제를 유지하는 것은 도덕적 의무라고 주장했다. 인구조사 결과에 대한 대중적으로 가장 널리 알려진 노예제 찬성론자의 주장은 놀라울 만큼 높은 정신이상자와 백치의 비율을 강조했는데, "북부의 자유로운 니그로들은 이 대륙에서, 어쩌면 지구상에서 가장 사악한 사람들이다"라는 것이었다. 역으로, 노예는 "자유를 가진 이들보다 훨씬 더 행복할 뿐 아니라, 이 대륙에서 가장 행복한 계급이라고 우리는 믿는다"라고 했다. 노예제 찬성론자들은 1840년 인구조사를 해석하며, 자유로 인해 더 이상 노예로 살 수 없을 만큼 불행했던 아프리카계 미국인들은 정신이상자가 되거나 교도소에 수감되었다고 주장했다. [26]

수학자인 에드워드 자비스는 1842년 인구조사부터 그 계산 과정에서 고의적으로 보이는 오류를 지적했는데, 연방정부는 1840년 인구조사의 결과를 결코 수정하지 않았다. 예를 들어, 자비스는 북부지역에서 각 마을별로 흑인 거주민이 12명에 불과했던 21개 마을에 각각 최소한 56명의 정신이상자이거나 백치인 흑인이 있다고 발표한 결과를 지적했다. [27] 자비스는 그러한 수치가 [불가능하고] 정확하지 않다는 점에 주목했다. 물론 다른 이들에게 그것은 민주주의가 작동하는 과정에서 등장했던 인종적 이념(혹은 인종주의)과 법적·사회적 구조에 대한 것이었다.

아프리카계 미국인과 달리 [북아메리카에 새롭게 탄생한] 민주주의 국가에서 토착민들의 역할에 대해서는 거의 이야기된 바가 없었는데, 그들 중 대다수가 사망했기 때문이다. 전염병 유행으로 인해 토착민 부족의 수많은 사람들이 죽거나 장애를 얻었다. 그로 인한 사망자 수는 사실로 받아들이기 어려울

4장. 비정상인 자와 의존하는 자

정도의 끔찍한 규모다. 토착민 공동체는 반복적으로 죽음을 경험하고 문화적으로 파괴되었다. 1738년 남아 있는 체로키족의 거의 절반이 천연두 유행으로 사망했고, 비슷한 전염병이 1759년 카토바족에게, 그 이후 미국 독립전쟁 기간에는 피어겐족에게 발생했다. 1803년 루이지애나 매입을 통해 유럽인이 자신의 영토를 확장한 후에는, 오마하족의 대략 3분의 2가 사망했다. 몇몇 역사학자들은 같은 시기에 뉴멕시코주와 미주리강 사이에 살고 있던 인구 중 절반에 가까운 사람이 천연두로 사망했다고 추정했다. 1820년대에는 컬럼비아강 주변에 거주하던 사람 중 80퍼센트가 고열을 동반하는 전염병으로 사망했다. [28] 사람들은 서로를 돌볼 수 없었을 뿐 아니라, 전염병으로 죽지 않은 사람들은 전염병이 남긴 혼란 속에서 죽어갔다. 다시 한번, 천연두는 수많은 사람들의 시력을 잃게 했고 상흔을 남겼다.

유럽인들이 토착민의 종교를 개종시키고, "주인이 없는" 농지를 차지하고, 북아메리카를 정복하고, 경제적 무역을 계속할 목적으로 대륙을 가로지르는 여정을 계속하는 동안 파괴되는 땅이 늘어났다. 1771년 통바족이 사는 캘리포니아 해안가에 정착해 살기 위한 목적으로 스페인 사람들이 도착했다. 어린 여자아이를 부모로부터 분리해서 몬헤리오Monjerios라고 불리는 여성용 막사에 가두었던 식민지 관습은 질병 전파를 확산시켰다. 스페인 사람들이 도착하고 몇 해가 지나는 동안 어린아이들은 빠르게 죽어갔고 통바의 인구는 78퍼센트 감소했던 것으로 추정된다. 스페인 사람들이 데려온 동물들은 여기저기 풀을 뜯어 먹으며 통바족의 식량을 고갈시켰고, 더 나아가 최소한의 생활을 방해했다. 마찬가지로, 통바족의 이웃인 추마쉬족은 스페인과 멕시코가 이 지역을 점령하고 나서 첫 49년 동안 최소한 7차례 치명적인 전염병 유행을 견뎌야 했다. [29]

시설, 의료화, 그리고 치료

식민지 시기, 장애는 유럽계 정착민들이 다른 사람의 도움을 필요로 했던 여러 이유 중 하나였다. 어떠한 이유에서건 스스로를 부양할 수 없는 사람이 있다면, 그 사람에 대한 일차적인 책임은 가족에게 있었다. 가족이 그 역할을 수행할 수 없는 경우에는 공동체의 책임이 되었다. 식민지 시대에는 어째서, 왜, 신체상태에 대한 어떤 진단으로 인해 그 사람이 빈곤해졌는지는 별로 중요하지 않았다.

그러나 건국 초기에는 빈곤을 신체상태의 진단과 연관해 설명하는 것이 매우 중요해졌다. [30] 실제로, 전문가들이 결정한 진단명은 몸과 정신의 상태를 평가하는 데 점차 지배적인 힘을 얻기 시작했다. 놀랍지 않게도, 이는 의학이 전문화되는 과정과 동시에 진행되었다. 의료진 교육은 19세기 전반기를 거쳐 천천히 표준화되었고, 여성 산파와 같이 공식적인 교육을 받지 않은 사람들은 서서히 의업에서 밀려났다. 의사들은 점점 진단과 치료를 통제하기 시작했다. 의료는 점차적으로 노예제와 같은 불평등을 정당화했고 시민권 상태를 결정하는 힘을 가지게 되었다. 예를 들어, 여성이 생물학적으로 결핍되어 있다는 의학적 주장은 백인 여성을 고등교육, 투표권, 사유재산 소유와 같은 권리로부터 배제하는 데 힘을 실어주었다. 유사하게, 미국 독립전쟁부터 1818년 독립전쟁 연금법이 제정되기까지 퇴역군인 연금을 관리하던 점점 더 많은 행정관료들이 장애 여부를 판단하는 데 있어 지역 가게 주인, 이웃, 목사가 아닌 의사의 자문에 의존하기 시작했다.

뉴잉글랜드 지역에서 처음으로 정신이상자 수용소, 지역 빈민 병원, 농인과 맹인을 위한 학교, 백치와 지능이 낮은 사람들을 위한 학교를 세우기 위한 공공·민간의 활동이 시작되었고, 곧 서부와 남부 지역으로 퍼져 나갔다. 공교육은 빠르게 확장되었다. 종교개혁운동은 선행과 인간 구원의 필요성을 강조했다. 심지어 남성과 여성 모두를 위한 엘리트 기숙사 학교도 늘어났다. 해결책이 생겨나기 시작했다. 사람의 몸과 정신을 두고 정상과 비정상을 구분하는 기관의 숫자가 공적영역과 사적영역 모두에서 급격히 늘어났고, 수혜자는 때로는 그런 구분을 원하기도 했고, 또 때로는 강요당했다.

1817년 로렌 클러크와 토머스 홉킨스 갈로뎃은 미국에서 처음으로 장애에 특화된 기관인 미국농인수용소American Asylum for the Deaf를 코네티컷주의 하트포드에 설립했다. 학생 중에는 유명한 화가인 존 브루스터 주니어도 포함되어 있었다. 클러크는 자기 자신의 경험을 예로 들며, 그 수용소가 "인생의 모든 면에서 비난받고 가장 슬픈 생명체였던 불행한 존재들"을 "짐승 계급에서 인간 계급으로" 변화시킬 것이라 설명했다. 파리의 농인 학생을 위한 국립학교가 클러크를 구제했던 것처럼, "재생의 손"은 미국의 농인들을 구제했을 것이다. 미국 농인수용소를 비롯한 여러 기관의 이러한 변화는, 19세기 초 그동안 고립되어 기독교를 받아들이지 못했던 사람들에게 수어를 이용해 복음을 전파하길 원했던 복음주의 청교도 운동으로 인해 가능했다. 1850년대까지 농인 교회, 출판, 옹호 단체, 스포츠 팀, 문학협회, 그리고 거주 학교가 농인들의 문화와 공동체를 성장하게 하고 풍요롭게 만들었다. 1864년 토머스와 소피아 파울러 갈로뎃의 아들인 에드워드 갈로뎃의 후원으로, 미국 국회는 국립 농아인 대학(1894년 갈로뎃 대학으로 이름이 바뀐다)을 인가하고 공식적으로 인정했다. 19세기 농인 학교와 공동체가 확장하며, 농인 중에서 문해율, 교육률, 경제적 성공률이 크게 높아졌다.[31]

클러크가 교육을 통해 개인과 사회를 모두 변화시킬 수 있다고 믿었던 것처럼, 의사이자 노예제 폐지론자였던 새뮤얼 그리들리 하우Samuel Gridley Howe는 사회가 그 구성원들을 최대한 교육할 의무가 있다고 주장했다. 하우는 가능하다면, 사회의 진보를 위해서는 모든 이의 삶을 개선해야 한다고 주장했다.

하우는 "사회에 만연한 끔찍한 병폐들이 반드시 영구적이지는 않다"라고 말했다. "한 인간이나 특정 계급의 무지, 타락, 고통은 반드시 다른 사람과 다른 계급에 영향을 준다". 그러므로 "사회의 이해득실과 의무는 분리할 수 없는 공통적인 면이 있다". 하우는 모든 사람, 심지어 백치까지도 경제적으로 생산적인 노동을 배울 수 있으며, 몇몇은 자급자족할 수 있다고 주장했다.[32]

하우는 농이나 맹을 가지고 있거나 백치인 학생들을 위한 학교 설립을 이끌었다. 이 중에는 1829년 설립되어 로라 브리지먼, 앤 설리번, 헬렌 켈러가 다녔던 매사추세츠주 보스턴의 퍼킨스맹인학교도 있었다. 마찬가지로, 농아인 교육을 위한 코네티컷주 수용소에서 공부했던 학생들은 전국에 비슷한 학교들을 설립해갔다. 그러나 모든 사람들이 집을 떠나 교육시설에 들어갈 수 있는 자원과 기회 그리고 열망을 가지고 있었던 것은 아니다. 남부에서는 그런 시설에서 교육받을 수 있는 기회가 거의 없었으며, 그나마 존재했던 몇몇 시설도, 북부의 시설에 비해 상대적으로 질이 낮고 인종별로 분리되어 있었다. 그러나 남부에 거주하는 엘리트 농인·맹인 어린이의 부모들은 자녀를 북부로 보내는 일을 망설였다. 그러한 제도를 이끄는 북부의 교육 개혁론자 중 상당수는 노예제 폐지론자였기 때문이다.[33]

그러므로 미국 독립전쟁이 끝나고 나서, 장애에 대한 이해가 크게 변화했다는 점은 놀랄 일이 아니다. 광기에 대한 신학적이고 초자연적인 설명은 점차 생물학적인 설명으로 대체되었다. 예를 들어, 1825년 이전에 대법원은 광기Madness를 두고서 항상 "신의 손길이 닿아 초래된 끔찍한 불행"이라고 했다. 1825년 이후, 법원은 광기를 "질병"이라고 부르기 시작했다.[34] 하버드대는 1782년 북아메리카의 첫 의과대학을 만들었고, 의학은 서서히 표준화되었다. 권위와 전문성의 훈장을 달고서, 의사와 교육전문가들은 신체적·지적 차이를 설명하고 진단하고 치료하는 임무를 받아들이고 옹호했다. 심지어 시설에 수용되어 있지 않은 경우에도, 장애인과 그들의 가족들은 점점 의학적 권위를 찾고 의존했다.

전문가가 광기가 무엇인지 규정하는 경우가 점차 늘어났지만, 관련한 문화적 충돌은 계속되었다. 예를 들어, 1798년 크리족 사람들은 그들이 위험하다고 여기는 한 사람을 만의 남서쪽 해안에 있는 허드슨베이회사의 정착지인 요크팩토리에 데려왔다. 크리족은 오대호부터 오늘날 북캐나다로 알려진 지역까지 살았는데, 허드슨베이회사에 모피를 팔았다. 회사 직원들은 자신들이 정신이상자라고 여긴 그 남자를 당시 유럽 식민지에서 흔히 통용되던 치료법인 사혈로 치료했고, 그 결과 남자의 상태가 훨씬 좋아졌다고 생각했다. 그러나 그들의 기대와 달리 남자는 도망갔다. 크리족에게 정신이상은 무의미한 개념이었다. 크리족은 그 남자가 '식인 거인Windigo'이고, 물의 정령

4장. 비정상인 자와 의존하는 자

에게 빙의되어 잔인하고 비사회적이며 식인 욕망을 갖게 된 것이라고 믿었다. 허드슨베이회사의 무역상은 그 도망간 남자에 대한 공포 때문에 거위 사냥이 지장을 받을까 봐, 적어도 그 사냥으로부터 돈을 버는 데 어려움을 겪을까 봐 두려워했다. 비슷하게, 1816년, 아카피라고 불리는 크리족 사람은 회사의 제임스 클루스턴에게 동료 크리족인 미스타에뉴에 대해 경고했다. 아카피는 클루스턴에게 자신이 식인 거인이라고 믿었던 미스타에뉴에 대해 알려주면 자신의 목숨이 위태로워진다고 믿었던 것 같다. 아카피는 그 식인 거인이 "자신의 눈에 띄는 모든 사람을 죽이고, 때때로 그가 나쁜 짓을 할 수 있는 곳에서 투명해진 채 허공을 걸어 다니며" 인간을 먹어치운다고 생각했다. 클루스턴은 미스타에뉴가 정신이상인 상태로 "너무나 괴로운 방식으로 고통받고" 있다고 믿었다.[35] 19세기부터 20세기까지 정신이상에 대한 다른 인식을 보여주는 비슷한 보고서는 계속 보고되었다.

식민지 시기, 정신이상자로 여겨지는 유럽인 후손들은 그들이 위험하다고 생각되지 않을 경우에는 감금되지 않았다. 그러나 미국 독립전쟁 이후 특히 북부에서는 이러한 사람들을 점차 감금하기 시작했다. 예를 들어, 1796년 매사추세츠주 법은 지역 행정부에게 공식적인 절차를 거치지 않고 정신이상자를 지역 교도소에 감금하는 것을 허락했다.[36] 빈민 구호소, 교도소, 수용소는 종종 다양한 사람들을 감금하는 곳Catch-All

Institutions으로 기능했는데, 그중에는 남편이 없는 가난한 임신부 같은 도덕 위반자, 과음하는 사람, 백치이거나 정신이상자로 여겨지는 사람, 뇌전증을 가진 사람 그리고 지역 행정관이 불편하게 느꼈던 사람이 포함되었다.

'치료'는 집에 있는 동안에 진행되더라도 그 형태가 매우 다양했다. 의사들은 빈번하게 설사제, 사혈, 놀라게 하기, 차가운 물속에 들어가 있기, 고되게 노동하기 같은 처방을 내렸다. 1824년 메인주에 있는 본인의 집에서 정신이상으로 치료를 받은 메리 시월Mary Sewall은 73일 동안 특별히 고안된 의자에 구속되어, 매우 제한된 식사를 하며 많은 피를 흘려야 했다. 25세의 백인 여성인 시월의 치료 과정을 감시하기 위해 두 명의 의사가 집으로 방문했다. 메인주에는 정신이상자를 수용하기 위한 시설이 없었다. 치료가 시작되고 6개월이 지난 후, 결국 시월은 죽었다. 시월의 죽음은 이러한 치료와 무관한 것으로 보이지는 않는다. [37] 시월의 사례는 환자의 거주 지역에 이용 가능한 시설이 없었음에도 광기를 의료화했던 경우를 보여준다.

집에서 진행된 '치료'가 시월에게 어떤 도움도 주지 못했지만, 그렇다고 시설에 수용되는 것이 더 나은 대안이 되지도 못했다. 매사추세츠주에 사는 가난한 정신이상자들의 집을 다니며 끔찍한 상황을 목격한 도러시아 딕스Dorothea Dix는 정치 개혁을 위해 활동했다. 딕스는 수용시설에서 종교 교육을 했다. 보스턴에는 딕스와 비슷한 계급적·종교적 배경을 가진 여성들

4장. 비정상인 자와 의존하는 자

이 이러한 활동을 하는 것이 드물지 않았다. 딕스는 그 과정에서 범죄자, 백치, 정신이상자가 한데 섞여 "벽장, 우리Cage, 다락방, 마구간에서 사슬에 묶여, 나체인 상태로 막대로 얻어맞고 채찍질을 당하며 순종하도록 강요당하며" 감금되어 있는 것을 목격했다. 이러한 시설들에는 한겨울에도 난방이 되지 않았고 질 나쁜 음식이 제공되었으며, 음란한 언어가 난무했고 학대가 자행되었다. 딕스는 이 모습에 충격을 받았다. 1843년 그녀가 작성한 "매사추세츠주 의회에 제출하는 회상록"이라는 글에는 매사추세츠주에 있던 모든 수용시설에 대한 공포를 기록했는데, 그중 웨스트포드 시설에 대한 기록은 다음과 같다.

"그런 광경을 다시는 보고 싶지 않다! 한 젊은 여자가 담요로 살짝 덮인 채 바닥에 앉아 있는데, 나체인 상태로 팔은 가슴 위에 올라가 있고, 머리는 헝클어져 있었다. 실성한 채 불안한 눈빛을 하고 있었는데 육체적·정신적 동요를 부정하는 듯 낮은 소리로 웅얼거리고 있었다."

딕스는 자신의 계급, 젠더, 인종 덕에 가질 수 있는 사회적 권위를 이용하고 도덕적 올바름에 호소하며, 수용시설의 실태를 대중에게 알리고 개선하며 경력을 쌓았다.[38]

하우를 포함한 여러 사람들이 백치나 다른 장애인을 시설에 수용하고 교육하려 했던 것은 복잡한 결과를 낳았다. 1830년대와 1840년대에 궁핍하지 않은 가정의 인지장애를 가진 대다수 어린이와 어른들은 집에서 살았고 공동체에 통합되었다. 1930년대에 노스캐롤라이나주의 켐프 배틀은 롤리에 있는 학교에 갔던 것을 기억했다.

"학교에는 얼빠진 소년이 있었는데, 그 아이가 무엇을 배우리라고 기대하지는 않았고 다만 나쁜 짓을 하는 걸 막기 위해 학교에 왔었다."

같은 시기, 노스캐롤라이나주의 지적 장애를 가진 백인 성인 남성 토머스 캐머런Thomas Cameron은 지역 우체국에서 우편을 운반하는 일을 직업으로 삼고 있었다. 그는 부유한 자기 가족의 친척들로부터 사랑을 받았다. 유명 작가인 마거릿 풀러는 그의 어린 동생인 로이드가 학교에 가야 한다고 주장했다. "그가 수업에서 많은 것을 배우지 못하더라도 학교가 그의 성격과 매너에 좋은 영향을 줄 것"이라고 생각했기 때문이다. [39]

1840년대 후반 프랑스 교육자 에두아르 세갱Edouard Seguin의 작업에 영향을 받아, 새뮤얼 그리들리 하우, 허비 윌버, 그리고 다른 미국인들은 백치가 교육을 받을 수 있다고 주장하기 시작했다. 1847년, 하우는 매사추세츠주에서 조사를 진행했다. 조사를 통해, 574명의 "가능성 없는 백치라고 비난받는 인간"이 살고 있고 "짐승과 같은 상태로 남겨져" 있다는 것을 알아냈다. 하우는 경제적이고 도덕적인 이유로 주정부가 그러한 시민들을 도와야 하는 "필수 불가결한 의무"를 가지고 있다고 주장했다. 하우는 단언했다.

"그들은 방치되었을 뿐 아니라, 무지함으로 인해 학대받아

4장. 비정상인 자와 의존하는 자

왔고 잔인하고 잘못된 대우를 받고 있으며, 제대로 된 훈련을
받지 못해 그들 중 몇몇은 단순히 연약한 정신 상태에서 완전
한 백치 상태로 가라앉는다. 햇불이 될 수도 있는 지적인 불꽃
을 가지고 태어났다 할지라도, 그것은 점차 꺼지고, 그들은 소
멸하는 짐승처럼 무덤 속 어둠으로 가라앉는다."

의회는 하우의 뜻에 동의했고, 1849년 '매사추세츠주 백치
어린이와 청소년 학교'가 설립되었다. 뒤이어 다른 주들도 비
슷한 결정을 내렸다. [40] 목표는 백치라 생각된 사람들을 시설에
수용해 공동체에 통합하는 것이었다.

그러나 1870년대까지는 하우의 선한 의도에도 불구하고,
이러한 사회적 관심의 증가가 인지장애를 가진 사람이나 그
들 가족의 삶을 반드시 개선시키는 결과로 이어지지는 않았다.
1873년 여성 사업가이자 여성 권리 옹호자이며 1872년 대통령
후보였던 빅토리아 우드헐Victoria Woodhull 은
자신의 10대 아들인 바이런을 키우는 일에
대해 다음과 같이 말했다.

"나는 죽은 채 살아 있는 존재 때문에 저
주받았다."

빅토리아 우드헐은 여성 참정
권 운동의 지도자로서, 1872
년 평등권당(Equal Rights
Party)의 후보로 대통령 선거
에 출마했다. 그녀는 미국 최
초의 여성 대통령 후보였다.

1870년의 인구조사는 백치를 죄인과 같은 범주에서 계산
했다. 하우는 백치인 아이가 부모의 알코올 의존증, 자위행위,
가족 특질, 신체적 무력함, 도덕적 연약함으로 인해 생겨난 것
이라고 주장하며 가족에게 책임을 돌렸다. 그는 부모와 형제들

로부터 백치인 아이를 분리시키는 것이 사회에 더 이롭다고 주장했다. 한때 인지장애를 가진 사람들의 가족 구성원들은 그들의 헌신과 돌봄으로 인해 존경받았지만, 이제는 부끄러움을 느껴야 했다. [41] 이렇게 커진 부끄러움은 더 많은 인지장애인이 시설에 수용되는 결과를 낳았다.

수용시설로 보내진 것은 백인만이 아니었다. 1860년대 후반, 연방정부의 재정 지원으로 체로키족은 '정신이상자, 농인, 벙어리, 맹인을 위한 체로키 수용소' 설립을 위해 투표했다. 거의 동시에 체로키족은 고아원도 세우기로 결정했는데, 두 시설 모두 오늘날 오클라호마주의 탈레쿠아 지역 외곽에 있었다. 그 첫해에, 체로키 수용소에는 일반 쇠약증으로 진단받은 1명, 류머티즘으로 진단받은 2명, 맹인 11명, 다리를 저는 4명, 정신이상자이거나 백치인 사람 3명, 결핵 환자가 1명 있었다. 당시의 다른 모든 수용시설과 마찬가지로, 체로키 수용소가 시설이었다는 이유만으로 그곳을 끔찍한 공간이라고 말할 수는 없었다. 지역 공동체 지도자인 와트 던컨Wat A. Duncan이 체로키 활동가들Cherokee Advocate에게 쓴 편지는 현실이 훨씬 더 복잡했다는 점을 보여준다. 1823년 오늘날 조지아주의 달라네가 지역에 해당하는 체로키족 마을 근처에서 태어난 던컨과 그의 부모는 눈물의 길Trail of Tears 로 알려진 강제 이주를 통해 오클라호마주로 추방되었지만 살아남았다. 성

눈물의 길은 1830년 제정된 '토착민 제거법(Indian Removal Act)'에 의해서 체로키족을 비롯한 북아메리카 토착민들이 자신들의 고향인 미국 남동부 지역을 떠나 미시시피강 서쪽 지역으로 강제이주 해야 했던 사건을 지칭한다.

4장. 비정상인 자와 의존하는 자

인이 된 던컨은 감리교 설교자가 되었다. [42] 식민지 지배자의 언어인 영어를 이용해, 던컨은 체로키 수용소를 옹호하는 글을 썼다.

이 수용소는 내 것도, 당신의 것도 아니다. 수용소는 어느 교회에도 속해 있지 않다. 수용소는 체로키족 전체의 것이다. 모든 사람은 그에 대해 동등한 이해관계를 가진다. 모든 사람은 최대한의 이익을 얻기 위해 자신의 역할을 수행해야 한다. 그것을 대초원에 외롭게 서 있는 나무처럼 취급해서는 안 된다. 한 여행자가 나무를 지나치며 잘 휘어지는 작은 나뭇가지를 꺾는다. 다른 사람이 와서 큰 가지를 망가뜨린다. 마차 한 대가 다가와 나무를 잘라버린다. 마지막으로, 그 뿌리가 불타 큰 모닥불이 생겨난다. 짧은 시간 동안 나무는 죽게 된다. 그러나 수용소는 화원처럼 다뤄져야 한다. 모든 사람은 꽃들이 자라고 번성하고 피어나 부족 전체에게 그 아름다움을 전해줄 수 있도록 자신의 역할을 해야 한다. 그것은 심장에서 시작된 진실한 느낌과 함께 따뜻해져야 하고, 부드러운 웃음과 너그러운 말로 빛을 비추어야 한다. [43]

던컨은 수용소와 그 거주민에 대해 체로키족 공동체의 모든 구성원이 책임을 져야 한다고 이해했다. '정신이상자, 농인, 벙어리, 맹인을 위한 체로키 수용소'에 대해서는 더 많은 연구가 필요하다. 미국의 다른 수용시설들과 비교해 그 수용소가 어떤 점에서 비슷하고 또 어떤 점에서 달랐는지 분명하지 않고, 이 수용소 운영과 관련한 의사결정 과정에서 체로키족이 얼마만큼 참여했는지도 확실치 않다.

어떤 사람들은 수용시설의 삶을 통해 힘을 얻어갔다. 1854년 세워진 '맹인을 위한 메릴랜드주 수용소'의 첫 번째 졸업생 중 한 명인 메리 데이Mary L. Day는 수용소에서 했던 경험과 교육이 그녀의 삶에서 매우 중요했다고 생각했다. "그곳에서 나는 좋은 결과를 얻기 위해 최선을 다하는 학생이었다. 맡은 일을 완수하기 위해 필요한 흔들림 없는 인내심을 배웠다."

어릴 적부터 고아로 살아온 데이는 맹인들이 교육을 받는 게 그들의 경제적 생산성을 위해 중요하다고 말했다. "교육받은 맹인은 시력을 잃지 않은 사람들만큼 유용하고 근면하다. 그들은 영리하고 손재주가 있다."[44]

데이와 다른 사람들의 경험은 수용소에서의 경험이 그들의 역량을 강화하거나 파괴하는 것 중 어느 하나라고 말할 수는 없다는 점을 시사한다. 그것은 무엇보다도 장애인들이 그곳을 얼마만큼 통제할 수 있고 리더십을 발휘할 수 있는가에 달려 있었다.

데이가 자신이 받았던 교육을 두고 장애인을 "유용하고 근면하게" 만들었다며 옹호한 것은 중요한 대목이다. 장애인을 위한 몇몇 기관들은 비장애중심주의에 맞서는 것이 아니라, 일자리, 가내 사업, 무역 기회를 찾는 방식으로 경제적 생산성의

4장. 비정상인 자와 의존하는 자

문제를 해결하고자 했다. 산업화의 과정에서 규제가 늘어나고 표준화가 진행되자(그것이 비정기적으로 불규칙하게 진행되었다 하더라도) 손상을 가진 사람들이 생계를 유지하는 게 더욱 어려워졌다. 걸을 수 없었던 젊은 여성은 가족이 집에서 운영하는 신발 만드는 공장에서 쉽게 일할 수 있었다. 그러나 신발 생산 공정이 가내 공장에서 뉴잉글랜드의 공장으로 서서히 이동하면서 그녀는 계속 일할 수 없었다. 그녀는 매사추세츠주의 로웰과 같은 방직 도시에서 공장의 여성 노동자들이 살았던 기숙사를 이용할 수 없었다. 그녀는 일하는 과정에서 요구되는 걷기를 할 수 없었고, 그녀의 가족들이 했던 것처럼 음식을 가져다주거나 요강을 비워줄 동료 공장 노동자도 없었다. 다음 장에서 본격적으로 논의하겠지만, 여기에 더해 산업화의 진전은 신체 손상의 증가로 이어졌다. 크리스토퍼 톰린에 따르면 1800년대 첫 40년 동안은 산업재해가 드물었던 반면, 1830년대부터 1860년대까지 산업재해 사고율과 사망률은 크게 증가했다. 고용주가 생산과정을 더욱 빠르게 만들어 노동강도가 강화되는 동안에도 고용주가 법적으로 책임져야 하는 부분은 더 줄었기 때문이었다.[45] 이것은 장애를 정의하는 데 있어 경제적으로 생산적인 노동을 할 수 없다는 것이 중요한 요소가 되는 데 크게 기여했다.

새로운 국가의 시민들

　미국 독립전쟁 이후, 몇 년 동안 미국은 자신이 선택한 정치제도인 민주주의가 무엇인지를 점차 이해하기 시작했다. 영국으로부터 독립하기 위해 많은 이들이 희생했다. 독립전쟁에 참여했던 13개 주의 지도자들은 자신들이 위험을 무릅쓰고 만든 국가가 정치적·경제적으로 성공하기를 바랐다. 이 나라는 유능한 시민들의 지지를 받아야 했다. 장애는 시민권을 가질 자격이 있는지 판단하는 하나의 이념적인 수단이 되었다.

　장애, 즉 적합하지 않은 몸과 정신에 대한 우려는 초기 이민법에서 드러났다. 식민지 시기 매사추세츠주가 "스스로를 부양할 수 없는, 다리를 저는 무력하고 병약한 사람들"이 해안에 내리는 것을 막기 위해 노력했던 반면, 1848년까지 매사추세츠주와 앨라배마주는 오늘날 LPC, 즉 "공공의 부담이 될 것 같은(Likely to become a Public Charge)" 조항으로 알려진 법을 만들었다. 예를 들어, 앨라배마주는 "영아, 정신이상자, 농인, 벙어리, 노인, 병약한 사람, 사지에 영구적인 부상을 입은 사람과 같이 부담이 될 수 있는 이들을 태운 배를 지휘하는 사람"에게 500달러의 보석금을 요구했다. 매사추세츠주법에 따라 각 항구마다 검사관이 있었다. 검사관이 "승객 중에서 정신이상자, 백치, 사지에 영구적인 부상을 입은 사람, 노인, 연약한 사람, 스스로를 돌볼 능력이 없는 사람"을 발견할 경우, 선주는

1,000달러의 보석금을 내야 했다. [46]

　LPC 조항을 집행하던 초창기 모습은 간략한 역사적 기록으로만 남아 있다. 어떻게 맹인 남성, 다리를 저는 여성, 7세 아이가 공공의 부담이 될 거라고 말할 수 있는가? 계급이 중요했을까? 누군가 어떤 장애를 가지고 있거나 나이가 많다는 점이 항구에서 일하는 관료가 그를 배에서 내릴 자격이 없다고 판단할 충분한 이유가 될 수 있을까? LPC 조항의 규정은 항구의 관료들에게 상당한 권력을 가져다주었다. 18세기 초와 19세기 후반의 증거들은 재산과 유럽인 혈통이 성공적으로 미국 이민을 하는 데 도움이 되었다는 것을 보여준다. 미국 독립전쟁 이후 연금정책은 손상으로 인해 노동할 수 있는 능력이 사라진다고 가정하지 않았던 반면에, 초기 이민 정책은 그런 가정을 했다.

　1820년과 남북전쟁(1860~1865) 사이에, 몇몇 주는 장애 여부에 따른 선거 배제 정책을 시행해 장애인의 권리를 박탈하기 시작했다. 1821년 매사추세츠주는 후견인의 보호를 받는(온전한 정신을 가지지 않았다고(Non Compos Mentis) 여겨지는) 남성의 투표를 금지했다. 버지니아주는 1830년 "불건전한 정신을 가진 모든 사람"을 투표로부터 배제했다. (아프리카계 미국인과 여성이 투표에서 배제된 것은 말할 것도 없다.) 1830년과 1860년 사이, 델라웨어주, 캘리포니아주, 아이오와주, 루이지애나주, 메릴랜드주, 미네소타주, 뉴저지주, 오하이오주, 오리건주, 로드아일랜드주, 위스콘신주에서는 정신이상자로 여겨지거나 후견

인의 보호를 받는 사람의 투표를 금지했다. [47]

　1820년대 매사추세츠주를 비롯한 여러 지역에서는 개인의 경제적 상태를 이유로 그 사람을 투표에서 배제했다. 예를 들어, 후견인의 보호하에 있는 사람은 재산을 관리할 수 없었기에 투표를 할 수도 없었다. 비슷한 주장이 여성과 노예에게도 적용되었다. 그러나 1830년대와 1840년대에 변화가 있었다. 법 이론가들은 정신이상자와 백치가 현명하게 투표할 수 있는 능력이 없기 때문에 투표해서는 안 된다고 주장했다. [48] 초창기 사람들을 투표에서 배제할 때는 경제적인 상태를 그 이유로 들었지만, 이후에는 인종, 젠더, 장애에 따라 그들이 투표하기에 적합하지 않다는 이유로 그러한 배제를 정당화했다.

　그러나 새로운 국가가 생겨나고 첫 수십 년 동안 장애와 시민권의 관계는 복잡했고 모순적이었다. 미국 독립전쟁 퇴역군인과 같은 사람들의 신체적 장애는 상대적으로 별로 중요하지 않았고, 애국자로서의 헌신과 영웅적 행동을 보여주는 신체적 증거로 여겨지기도 했다. 1783년 조지 워싱턴이 군인들의 반란을 사전 진압하는 데 성공한 이유는 그가 안경을 사용했기 때문이라고 말하는 사람들도 있었다. 군대를 지휘하는 동안 그는 연설문을 읽기 위해 안경을 꺼냈다. 대부분의 사람이 문맹이었고 안경을 가진 사람이 거의 없던 시절에, 많은 사람들에게 워싱턴이 안경을 쓴 모습은 멋지게 보였을 것이다. 대통령이자 전 장군인 그가 안경을 쓰며 이렇게 말했다.

　　　　　　　　　　　4장. 비정상인 자와 의존하는 자

"여러분, 내가 이 나라를 위해 일하다 백발이 되었을 뿐 아니라 앞도 거의 못 보게 되었으니, 안경을 쓰는 것을 허락해주십시오."

그런 큰 희생의 증표는 다 큰 남자들을 울게 만들었다고 알려져 있다. 전쟁 때문에 워싱턴이 "백발"이 되고 "앞을 거의 못 보게" 되었을 수도 있지만, 그의 나이가 이미 52세였기 때문이었을 수도 있다. 그러나 그의 시력 감소는 겸손과 희생의 증거로 해석되었다.[49]

조지 워싱턴의 경우, 시력이 나쁘다는 점은(보다 현실적으로 안경을 사용하는 것은) 그가 존경받을 만한 리더십을 가지고 있다는 증거로 여겨졌다. 그러나 새로운 국가에 거주하는 다른 많은 사람들에게, 장애는 시민권을 온전히 얻을 수 없거나 행사할 수 없는 이유가 되었다.

나는

장애가 있어서

중노동이 아닌

다른 일을

찾아봐야 해

: 장애의 제도화,
1865~1890

ANTED

THE

CORPS

nds or the hardships of
eived in this Corps of
sooner discharged. P
United States Infantry;
ill be allowed. This
be due for previous ser

d for Officers and

llar and cuffs; in all other respec
d on dark-blue velvet. PANTALOONS, sky
three-eighths of an inch. FORAGE CAP, p

ngs, cut like the cavalry jacket,

transferred to this corps.

l all others having authority
e fit for service in the Invalid Corps.

y. Those who are most effici
s of the First Battalion. Those of t
a foot or leg, to the companies of the

for hospitals and other publ

the Regular Service, or o
f admission to the Invalid Corps, w
—That, if not now in the service,

ict in which the applicant

Congressional
rd of Enrolment

TERNOO

applicants, and granti

and Provost-Marshal,
rolment,

OF DEVONSHIRE ST

63년

그리고 5월 3일

반역자들의 포탄이 나를 덮쳐

내 팔을 앗아 갔지

사람들이 나를 병원으로 싣고 가

마취약을 줬고

나는 잠들었지, 내가 다시 깨어났을 때

오른팔이 사라져 있었지

이 병원 저 병원으로

사람들이 나를 데리고 다니면서

팔 밑동에 물을 주었지만

팔이 다시 자라나게 할 순 없었어

그 오월의 날이 아가씨를 멈추어 서게 했네!

(그녀의 이름은 메리 데이였어)

그런 날은 다신 오지 않기를

비탄과 치욕으로 가득한 그런 날은

그녀는 내 손을 잡기로 했었는데

5장. 나는 장애가 있어서 중노동이 아닌 다른 일을 찾아봐야 해

"그녀의 사랑은 절대 식지 않을 거야"

하지만 내 손이 사라지자 그녀는 말했어

그 계약은 유효하지 않다고

그녀에게 내 다른 손을 내밀었어

전쟁으로 부상당하지 않은 손을

내가 가진 전부예요, 나는 말했지

그녀가 대답했어. 그건 틀린 답이에요

"자기야, 이 모습을 봐줘요" 난 외쳤지

"보다시피 멀쩡하잖아요"

"양손이 없다면" 그녀가 답했어

"당신은 잘생겨질 수 없어요"[1]

펜실베이니아주 출신의 잘생긴 남자였던 토머스 페린Thomas A. Perrine은 남북전쟁에서 돌아온 뒤 안타깝게도 연인에게 차이고 말았다. 불행한 시기였다. 1863년 5월 버지니아주 챈슬러스빌의 첫 전투에서 터진 포탄 파편으로 그의 팔은 심각하게 망가져 절단 수술을 받아야만 했다. 8월 초 그는 군에서 퇴역했고, 그의 약혼녀는 약혼을 깼다. 유머와 라임을 맞추는 능력 말고는 페린에 대해서는 알려진 바가 거의 없다. 이 젊은 백인 남성은 그의 두 친척들처럼 펜실베이니아주에서 140번째로 자원

입대한 인물이었고, 전쟁이 끝나고 얼마 동안 미시간주 앤아버에서 살았고 1890년 죽었다. 훗날『작은 아씨들』을 비롯한 여러 소설을 쓴 루이자 메이 올컷Louisa May Alcott은 남북전쟁에서 간호사로 일했다. 그녀는 젊은 군인에게 얼굴에 생긴 큰 상처를 두고 "용감한 군인이 가질 수 있는 최고의 장식품이라고 모든 여성들은 생각할" 거라며 그들을 안심시켰다.[2] 그러나 페린의 약혼녀는 명백히 다르게 생각했다.

전쟁 전에 결혼했던 찰스 존슨Charles F. Johnson은 사랑에 있어 페린보다는 운이 좋았다. 그가 입대하기 전 그와 그의 아내 메리는 아들과 딸이 있었다. 1862년 6월 찰스강 크로스로드 전투에서 그는 허벅지와 고환에 여러 총상을 입었다. 찰스는 집으로 돌아가 치료한 후에 군대로 복귀했다. 2년 뒤, 그가 '상이군인 부대Invalid Corps'에서 대령으로 일하는 동안, 찰스와 아내 메리는 여러 차례 편지를 주고받았다. 그 편지에는 서로에 대한 감사와 사랑이 있었고, 그 둘이 서로의 삶에 깊게 개입하고 있음을 담고 있었다. 이웃에 새로운 아기가 태어났다는 메리의 편지에 답장하면서, 그는 간접적으로 둘의 관계와 미래의 아이들 그리고 앞으로 두 사람이 함께할 성생활에 대해 썼다.

"메리, 그것은 이제 '끝났어'. 더 적절하고 정확하고 명백하게 말하면 '내가 끝났어'. 당신을 위해 해줄 수 있는 게 없어. 미안해."[3]

북부의 연방정부와 연방에서 탈퇴하려던 남쪽의 여러 주

연맹이 싸운 남북전쟁은 미국 역사상 가장 피비린내 났던 전쟁이었다. 미국에서 이 전쟁은 삶을 뒤바꾸고 장애에 대해 다시 생각하게 만들었다. 1861년부터 1865년까지 진행된 이 전쟁에서 62만 명이 넘는 사람들이 사망했다. 독립전쟁과 마찬가지로, 남북전쟁에서 부상당한 군인들은 살아남기보다는 죽는 경우가 많았다. 운좋게 죽음을 피한 이들은 전쟁으로 황폐해진 사회에서 살아갔다. 전쟁이 끝나고 연방정부와 남부연맹의 퇴역군인을 위한 시설이 설립되고, 퇴역군인의 부상당한 사진들이 널리 퍼졌다. 독립전쟁 이후 시작된 연금이 유지·확대되었는데, 이러한 일련의 사건들은 장애에 대한 국가적 토론을 촉발시켰다. 남북전쟁 이후, 노예해방으로 인종과 국가의 건강에 대한 논의가 새롭게 진행되기 시작했고, 장애를 가진 아프리카계 미국인의 삶도 새로운 단계에 접어들었다. 남북전쟁과 그로 인한 장애인의 증가는 1869년 첫 휠체어 특허부터 보철물 개선에 이르기까지 보조장비를 혁신하는 의학적 진보로 이어졌다. 그리고 이는 단순히 장애를 얻은 퇴역군인들만이 아니라 많은 사람들의 삶을 개선시켰다. 이 시기 동안 사람들은 전쟁 때문에 생겨난 정신장애를 포함해 온갖 종류의 장애를 가진 사람들이 공동체에 살고 있다는 것을 알게 되었고, 또 다른 사람들은 점차 증가하는 장애인에 대한 의심과 공포를 키워갔다.

상이군인 부대(스스로를 종종 "외팔이 군대"라고 부르던)에 있던 페린의 동료들은 전쟁 이후 직장을 찾는 데 여러 행운이 따랐다. 앨버트 셔틀레프Albert T. Shurtleff는 워싱턴 D.C.의 전쟁부에서 경비원으로 일했다. 존 브라이슨은 집에 돌아온 후, 가족들을 어떻게 부양할 수 있을지 "자연스럽게 걱정을 했지만", 그것은 기우였다. 그가 거주하던 뉴욕주 랜싱버그의 이웃들이 브라이슨을 세금 징수원으로 선출했기 때문이다. 브라이슨은 훗날 워싱턴 D.C.의 참모총장 부관실에서 일했는데, 링컨이 암살되던 밤에도 그곳에서 일하고 있었다. 셔틀레프와 브라이슨은 연방정부가 장애인이 된 퇴역군인에게 공무원으로 일할 기회를 우선적으로 부여하기 위해 1865년 제정한 법조항인 제1754조의 도움을 받았을지도 모른다. 팔머B. D. Palmer는 오른손을 잃고서 왼손으로 글씨 쓰는 법을 배워 캔자스 호텔 점원으로 취직했다. 한편 조지 토머스는 제대 후 2년이 지날 때까지 일자리를 찾지 못했다. 당시 25세이던 낸터킷 출신의 백인 농부이자 어부였던 토머스는 생계를 위해 무엇을 해야 할지 알지 못했다. 윌리엄 보William Baugh는 버지니아주 댄빌 출신의 연방정부 퇴역군인으로 전쟁 전에는 수레바퀴 만드는 일을 했다. 게티스버그에서의 7일간 이어진 전투에서 부상을 입은 후부터 그는 농사를 지을 수도 수레바퀴를 수리할 수도 없었다. 대신 사용하려면 통행료를 내야 하는 마을의 다리를 임대해서 생계를 이어가고자 부유한 사촌에게 도움을 청했다.

"나는 장애가 있어서 중노동이 아닌 다른 일을 찾아봐야 해. 네가 이 문제를 해결하는 데 도움을 줄 수 있는 사람들이 있는지 알아봐준다면 큰 도움이 될 것이다."[4]

　남북전쟁에서 장애를 갖게 된 퇴역군인은 장애가 생긴 몸으로 경제적이고 사회적인 삶을 다시 살아간다는 게 매우 어렵다는 걸 알았다.

　이에 비해, 남북전쟁 퇴역군인인 로버트 핀Robert A. Pinn (1843~1911)은 전문가로 성공했다. 오하이오주 매실런에서 노예의 손자이자 자유인으로 태어난 그는 "선조의 인종에 따른 모든 부당함을 경험했다. 빈곤한 가정에서 태어났기에, 학교 교육을 받는 축복은 허용되지 않았다". 그는 네 명의 형제들과 함께 부모의 농사일을 도왔다. 그는 "군인이 되고자 애썼다. 그것은 흑인이 자유를 누릴 권리가 있다는 점을 증명하기 위한 미약한 노력"이었다고 회고했다. 처음에는 입대를 거부당했지만, 1863년 6월 유색인종 5연대The Fifth US Colored Troops의 1중대에 들어갔다. 1864년 9월, 전쟁 중 부상으로 인해 팔을 잃었고, 포화 속에서 보여준 용맹 덕분에 의회 명예 훈장을 받았다. 전쟁이 끝나고 오하이오주로 돌아온 그는 정규 교육을 받은 적이 없었지만, 오벌린 대학에 입학해 변호사 교육을 받는 데 성공했고 1879년부터 오하이오주 법정에서 일했다. 그사이 결혼을 했고 딸을 낳았으며, 자신의 자식과 조카까지도 양육했다. 이 장애를 가진 퇴역군인은 자신의 고향인 매실런 최초의 아프리카계 미국인 변호사였다.[5] 육체노동이 아닌 지적인 일을 하면서 핀은 당시 인종적으로 거의 통합되지 않은 고등교육 기관에 접근할 수 있었고, 그곳에서 자신의 개인적 능력을 아낌없이 발휘했다.

1863년 장애 퇴역군인의 일자리 문제를 해결하는 동시에 연방정부와 연방 군대의 인력 문제 역시 해결하기 위해서, 링컨 대통령과 전쟁부The War Department는 '상이군인 부대'를 설립했다. 상이군인 부대는 장애를 가진 군인들에게 다른 일을 시키기 위해 만들어진 부대로, 전국의 2만 명에 가까운 남성들이 속해 있었다. 장애가 없는 군인들이 전투에 나가 있는 동안, 상이군인 부대의 군인들은 다른 노동을 담당했다. 그들은 군대 교소도의 죄수를 지키거나 창고나 철도를 보호하고, 버몬트주와 펜실베이니아주에서 일어난 전쟁에 반대하는 항쟁을 진압했다. 1863년 맹렬했던 뉴욕 시위를 비롯해 징집에 반대하는 여러 시위가 진행되는 가운데, 군징집을 담당했던 것도 상이군인 부대였다. 처음에 이 부대를 만들었던 의도와 달리, 거의 모든 부대원이 복무하는 동안 폭력에 직면했다.

전쟁으로 인한 부상 때문에 아내인 메리에게 자신이 성적 능력을 잃어버렸다고 편지를 썼던 찰스 존슨은 상이군인 부대를 이끌고 1864년 6월 남부연맹 군대와의 대규모 전투를 벌였다. 그 전투는 남부연맹의 웨이드 햄프턴Wade Hampton 장군이 화이트 하우스 랜딩White House Landing에서 북부연방의 보급품을 탈취하고자 벌인 전투였다. 전투가 한창일 때, 존슨 대령의 상관은 자신의 부하들이 물러나지 않을 것인지 확인하고자 했

5장. 나는 장애가 있어서 중노동이 아닌 다른 일을 찾아봐야 해

남북전쟁이 한창이던 1863년 제작된 이 포스터는 '상이군인 부대'에 합류할 장애를 가진 남성을 모집하고 있다. '능력 있는 몸'을 가진 군인들이 전투에 참여하는 동안, 이들은 후방에서 전투를 지원하는 여러 사업을 담당했다.

다. 장군은 전령을 통해 물었다.

"당신들 상이군인 부대가 버틸 수 있겠습니까?"

존슨은 진지한 유머로 답했다.

"장군에게 말하십시오. 우리 부대의 남자들은 절름발이여서 도망갈 수 없다고요."

존슨은 이 부대의 전투 승리로 장애에 대한 고정관념에 맞설 수 있어 기뻐했다. 그는 아내에게 쓴 편지에서 "웨이드 햄프턴과 피츠 휴 리 장군이 이끄는 5,000~6,000명에 이르는 군대에 2,000여 명의 상이군인들로 맞선다는 데서 흥분했던 것 같다"라고 적었다.[6]

그의 부대가 해낸 일에 대해 존슨은 기뻐했지만, 상이군인 부대와 그 구성원들은 종종 군 복무를 피하려고 습관적으로 시도하는 비겁한 게으름뱅이라는 조롱을 받았다. 특히 "IC"가 군대에서 썩은 고기, 고장 난 총, 썩은 탄약을 두고서 "검사 결과, 불량품Inspected, Condemned"이라는 표식으로 쓰인다는 점이 상황을 악화시켰다. 어떤 이들은 상이군인 부대를 비하하고자 "절름발이 여단Cripple Brigade"이나 "불량품 양키Condemned Yanks", "검사 완료Inspected"라고 불렀다.[7] 사람들은 설사 군 복무과정에서 장애를 갖게 되었더라도 장애인을 종종 의심스러운 눈초리로 바라보았다. 그것은 상이군인 부대나 거리에서뿐만 아니라, 연금을 받는 과정에서도 마찬가지였다.

얼마나 많은 상이군인 부대의 사람들이 퇴역군인 장애연

5장. 나는 장애가 있어서 중노동이 아닌 다른 일을 찾아봐야 해

금을 받기 위해 신청했는지는 불확실하다. 장애를 갖게 된 아프리카계 미국인 퇴역군인들은 백인 동료들에 비해 연금을 받을 가능성이 낮았다. 흑인들을 포함한 가난한 많은 사람들은 서류를 작성해 제출하고 증명서를 얻어 오는 일이 아주 부담스러웠다. 문맹인 이들이 서류를 작성하기 위해서는 상당한 도움이 필요했다. 그리고 설사 연금을 신청하는 데 성공했다 할지라도, 그 행정을 담당하는 이들의 인종주의와 적대감은 연금 승인 과정에서 장벽이 되었다. 담당자들은 아프리카계 미국인 퇴역군인의 요청에 더 회의적으로 반응했다.[8]

　전쟁으로 장애를 갖게 되었지만 그 장애가 쉽게 눈에 띄지 않는 경우도 있었다. 그런 장애를 가진 퇴역군인들은 연금을 신청하는 경우가 상대적으로 드물었을 뿐 아니라, 아프리카계 미국인의 경우와 마찬가지로 승인될 확률 역시 낮았다. 전쟁으로 생겨난 신경 시스템 손상, 뇌 손상, 그리고 오늘날 외상 후 스트레스 장애PTSD이라고 불리는 상태는 퇴역군인과 그 가족들에게 종종 낙인이 되었다.[9] 그런 장애를 가진 대부분의 사람들, 아마도 모든 남성들은 이상적인 남성상(흔들림 없는 영웅적인 전사, 훌륭히 생계를 책임지는 가장)을 수행할 수 없었고, 그들의 사회적 지위는 추락했다.

　전쟁은 특히 가난한 사람, 신체장애인, 가족 트라우마를 겪게 된 사람들과 본래 정신장애를 가지고 있던 사람들에게 더 큰 고난을 초래했다. 남부연맹 군인이었던 벤저민 카더Benjamine

Carder는 버지니아주의 집을 떠나 전쟁터로 떠날 때 두려움과 함께 흥분도 느꼈을 것이다. 카더는 연방군 포로수용소에 구금 되어 있다가 집으로 돌아올 때, 신체장애 때문에 석공으로 계속해서 일할 수 없는 상태였다. 그가 떠나 있는 동안 자녀 중 둘이 죽었다. 집으로 돌아온 그는 남아 있는 가족뿐 아니라, 아픈 어머니, 맹인인 여동생, 다섯 아이를 데리고 있는 또 다른 여동생을 경제적으로 부양하기 위해 버텨야 했다.[10] 게다가 그가 전쟁포로로서 겪었던 시간은 끔찍한 것이었다.

버지니아주 서부 주립 정신이상자 수용소에서 카더를 치료하기 위해 온 의사는 카더의 상태를 두고 "망상적"이라고 불렀다. 카더는 만약 링컨 대통령이 자신과 연방군이 이야기하도록 허락한다면, 전쟁을 끝낼 수 있다고 믿었다. 어떤 행동 때문에 카더를 수용시설에 보내기로 했는지는 명확하지 않지만, 그의 가족들은 분명 절망했을 것이다. 짐작컨대, 폭력을 포함한 카더의 행동은 그가 없는 동안 이미 황폐해진 집안의 경제상황을 더욱 악화시켰을 것이다. 버지니아주 서부 주립 정신이상자 수용소의 의사들은 1861년부터 1868년 사이에 입원한 환자 중 최소 10퍼센트가 전쟁으로 인한 심리 문제 때문에 입원한 것이라고 생각했다. 어떤 이들은 퇴역군인들이 전쟁 이후 겪는 심리적 고통을 "군인의 마음Soldier's Heart"이라고 불렀다.[11] 전쟁 이후 수십 년간 많은 이들이 그로 인해 고통받았다고 보는 것은 합리적인 추측이다.

5장. 나는 장애가 있어서 중노동이 아닌 다른 일을 찾아봐야 해

사랑에 가슴이 멍들었던 토머스 페린, 실업자가 된 낸터킷의 조지 토머스, 변호사 로버트 핀을 포함한 4만 5,000명의 퇴역군인들은 전쟁뿐 아니라 최소한 사지 중 하나를 절단하는 수술에서도 살아남은 이들이었다. 그들은 능력 있는 몸을 가진 남성 이웃들에 비해서 일자리를 찾고 가족문제를 해결하는 데 있어 더 힘든 시간을 보냈다. 그러나 장애를 가지게 된 남부연맹의 퇴역군인들은 연방정부 퇴역군인보다 경제적·제도적 지원을 적게 받았다. 버지니아주 애빙턴의 카터W. H. Carter는 "우리의 절름발이 군인들은 굶주리고 있고 그들 중 많은 사람이 구빈원에 있다. 한쪽 다리만 가진 나도 계속 굶주림에 시달리고 있다"라고 썼다. 미시시피주는 주 예산의 5분의 1을 의수족을 만드는 데 사용했지만, 남부연맹 퇴역군인들은 [의수족을 포함한] 보철물을 갖기 어려웠다. 여성 단체들은 남부연맹 퇴역군인들의 보철물을 마련하기 위해 돈을 모금하기도 했다. 게다가 장애를 가진 남부연맹 퇴역군인들은 비슷한 조건의 연방정부 퇴역군인에 비해 더 적은 연금을 더 늦은 시기에 받았다.[12]

그러나 남북전쟁은 모든 미국의 전쟁이 그러했듯이 보조장비의 기술적 발명을 촉진시켰다. 많은 회사들과 개인들이 보철물을 만들었는데, 전쟁 중 부상으로 한쪽 다리를 잃은 남부연맹 퇴역군인인 제임스 행어James E. Hanger가 개발한 것은 오늘날에도 사용되는 가장 성공적인 의족 중 하나였다. 퇴역군인들은 자신의 몸에 적합한 보철물을 찾기 위해 의수족을 교환하며 서로 돕기도 했고, 자신의 의수족를 정교하게 만들거나 변형시키기도 했다. 다른 장애인 퇴역군인들은 좀 더 편안하게 지내고, 계속 노동하기 위해서, 혹은 미적인 이유로 지팡이나 안경 같은 보조장비를 찾았다. 1861년과 1871년 사이에 등록된 의수족이나 보조기구 관련 특허는 그 이전 15년과 비교해서 3배 증가했다. 목과 얼굴에 부상을 입은 후 상이군인 부대에서 일했던 새뮤얼 크레이그Samuel A. Craig는 자신의 보조장비를 개선시켰다. "입천장의 밀랍 판Wax Plate을 고정시켜서, 말을 하고 수프를 먹을 수 있게 되었다"라고 그는 말했다. [13] 밀랍 판 덕분에 그는 군 복무도 계속할 수 있었다.

크레이그가 자신의 삶에서 보여준 타고난 재주와 끊임없는 노력은 장애인 퇴역군인을 위한 연금 프로그램이 확장되는 것과 함께 그가 장애를 경험하는 과정에 큰 영향을 미쳤다. 그것은 크레이그와 정부와의 관계도 바꾸어놓았다. 북부연방 군인들은 연방정부를, 남부연맹 군인들은 자신들이 속한 주를 찾아갔다. 연금 제도는 정신장애와 아프리카계 미국인에 대한 사회적 낙인과 회의적 시각을 모두 드러냈다. 그러나 독립전쟁 때부터 남북전쟁 시기까지 연금제도는 계속해서 확장되었다. 이 제도는 많은 퇴역군인과 그들의 가족에게 중요한 지원을 제공했고, 이러한 지원에는 보철물, 일자리, 지원금이 포함되었다.

장애 연금 시스템은 점점 의학적 판단에 의존했는데, 그 시스템에서 장애는 육체노동을 할 수 없는 상태를 뜻했다. 따라서 장애인이 노동을 해서 임금이나 경제적인 보수를 받을 경우 그것은 장애인의 정의와 충돌하는 논리적 모순을 야기했다. 또한 점차 법과 의료전문가가 장애를 정의하는 경우가 늘어났는데, 그 과정에서 장애는 젠더, 인종, 계급에 따라 그 의미가 달랐다. 아프리카계 미국인 퇴역군인 로버트 핀은 한쪽 팔밖에 없었기 때문에 어떤 육체노동은 할 수 없었지만, 변호사로서 꽤 훌륭하게 일할 수 있었다. 하지만, 핀의 예외적인 성공과 달리, 일반적으로 아프리카계 미국인 퇴역군인들은 연금제도의 혜택을 받기 어려웠고 또한 개인적 성공을 이루어내기도 힘들었다. 대다수의 남자들은 육체노동을 할 수 없는 경우를 두고 남성성이 결여된 상태라고 여겼다. 운이 좋은 경우, 장애인 퇴역군인은 육체노동이 아닌 중상류층 남성에게 적합하다고 여겨지는 노동을 하는 데 성공하기도 했다.

전투원이 아니었던 여성은 장애 관련 연금을 받을 수 없었다. 여성은 장애인이 될 수 있었을까? 여성의 삶은 노동할 수 있는 능력이 없다는 장애의 정의와 쉽게 맞아떨어지지 않았다. 백인 여성, 특히 중상류층 백인 여성은 [신체적, 정신적 상태와 무관하게] 노동을 할 수 없다고 여겨졌다. 계급과 인종에 따라 정의된 여성성에 따르면 그들은 노동하기에 적합하지 않았다. 인종과 젠더는 역설적으로 그런 여성들을 특권화시키는 동시에 그들의 삶을 제한했다. 그러나 노동계급 여성들은 그들의 인종이나 종족에 상관없이, 힘든 육체노동에 종사하는 경우가 빈번

했다. 물을 담은 무거운 양동이를 들고 빈민가 공동주택의 계단이나 호화로운 집의 뒤편에 숨겨진 좁은 하인용 계단을 오르내리거나, 면화를 심고 따거나, 매일 소의 젖을 짜는 것 같은 일이었다. 남북전쟁 이후 시기, 아프리카계 미국인 여성은 임금노동을 하도록 강요받기도 했다. 그들은 육체노동을 하지 않으면 부랑죄로 잡혀갈 수 있었던 것이다. 반면, 사회의 거의 모든 사람들이 상류층 백인 여성들이 육체노동을 하면 안 된다고 생각했다. 점차 육체노동을 할 수 있는 능력의 부재로 장애를 정의하는 관료적·사회적 경향이 심화되었고, 이는 인종과 성별에 따라 근본적으로 다른 의미를 가지고 있었다.

종종 육체노동을 할 수 없었음에도 불구하고, 장애인 퇴역군인은 독특한 사회적 지위를 가졌다. 그들은 전쟁에 참가했기에 자신의 남성성을 증명해낸 이들이었고, 대다수가 전쟁에서 용맹하게 싸우다가 장애인이 되었다고 주장했다. 1864년 연방의 한 외과의사의 말이다. "고통은 불쾌한 것이다. 그러나 만약 그것을 피할 수 없다면, 선한 이유로 고통받는 게 더 낫다. 그러므로 내 다리가 악어에 물리거나 기관차에 짓눌리는 것보다 차라리 반란군의 포탄 때문에 잘려 나가는 게 낫다."

어떤 사람은 자신의 절단된 팔을 정치적으로 이용했다. 예를 들어, 게티즈버그 전투에서 팔을 잃은 루시어스 페어차일드Lucius Fairchild는 위스콘신주 주지사(1866~1871)에 출마했을 때, 자신의 휘날리는 빈 소매를 적극 활용했다. 장애인 퇴역군인인 루이지애나주의 프랜시스 니컬러스Francis R. T. Nicholas와 아칸소주의 제임스 베리James H. Berry는 거주하는 주의 최고위직에 출마하며 비슷한 전략을 사용했다. [14]

전쟁은 장애를 영웅의 것으로 만들었다. 그러나 그것은 오직 남성 퇴역군인, 그것도 눈에 보이는 신체장애를 가진 남성에게만 해당되었다. 하지만 이러한 영웅적인 남성성조차 장애인 퇴역군인들이 사회적으로 수용되어 경제적으로 안전하게 살아가는 것을 보장하지는 못했다. 연방 연금과 지원 프로그램의 증가에도 불구하고, 장애를 가지게 된 독립전쟁 퇴역군인들은 일자리를 찾고 가족을 경제적으로 부양하기 위해 분투해야 했고, 이러한 어려움은 연방정부 퇴역군인보다도 남부연맹 퇴역군인에게서 더 두드러졌다. 또한 전쟁으로 인해 장애인이 된 이들 중에서도 용맹하게 싸우다 장애를 갖게 된 사람들과 스스로를 영웅이라고 주장할 수 없는 이들은 구분되었다.

새로운 시대의 모순

1860년 남북전쟁부터 1920년 초반까지, 장애인을 위한, 장애인에 관한(드물게 장애인에 의한) 시설의 수와 종류가 증가했다. 남북전쟁 시기 시민들과 시민이 되고자 했던 많은 사람들은 교육을 사회개혁, 계급상승, 사회통합을 이룰 수 있게 하는 수단이라고 생각했다. 이것은 이후 누가 고등교육을 적절하고

175

건강하게 받고 있는지, 그리고 어떤 인종, 계급, 젠더, 종족의 사람이 교육을 받는 데 적합한지에 대한 논쟁으로 이어졌다. 이 모든 논쟁에서, 장애인들은 교육, 시설, 시민권과 관련되어 자신들이 주도권을 갖고자 했다. 반대로, 누가 시민사회에 적합하고 그렇지 않은가에 대한 논쟁에서 장애인들은 점차 자신들이 규제의 대상이라는 점을 알아갔다. 공적인 삶에 적합하지 않다고 여겨진 사람들은 다양한 형태로 조롱받으며 이질적인 존재로 여겨졌고, 배제되었다.

이 시기 중요한 이야기는 도시화, 산업화, 계급 불평등에 대한 것이다. 1870년과 1920년 사이 미국인 수는 1,000만 명에서 5,400만 명으로 증가했고, 점점 더 많은 사람들이 주요 도시에 거주하기 시작했다. 1870년대 미국은 경제위기와 정치적 불안을 겪었고 노동조합이 공고해졌다. 점점 커지고 붐비게 된 도시에는 학교와 수돗물, 하수처리시설, 교통시설, 식량 분배가 필요했지만, 그것들이 충분히 공급되지 못했다. 열악한 위생상황과 인구 과밀은 질병 전파를 촉진시켰다. 기술 발전으로 인해 철강과 면방직과 같은 산업이 폭발적으로 성장했고, 이러한 변화는 어떤 이들에게는 일자리와 부유함을, 또 다른 이들에게는 빈곤과 비위생적인 환경을 선물했다. 산업 기술은 산업재해 증가로도 이어졌다.

이 새롭게 구성된 공동체에서 수용시설에 있지 않았던 장애인은 어떤 역할을 담당했을까? 남북전쟁 퇴역군인이 집으로 돌아오고, 도시가 확장되고 산업재해가 증가하면서, 미국의 도시들은 "어글리 로Ugly Laws"라고 불리는 법을 통과시켰다. 장애인은 보이지 않는 존재가 되었다. 1867년 샌프란시스코는 "병에 걸렸거나, 신체에 영구적인 손상을 입었거나, 몸이 훼손된 사람, 혹은 어떤 형태로든 신체가 기형이거나 보기 흉하거나 역겨운 존재"들을 "도시의 거리, 고속도로, 주요 도로, 공공장소"에서 추방했다. 시카고와 다른 많은 도시들도 비슷한 법을 채택했다. 포틀랜드는 "불구, 신체에 영구적 손상을 입은 사람, 신체가 훼손된 사람"이 공공 장소에서 구걸하는 것을 금지했고, 시카고는 1911년 "병들었거나, 불구이거나 또는 기형인 신체 부분이 노출"되는 것을 금지하도록 주 법을 개정했다. [15]

'어글리 로'는 실제 법 조항의 이름이 아니라, 19세기 중후반 미국의 여러 도시에서 제정된, 이른바 '흉한' 외모를 가진 사람이 공공장소에 나오는 것을 금지하던 법을 지칭하기 위해 1970년대 연구자들이 만들어낸 용어다.

공무원들과 이 법을 지지하던 사람들은 추한 모습으로 구걸하는 불구인 사람들이 도시의 공공장소를 점령했다고 주장하며 자신들을 정당화했다. 시 공무원들은 본인들이 의도하지 않았겠지만, 구걸 금지 조항을 통해서 존중받을 수 있는 (돈을 가진) 장애인과, 그렇지 않은 추하고 보기 흉하고 역겨운 (돈이 없는) 장애인을 구별했다. 이 법은 길에서 구걸하거나 물건을 파는 것이 생계를 유지하는 유일한 수단인 사람들을 처벌하기도 했다. 지역에서 "불구, 신체에 영구적 손상을 입은 사람, 신체가 훼손된 사람"을 대중이 생각할 수 없도록 제거하려

했다. 이 법은 어떤 불안감을 반영하고 있다. 산업화와 더불어 1890년대부터 1920년대 초반까지 사회를 연구하고 규제하고 개선하기 위한 모든 '진보의 세기'의 노력이, 결과적으로는 신체적인 차이를 '제거'하지도, 불행한 사고를 막지도 못한 것과 닿아 있다. 오히려 산업화는 장애를 적극적으로 만들어냈다.

동시에 대중들의 비정상인 몸에 대한 호기심은 점점 커져갔고 그들은 만족할 줄 몰랐다. 1840년 초부터 순회공연을 하던 프릭쇼에서, 익살극에서, 뉴욕의 P.T. 바넘의 유명한 미국 박물관에서, 유람선에서, 지역 박람회에서, 서커스쇼와 만국 박람회에서 경이롭고 기이하다고 생각되는 인간의 몸이 전시되었고, 그곳에는 돈을 지불하고 구경하려는 관객이 넘쳐났다. 전시를 하는 이들은 팔이나 다리가 없는 사람, 등이 붙은 쌍둥이, 부자연스럽게 거대하거나 작은 인간을 홍보에 이용했다.

"전시된" 가장 유명한 사람 중 하나였던 라비니아 워런 Lavinia Warren은 자신의 인생에 대해 다음과 같이 썼다.

"나는 대중의 소유물이다."

1862년부터 1919년까지, 19세부터 78세까지, 워런은 전 세계를 돌아다니며 가장 거친 공공장소와 화려한 공연장에 모두 등장했다. 그녀와 그녀의 여동생 미니 Minnie는 난쟁이였다. 그들은 매사추세츠주 시골 지역의 안정된 가정에서 태어난 평균적인 신장을 가진 부모의 여덟 아이 중 둘이었다. 워런은 P.T. 바넘과 함께 일하며 그곳에서 '엄지손가락 톰 장군 General

Tom Thumb'으로 알려진 유명한 스타 배우 찰스 스트래턴Charles Stratton과 결혼했고, 엄지손가락 톰 부인Mrs. Tom Thumb으로 더 유명해졌다. 1883년 스트래턴이 사망한 이후, 워런은 이탈리아인 난쟁이인, 프리모 마그리Primo Magri 백작과 결혼했다. 워런은 자신이 "크기만 제외하면, 당대의 평균 중산층 뉴잉글랜드 여성"이라고 주장하며, 존중받을 수 있도록 자신을 표현하는 일에 고집스럽게 매달렸다. 그러나 워런을 만난 이들은 그녀를 토닥이거나 만져보려 했다. 1906년 워런은 자신의 자서전에 다음과 같이 썼다.

"처음 만난 사람들에게 내가 어린아이가 아니라는 점을 이해시키는 게 불가능해 보였다. 그들은 비슷한 크기의 어린아이에게 친밀감을 표시하기 위해 일반적으로 허용되는 행동을 내게 하려고 했고, 나는 여성으로서 본능적으로 위축되었다."[16]

워런을 토닥이고 만지고 싶은 대중의 욕망과 그녀를 순수한 어린아이로 여기는 인식은 돈벌이로 이어졌다. 동시에, 워런의 키는 그녀가 물질적으로 안락함을 누릴 수 있는 유일한 수단이었다. [중산층 백인 여성이라는] 워런의 계급, 인종, 젠더로 인해 그녀를 구경하기 위해 찾아온 대중들에게 워런은 비교적 안전하고 위협적이지 않은 대상으로 인식되었다.

전시회를 여는 사람들은 상대적으로 유색인종인 사람들을 전시했는데, 특히 이국적인 사람을 인간과 동물 사이의 사라진 연결 고리를 몸으로 보여주는 미개한 존재로 여겼다. 그들은 옷을 거의 입지 않은 상태로 전시되기도 했는데, 이는 노예를 전시하는 방식과 기괴할 정도로 유사했다. 전시자들은 유색인종의 몸을 자극적이고 어쩌면 약간은 외설적인 모습으로 전시하며 때때로 그것을 과학의 이름으로 정당화했다.

이처럼 유색인종의 몸과 정신을 비정상적이라고 여기던 사고방식은 상업적 영역을 넘어 의료 이념에도 깊게 스며들었다. 의료 전문가들은 존 패터슨John Patterson의 신체는 정상이라고 생각했지만 정신이 비정상이라고 생각해 그를 사회에서 제거하려 했다. 1867년 11월, 패터슨은 앨라배마주 정신이상 병원에 환자로 들어갔다. 병원 관리자인 피터 브라이스는 노예 신분으로부터 해방된 지 5년이 채 되지 않은 이 45세의 노동자를 급성 조증Acute Mania이라는 진단하에 입원시켰다. 브라이스의 노트에 따르면 패터슨은 12년 동안 정신이상자였다. 브라이스가 이후 보고한 바에 따르면 패터슨이 정신적으로 혼란스러운 이유는 노예해방과 남북전쟁으로 불과 몇 년 전 찾아온 자유 때문이었다.[17]

피터 브라이스의 진단은 논쟁이 되었던 1840년 인구조사 이전부터, 남부 노예제 옹호론자들과 의료인들이 공유하던 정신이상에 대한 인종적 이해를 반영하고 있었다. 예를 들어, 격리된 유색인종 정신이상자를 위한 노스캐롤라이나주 골즈보로 병원의 관리자인 J. F. 밀러는 노예해방이 놀라울 정도로 해로운 결과를 초래한다고 주장했다. 1896년 그는 정신이상과 결핵이 "노예 해방 이전에는 남부 니그로들 사이에서 희귀한 질병"이었다고 주장했다. 밀러의 주장에 따르면, 사실 노예의 삶은 "육체적 건강과 정신적 휴식에 도움"이 되는 이상적 조건이었고, 노예제는 "난잡한 성적 탐닉과 음주로 인한 해로운 영향"으로 상처 입기 쉬운 아프리카계 미국인을 보호했다는 것이다. 노예해방은 "몸과 마음을 건강하게 보존하기 위해 그들을 자제시키던 힘"을 없애는 결과를 낳았다. 거칠게 말해, 자유가 정신이상을 유발한 것이다. "주변 환경과 기관이 그 인종의 정신이 강해지도록 받쳐주지 못하는 상황"이, 선천적으로 취약한 검은 몸, 검은 정신과 결합되어 상당한 수의 아프리카계 미국인들이 정신이상에 굴복하게 만들었다는 것이었다.[18]

남북전쟁 이후, 미국 전역에서 정신이상자 수용소가 급격히 발전했다. 이는 백치, 농인, 맹인을 위한 학교가 생겨나고 퍼져나간 것과 거의 동시에 진행되었다. 모두는 아니지만, 많은 시설에서 인종 격리가 이루어졌다. 중앙 주립 병원(버지니아주, 1870), 유색인종 정신이상자를 위한 골즈보로 병원(노스캐롤라이나주, 1880), 유색인종 정신이상자를 위한 마운트버넌 병원(앨라배마주, 1902), 크라운즈빌 주립 병원(메릴랜드주, 1911), 팔메토 주립 병원(사우스캐롤라이나주, 1914), 유색인종 정신이상자를 위한 라킨 주립 병원(웨스트버지니아주, 1926), 그리고 태프트 주립 병원(오클라호마주, 1933) 등이 남부 주에 생겨난 시설이었다. 1895년 조사에선 켄터키주, 미시시피주, 테네시주, 조지아주, 노스캐롤라이나주, 아칸소주, 루이지애나주의 수용소, 워싱턴 D.C.의 세인트엘리자베스 병원에서 같은 시설에서도 인종에 따라 환자들을 분리했음이 드러난다.[19]

　수많은 의료 전문가들이 아프리카계 미국인의 정신적·신체적 결핍에 대해서 인종주의적 발언을 했지만 그렇다고 아프리카계 미국인에게 더 많은 치료를 제공하지는 않았다. 역사학자인 존 휴즈는 터스컬루사 지역에 위치한 마운트버넌 병원의 전신인 앨라배마주 정신이상자 병원의 의사들이 흑인 환자들을 백인 환자들과 명백히 다르게 대했다는 점을 발견했다. 의사들은 아프리카계 미국인 환자를 대상으로 병력을 피상적으로 기록하고 백인 환자와는 다른 진단명을 사용했다. 흑인 환자들은 같은 병원에서도 더 열악한 공간에 머물러야 했고 가장 경험이 없는 의사들로부터 치료를 받았다. 휴즈는 병원 기록이, 앨라배마주 정신이상자 병원의 수감자들이 영양실조였고, 그 상태가 "실제로 사망률을 증가시켰다"라는 점을 보여준다고 주장한다. 휴즈는 "흑인이 백인에 비해서 입원하기가 더 어려웠고, 입원 후에도 질병에 걸리거나 사망할 가능성이 더 높았다"라고 말한다.[20]

　자유가 정신이상을 초래하지 않았다는 것은 명백했다. 하지만 신체장애나 정신장애를 가진 노예가 새롭게 자유를 얻게 되었을 때 그로 인한 결과는 복잡할 수 있었다. 많은 역사학자들이 기록했듯이, 자유를 얻은 노예는 일자리를 찾고, (노예제로 인해 흩어졌던) 가족을 다시 만나고, 자신이 살 곳을 찾고자 노력했다. 과거 노예였던 이들은 자신의 뜻대로 이동하며 자유를 누렸다. 그러나 역사학자 짐 다운스Jim Downs가 적었듯 "자유는 그 사람의 일할 수 있는 능력과 잠재력에 달려 있었다". 남북전쟁 중에 통과된 몰수법The Confiscation Acts●은 북부로 넘어온 노예들

> 남부연맹이 소유한 재산을 연방정부가 몰수하는 것을 정당화하는 법률로, 그 재산에는 노예가 포함되었다.

에게 자유를 약속했지만, 그 대가로 자유인이 된 이들은 혹독한 육체노동을 해야 했다. 과거 노예였던 사람들은 자유를 자신이 원하는 곳으로 갈 수 있는 권리로 받아들이며 이전 주인의 땅으로부터 열정적으로 멀리 떠나간 반면, 어떤 노예들은 노예해방 이후에도 주인을 떠날 수 없었다. 신체장애로 인해 이동이 어려운 이들이 자유를 얻는 것은 매우 어려운 일이었다. 1867년 전쟁이 끝나고 연방 전쟁부 장관인 에드워드 스탠턴Edward Stanton에게 제출된 보고서에 따르면 많은 "무력한" 전직 노예들이 옛 주인의 농장에 남아 계속 일하고 있었다. 식량을 구해야 했고 또 말 그대로 떠나는 게 불가능했기 때문이다. 다운스의 말에 따르면 "장애인 노예의 상당수"는 "노예인 채로 남아 있었다". 예를 들어, 미시시피주 낫체스 지역의 해나는 자유를 얻었지만, 맹인인 해나가 의지할 가족은 없었다. 옛 주인의 집을 떠날 수 없었던 그녀는 낫체스에 남아 계속 주인을 위해 일했다. [21]

해나가 직면했던 물질적 현실은 장애, 인종차별, 사회적 고

립, 그녀를 방치한 연방정부가 함께 만들어낸 비극이었다. 마찬가지로 과거 노예였다가 자유를 얻은 후 정신이상자가 된 것으로 추정되는 사람들의 삶 또한 비극적이었다. 이러한 분석을 진행한 전문가들은 사회적 태도와 권력관계가 19세기에 정신이상과 적절한 행동을 정의하는 데 영향을 미쳤음을 명확히 했다. 그것은 우리로 하여금 어떤 사람들이 교육시설과 정신이상자 병원에 수용되었는지, 누가 시설에 수용되었고 또 누가 해나와 같이 수용되지 않았는지에 대한 중요한 질문을 던진다.

'적절한' 시민을 적절히 교육하기

1873년 하버드대 의대의 저명한 교수인 에드워드 클라크Edward H. Clarke는 어떤 중요한 집단이 "이러한 이유들로 영구적으로 크고 작은 장애를 가지고, 치명적으로 다치고" 있다며 "가장 중대한 경종을 울려야 하고 국가는 이 상황에 심각하게 주목해야 한다"라고 말했다. 그 집단은 소위 존경할 만한 백인 여성이었다. 클라크는 고등 교육이 그 여성들을 "영구적으로 장애"를 갖게 만들 수 있고 그렇게 해왔다고 주장했다. 그는 "미스 GMiss G"를 예로 들었다. 대학을 다닐 때도, 졸업 후에도 훌륭히 살아가던 미스 G는 젊은 나이에 죽었다. 그녀의 몸을 부검한 결과 두뇌의 "노화가 시작되고 있는" 것 말고는 어떠한 질병도 드러나지 않았다. 클라크는 "좋은 두뇌"와 "인종을 위해

5장. 나는 장애가 있어서 중노동이 아닌 다른 일을 찾아봐야 해

봉사해야 하는 좋은 생식기"를 여성이 동시에 사용할 수는 없다고 경고했고, 그것은 여성의 몸에 과도한 것이라 말했다.[22]

1870년까지 미국 전역에서 세금을 이용해 공립학교를 지으려는 의무교육 운동으로 교육의 기회가 크게 확장되었다. 이운동에 찬성하는 이들은 성공적인 민주주의가 교육받은 시민을 필요로 한다고 주장했다. 당시까지도 학교 교육이 인종, 젠더, 계급에 따라 제한되었던 반면에, 과거 그 어느 때보다 더 많은 미국인들이 기초적 문해 교육에 접근할 수 있었다. 1870년대에는 점점 많은 여성들이(일반적으로 백인 여성들) 공립학교에서 가르치기 시작했다. 교육 개혁가인 캐서린 비처Catharine Beecher는 여성이 타고난 모성적 자질 덕분에 아이들을 가르치는 데 적합하고, 남성 교수에 비해 임금을 덜 줘도 된다는 점에서 편리하다고 주장했다. 교육 기회가 확장되면서, 강의실과 도서관에서 백인 여성뿐 아니라 남성과 여성 모두를 포함한 아프리카계 미국인을 (남북전쟁에서 장애인이 되었던 토머스 페린과 같은) 받아들이기 시작한 대학의 수가 적은 규모이긴 했지만 증가했다.

1893년 워싱턴 D.C.의 국립 농아 대학(1894년 갈로뎃 대학으로 이름이 바뀐다)을 졸업한 젊은 백인 여성이었던 애거사 티겔Agatha Tiegel(1873~1959)은 집에서 가까운 곳에 있는 여러 사람들뿐 아니라 에드워드 클라크와도 직접 대화를 했다. 훗날 갈로뎃 대학이 되는 이 미국의 농인들을 위한 최고의 교육기관은 2년간 진행되는 실험 프로그램으로 처음 여학생을 받아들였다. 피츠버그에서 지내던 7세 티겔은 척수막염으로 농인이 되었고 한쪽 눈의 시력을 잃었다. 티겔은 처음에는 일반 공립학교에 다니다가 1886년에는 서부 펜실베이니아주 농인 학교에 입학했고, 그 이후에는 갈로뎃을 다녔다. 그녀는 갈로뎃에서 가장 어린 학생이자, 8명뿐인 여학생 중 한 명으로 1888년 가을부터 수업을 듣기 시작했다. 갈로뎃에는 여학생 기숙사 시설이 없었기에, 그들은 교장인 에드워드 갈로뎃의 집에서 지냈다. 여성들은 보호자 없이 학교를 떠날 수 없었고, "젊은 여성과 젊은 남성이 만나는 것은 명백히 부적절"하다는 이유로 교수들은 정규수업이 아닌 문학연구 모임에 나가는 것을 허락하지 않았다. 여성을 교육하는 일에 대한 회의주의는 계속 남아 있었다. 여성이 정규 수업을 감당할 수 있을까? 여성이 남성과 분리된 교실에서, 별도의 수업을 듣는 게 여성들의 안전과 편리의

서커스나 프릭쇼에서 진행되는 소규모 공연. 측면에서 마땅한 일인가? 1895년 몇몇 남학생들은 그들이 쉽게 참석할 수 있었던 사이드쇼 의 언어를 이용해, 여성들을 "프릭"이라고 표현했다. 훗날 티겔은 "나는 나와 내 자매들이 태양 아래에서 자신의 자리를 차지할 권리에 대해 의문을 품는 이가 있다는 데 분개했다"라고 적었다.[23]

갈로뎃 대학에서 학위를 받은 첫 여성 졸업생이었던 티겔은 1893년 졸업생 대표로 "여성의 지성"이라는 제목으로 연설

5장. 나는 장애가 있어서 중노동이 아닌 다른 일을 찾아봐야 해

했다. 대학 고위인사들뿐 아니라 의회 정치인들도 청중에 포함되어 있을 수 있었다. 티겔은 청중 앞에서 대담하게 말했다.

"여성은 지적으로 조금도 열등하지 않다. 단지, 그 능력을 사용하지 못한 채 방치되어 발전이 느린 것뿐이다."

그녀는 "구속하는 조건들"이 여성을 "자신의 능력보다 낮은 수준에 머물게 해서, 이 상황이 얼마나 나쁜 것인지 제대로 이해하지 못하게 하고 있다"라고도 말했다. 티겔은 노예제를 뒷받침하는 인종차별과 여성이 교육받지 못하도록 만드는 성차별을 연결했다. 그 둘은 여성과 아프리카계 미국인이 몸의 결함으로 인해 온전한 시민으로서 살아가는 데 적합하지 않다고 주장하고 있었기 때문이다. 그녀는 계속해서 "여성이 감정적인 성향과 논리와 판단력 부족 때문에 스스로 자유를 누리기에 적합하지 않다고 말하는 이들은 노예제 때문에 노예에게 생겨난 여러 문제들을 이용해 노예 해방을 반대하던 오류를 반복하고 있다"라고 주장했다. [24] 아프리카계 미국인 학생은 학교 입학이 허용되지 않았기에, 티겔은 그들과 함께 수업을 들은 적이 없었다. 갈로뎃 대학의 첫 번째 아프리카계 미국인은 1954년 졸업한 앤드루 포스터Andrew Foster였다.

갈로뎃 대학의 설립은 지난 수십 년간 장애인을 위한 기관과 기숙사 학교가 계속 증가하던 경향을 반영한다. 19세기에 접어들며, 130개의 기숙사 학교가 농인 학생을, 31개가 맹인 학생을, 14개가 정신박약Feeble-Minded으로 진단받은 학생들을 위해서 설립됐다. [25] 그러나 대다수의 성인들은 수용소, 교도소, 구호소에서 계속 살아갔는데, 그곳의 생활은 국립 농아 대학과 매우 달랐다.

농인들의 기숙사 학교에서의 생활과 일반적인 삶은 남북전쟁 이후에 부상한 구어주의로 인해 극적으로 바뀌었다. 구어주의는 농인이 수어를 사용하지 않고 상대방의 입술 모양을 읽고 입으로 말을 하는 방식으로 소통할 수 있고 소통해야 한다는 믿음이다. 미국의 초창기 농인 교육에서, 교사는 수어를 이용하고 가르쳤다. 그들은 수어가 "농인을 구속에서 해방시키고" 그들이 기독교를 받아들일 수 있게 한다고 주장했다. 농인들은 교육기관들로 인해 활성화된 농인 공동체에서 지도자가 되었다. 그러나 남북전쟁 이후 등장한 알렉산더 벨Alexander Graham Bell이 이끌던 교육이론가 집단은 수어가 "교도소에 갇히는 수단"으로 작용한다고 주장했다. 많은 사람들이 수어로 인해 농인이 사회에서 배제되고 소외된다고 선언했다. "그 몸짓을 하는 사람은 지금도 앞으로도 이방인이 되어" 결코 진정한 미국인이 될 수 없다는 것이었다. 유럽계 미국인이 토착민 기숙학교에서 토착어를 사용하지 못하도록 금지하고 이민자들이 증가하는 것에 대한 국가적 히스테리가 확산되는 동안, 구어주의 교육자들이 농인 기숙사 학교에서 수어 사용을 금지하는 경우가 늘어났다. 농에 대한 낙인 역시 증가했다. 1899년경에는 거의 40퍼센트에 해당하는 농인 학생들이 수어를 사용하지 않고 배웠다. 제1차 세계대전까지 그 숫자는 80퍼센트로 증가했다. 농인이 학교의 교장이나 교사로 고용되는 경우도 급격히 줄었다. 갈로뎃 대학은 심지어 농인이 교사가 되도록 교육하는 일마저 거부했다. [26]

1893년 갈로뎃 대학을 졸업한 이후 애거사 티겔은 다시 한 번 전국적인 흐름을 거슬러 미네소타주 농인 학교(농인을 위한 파리볼트 학교Faribault School라고도 불린다)에서 교사로 일하기 시작한다. 그곳에서 6년 동안 일한 후, 그녀는 올로프 핸슨Olof Hanson과 결혼한다. 핸슨은 스웨덴에서 태어나 미네소타주 농인 학교와 갈로뎃 대학에서 교육을 받았다. 그는 성공적인 건축가였고, 성공회 목사였으며, 전국농인연합National Association of the Deaf의 회장(1910~1913)이었다. 이 부부는 세 딸을 낳았고, 시애틀에서 대부분의 결혼생활을 보냈다. 전국농인연합 회장으로서, 올로프 핸슨은 농인 교육의 배타적인 구어주의에 저항했다. 그는 "거의 90퍼센트에 가까운 농인들이 [수어로 교육해야 한다는 관점에] 즐겁게 동의하지만, 그들 중 다수가 구화법으로만 교육받는다"라고 말했다. [27] 티겔의 구어주의에 대한 입장은 알려진 바 없지만, 그녀 역시 남편인 핸슨의 의견에 동의했을 가능성이 높다.

애거사 티겔 핸슨은 구어주의의 확산에도 불구하고 여성 교육과 농인 교육의 증가로 큰 혜택을 입었다. 교육을 통해서, 그녀는 상층 계급으로 이동했고 남편을 만났으며 자신이 명백히 사랑했던 활기찬 농인 공동체로 들어갔다. 그녀는 평생 동안 시를 사랑했고, 자신의 시집을 출판하기도 했다. 그녀의 가장 유명한 시 "음악 안에서Inner Music"에서, 그녀는 농을 "불완전함Imperfection"이라고 부르며, 그러나 이 불완전함이 "지구의 소음 가운데서" 사라져버린 "신성한 조화"와 "평화"를 가능하게 한다고 썼다. [28]

교육자인 제임스 윌리엄 소얼James William Sowell 역시 농인 교육에서 구어주의 경향에 저항했다. 영아기 초기부터 농인이었던 소얼은 앨라배마주 농인 학교에 다녔고, 1900년에 갈로뎃 대학을 졸업했고, 존스홉킨스 대학에서 문학 석사학위를 받았다. 교사로서의 성공적인 경력에도 불구하고, 네브래스카주 농인 학교가 완전히 구화법만을 쓰도록 바뀌었을 때 교사직을 잃었다. "구어주의자Oralist"라는 제목의 시에서, 그는 "구어주의자, 당신의 길을 막고 있는 건 어린아이의 절망… 구어주의자여, 너의 고개를 돌려라, 당신 같은 이들의 죄를 위해 죽어간 가없은 예수를 알고 있는가?"라고 썼다. [29] 소얼은 구어주의를 죄라고 여겼다. 그의 비난에도 불구하고 구어주의는 대략 1970년대까지 농인 교육의 지배적인 형태로 남았다. 그러나 농인들은 때로는 비밀스럽고 때로는 공공연하게 저항하며 미국 수어를 고집스럽게 사용했고, 그것은 풍성하고 활기차게 살아남았다.

남북전쟁부터 1890년대까지는 장애가 점차 제도화되던 시기였다. 이 시기 도시화와 [장애인 보조장비 개발을 포함한] 기

5장. 나는 장애가 있어서 중노동이 아닌 다른 일을 찾아봐야 해

술적 혁신이 동시에 진행되고 전쟁이 끝나면서, 연방정부는 공고해졌다. 이는 수용소를 만들고 장애인이라고 여겨지는 이들에 관한 정책을 만드는 데 도움이 되었다. 국가와 시민들은 교육을 통한 인간의 능력 개발을 탐구하며 어떤 사람이 다양한 형태의 교육에 접근할 수 있어야 하는지에 대해서 토론했고, 그에 대한 여러 이견 속에서 논쟁을 계속했다. 정부 정책과 프로그램, 지방법, 유흥 사업, 교육기관에서, 장애인들을 단순히 물품처럼 보관했던 수용소와 시설에서, 장애를 관리하는 일은 점점 국가적 체계 속에서 자리 잡았다. 시설에 수용된 사람 수는 증가했고, 그들은 때때로 끔찍한 경험을 했다. 동시에 장애인이 이끄는 교육기관이 확장되어, 인종적으로는 여전히 배타적이었지만 풍성한 장애 문화가 만들어지는 공간이 생겨났다. 어떤 기관들은 삶을 풍요롭게, 다른 기관들은 삶을 황폐하게 만들었고, 몇몇은 두 가지 모습이 섞여 있었다.

저능아는

삼대로

충분하다

: 진보의 세기,

1890~1927

1923년 캘빈 쿨리지Calvin Coolidge 대통령은 연두교서The State of the Union Address에서 "미국은 미국인을 지켜야 한다. 이를 위해서, 이민 제한 정책을 계속 시행해야 한다"라고 선언했다. [1] 쿨리지 대통령만이 아니었다. 동유럽과 남유럽에서 온 이민자들은 저렴한 노동력을 제공해서 급성장하는 미국의 산업과 경제를 뒷받침하는 연료가 되었다. 하지만 대규모로 남부 시골에서 북부 도시로 이주한 아프리카계 미국인과 마찬가지로, 이제 그 이민이 국체National Body를 악화시킬 거라는 두려움을 낳았다. 20세기 초반 국민의 구성이 바뀌면 그로 인해 미국의 정치와 문화가 바뀔 것이라는 우려가 전국을 뒤덮었다. 장애인은 점점 엄격해지고 가혹해지는 법과 문화적 태도에 맞서 싸웠다. 하지만 그런 노력에도 불구하고 "바람직하지 않은"이라는 단어는 인종적·민족적인 함의를 가지고 더 광범위한 대상을 지칭하는 유동적인 의미를 지니게 되었다. 과학자와 일반인 모두 점차 신체적 "결함"을 정신적·도덕적 "결함"과 연관해서 생각하기 시작했다. 이는 1960년대까지 6만 5,000명이 넘는 미국인에게 강제 불임시술을 시행하고, 역사상 가장 엄격한 기준으로(특히 장애를 가진 사람을 배제하는) 미국인을 선별하는 이민법 집행으로 이어졌다. 이상적인 미국인은 점점 더 좁은 의미에서 특정한 몸을 가진 사람을 지칭하는 용어가 되었다.

정치인, 교육자, 종교 지도자, 법률가를 포함한 권력을 가진 많은 사람들이 산업화·도시화로 인해 점차 증가하는 사회

6장. 저능아는 상대로 충분하다

문제를 설명하고 해결하고자 했다. 그들은 그레고어 멘델의 식물 유전학에 대한 과학적 연구와 새롭게 개발된 비네-시몽 지능 검사를 사용해, 파란 눈이 유전이듯 지도력, 책임감, 적절한 젠더 표현뿐 아니라 범죄성, 정신박약, 성적 변태, 부도덕성도 유전 형

1905년 비네와 시몽이 프랑스 정부의 지원을 받아 개발한 최초의 지능검사.

질에 따른 것이라고 주장했다. 이 주장은 긍정적인 형질을 갖지 못한 사람들이 가난하게 살게 된다고 말하며, 부유한 소수와 가난한 다수 사이의 경제적 불평등을 설명할 때 편리하게 이용되었다. 당시부터 지금까지 많은 과학자들을 통해 반박되었지만, 생물학자 찰스 데이븐포트와 해리 러플린을 포함한 수많은 사람들은 우생학의 복음을 마음속 깊이 받아들였다. 우생학은 "긍정적인Positive" 유전자 형질을 가진 사람만을 재생산하는 방식으로, 우수한 인간 종자를 번식시켜 더 나은 사회를 만들겠다는 믿음이다. 19세기 후반과 20세기 초, 우생학은 미국 사회에서 법과 대중문화, 과학 그리고 심지어 지역 박람회에까지 깊게 스며들어 있었다.

　시카고 지방 법원의 법원장이었던 해리 올슨은 결함이 있다고 여겨진 수많은 사람들의 운명을 결정했다. 그의 생각은 당시 유행하던 우생학자들의 주장을 반영한다. 1911년 그는 미국의 성공 여부가 바람직하지 않은 요인을 제한하는 데 달려 있다고 경고했다. 퇴행적인 이민자들은 바람직하지 않은 여러 범주의 사람 중 하나였다. 올슨은 1922년 해리 러플린의 미국

우생학 현황 논문의 서문에서 다음과 같이 밝혔다.

"민주주의의 성공은 그 구성원들의 질에 달려 있다. (…) 인종적 퇴행이 계속되고 또 그러한 퇴행이 가속화된다면 국민의 자치는 불가능해지고 혼란이 생겨나게 된다. 결국 독재정권으로 귀결되는 것은 시간문제일 뿐이다."[2]

이 사안의 정치적 중요성을 감안해, 정신이상자 수용소를 만들고 관리하는 데 참여했던 법조인, 의료진, 정신과 의사 같은 전문가들은 자신들의 책무를 무겁게 받아들였다. 예를 들어, 1899년 인디애나주 개혁의회의 헨리 클레이 샤프H. C. Sharp 박사는 미국 국민들 사이에서 결함 있는 유전자가 퍼져 나가는 것을 막기 위해 단종수술 프로그램을 만들었다. 1909년 그는 "전체 인구가 증가하면서 퇴행 계층의 비율이 늘어나고 있다는 사실에는 더 이상 의심의 여지가 없다"라고 경고했다. 샤프 박사에 따르면, "퇴행 계층"에는 "정신이상자, 뇌전증 환자, 저능아, 백치, 대다수의 성적 변태, 알코올 의존자, 매춘부, 부랑자와 범죄자, 빈민가에서 발견되는 습관적인 게으름뱅이들, 그리고 고아원에 있는 수많은 어린이들"이 포함됐다.[3] 이렇듯 퇴행한 사람들은 많았고, 대응이 필요했다.

러플린은 이민 제한법과 강제 단종법을 적극적으로 옹호했던 인물로 널리 유명하다. 그는 이 두 전략이 함께 "미국의 운명"을 보장해줄 것이라고 믿었다. 미국이 성공하기 위해서, 이미 위험한 수준으로 늘어나고 있는 지적·신체적·도덕적으로 결함이 있는 시민의 수를 제한해야 한다고 주장했다. 러플린은 이민자 제한법이 "권장하는 기준에 미달하는, 자연적 유전요인을 가진 인간들이 이민을 통해 우리에게 더해지는 것을 막아야 한다"라고 인쇄물을 배포하거나 국회에서 발표하며 반복적으로 주장했다. 비슷하게 러플린은 바람직하다고 여겨지는 사람들이 아이를 가지도록 격려하는 것과 함께 강제 단종법으로 "구금시설 안과 밖에 있는 사회적으로 부적절한" 사람의 숫자를 제한해 "퇴행적인 사람들의 출생률"을 억제할 것이라고 주장했다.[4] 러플린은 미국과 독일에서 선도적인 과학자로 인정받았다. 그의 단종법 모델은 국제적으로 유명해졌고, 그 모델은 아돌프 히틀러가 인종적으로 순결한 국가를 만들고자 할 때 채택되었다.

미국다운 미국

1882년 이민법을 시작으로 1924년 매우 엄격한 이민법이 제정되기까지 미국은 도덕적·신체적·지적으로 결함이 있거나 결함이 있을 수 있는 사람들의 이민을 점점 더 적극적으로 제한했다. 1882년 법은 "정신이상자, 백치 또는 스스로를 돌보지 못해서 공공의 부담이 되는 모든 사람"의 입국을 금지했다. 이민국 관료들은 "공공의 부담" 여부를 자신의 재량에 따라 판단했다. 1891년에는 법 조항의 "스스로를 돌보지 못해서"라는 말이 더 광범위하고 유연하게 사용할 수 있는 "공공의 부담이 될 것 같은"으로 대체되었다. 1903년 의회는 뇌전증을 가진 사람을 특정해서 언급했고, 1907년에는 "저능아"와 "정신박약인"이 더해졌다. 미국 입국심사를 담당했던 엘리스섬의 한 관료는 정신박약이 "그 형태나 정도가 각기 다른 정신이 약한 사람들을 담는 쓰레기통"으로 편리하게 쓰이고 있다고 기록했다. 1907년 이민 관료들은 "외국인 체류자가 생계를 유지하는 능력에 영향을 줄 수 있는 정신적·신체적 결함"이 있다고 판단될 경우, 그 상태를 설명하는 의학 진단서를 요구했다. 1917년에는 이민 관료들에게 "외국인 체류자의 정신적 결함이 의심되면" 그들을 거부하라는 지시를 받았다.[5]

1870년부터 1924년까지 미국 이민이 한창이던 시기, 엘리스섬을 통해 2,600만 명이 넘는 사람들이 미국에 들어갔다. 본국에서 정치적·경제적·사회적 기회가 부족했던 그들은 미국에서 그 기회를 잡을 수 있을 거라 믿으며 미국으로 떠났다. 이미 거의 모든 아프리카인, 아시아인, 남미인을 배제하는 이민법에 의해 제한을 받던 이민 후보자들은 엄격한 검사를 통과해야 했다. 엘리스섬을 통과하는 길은 가파른 계단과 몇 번의 급회전이 있었고 사람들로 붐볐다. 이민국 관료들은 매일 "소수의 이민 관료들이 2,000명에서 5,000명 사이의 사람들을 검사했기에", "한눈에 진단Snapshot Diagnoses"을 할 수 있는 그들의 능력을 자랑스럽게 여겼다. 한 관료는 훗날 "소위 '주의 깊은 검사'가

엘리스섬의 조사관들이 이민자들 몸에 남긴 분필 표시

B=Back(등)	C=Conjunctivitis(결막염)
E=Eyes(눈)	F=Face(얼굴)
FT=Feet(발)	G=Goiter(갑상샘종)
H=Heart(심장)	K=Hernia(탈장)
L=Lameness(절뚝거림)	N=Neck(목)
P=Pulmonary or Lung(폐)	
PG=Pregnant(임신)	SC=Scalp(두피)
SI=Sent to Special Inquiry Board(특별 심사위로 보내야 함)	
S=Senility(노망)	CT=Trachoma(트라코마)
X=Possible Mental Illness(정신질환 가능성이 있음)	
X with circle=Definite Mental Illness(확실한 정신질환)	

출처: Rhonda McClure, "More Than Passemger Lists: The Other Records at Ellis Island", Ancestry.com, March 2006.

아니면 드러나지 않을 신체적 결함이나 정신이상, 질병의 증상을 7.6미터 떨어진 거리에서도 한 번에 알아보는 것 가능했다"라고 말했다. [6] 의심스러운 경우, 관료들은 문제가 있어 보이는 이민 후보자들의 등에 분필로 표시를 했다. 분필로 표시된 이들은 추가 조사를 거쳐야 했다. 위의 표는 그 다양한 분필 마크를 보여준다. 돈은 잠재적인 결함 여부를 판단하는 첫 번째 방법이었다. 1등실을 타고 온 승객들은 트라코마 눈병을 검사하기 위해 눈꺼풀을 고통스럽게 뒤집어 확인하는 엄격한 검사를 상대적으로 덜 받을 수 있었다.

이민국 검사관들은 "결함, 정신이상, 질병 증상"을 자신들이 구분해낼 수 있다는 점을 자랑스럽게 생각했는데, 그러한 상태에는 "이상한 얼굴 표정", "기괴한 옷차림", "수다스러움, 재담, 익살맞음"과 "자연스럽지 않은 행동, 매너리즘 그리고 기행"과 같이 그들이 성적 변태성의 지표라고 믿던 것들도 포함되었다. 연구자인 제니퍼 테리Jennifer Terry가 주장했듯이, "미국 의사들은 동성애가 미국에서 태어난 백인 집단 외부에 존재하는 요인들 때문에 생겨난 것이라고 여겼다". 이민자들은 잠재적인 성적 변태로 분류되는 것을 두려워했다. 따로 불려가 다음과 같은 질문에 답해야 했기 때문이다.

"당신은 결혼했나? 결혼하길 원하나? 이성을 좋아하나? 이성인 지인이 있나?"

미국 의사들은 일반적으로 동성에 대한 성적 욕망을 유전되는 정신이상 중 하나로 여겼는데, 이는 이민국 관료들이 찾던 시민의 능력 있는 몸과는 어긋나는 것이었다. [7] 이 경우에는, 능력 있는 몸은 결혼을 전제로 한 이성애자의 몸이었다.

인종도 중요했다. 유럽인이 아닌 아시아인 이민자들이 들어오던 샌프란시스코의 에인절섬에서, 이민자 검사는 더 면밀하게 진행됐고, 엘리스섬에 비해 추방되는 비율이 최소 5배 이상 높았다. 중국인의 미국 이민을 매우 어렵게 만들었던 1875년 페이지 법Page Law이 시행되던 시기에 미국 국회 보고서는 다음과 같이 기록하고 있다. "중국인들은 자치 정부를 위해 힘을 보태기에는 두뇌 역량이 부족하다." 중국인들의 신체가 민주주의를 지탱하기에는 지나치게 장애(Too Disabled)가 있다고 본 것이다.

미국 남부에서는 감시가 거의 없는 상태에서 멕시코인들이 국경을 넘었다. 1924년 이전에, 대부분의 공무원, 고용주, 사회 평론가들은 멕시코인 이민자들이 육체노동을 하기에 "독특하게 능력 있는 몸"을 가지고 있다고 여겼다. 멕시코인들은 농장일, 식품가공과 같은 거친 일을 하기에 이상적인 신체를 가졌다고 여겨졌지만, 그러한 관점이 민주주의 참여나 엘리트 직종에 대해서는 적용되지 않았다.[8]

엘리스섬에서 미국 공중보건국의 앨런 맥러플린Allan McLaughlin 박사는 이민국 관료들에게 "속임수에 대해서 정신을 바짝 차려야" 한다고 경고했다. 결함 있는 이민자들은 미국에 들어오기 위해 고의적으로 재빠른 위장을 할 수 있기 때문이라고 말했다.

"외투를 입고 태연자약하고 있는 사람은 의수를 숨긴 것일 수 있고, 엄마의 등에 끈으로 묶여 매달린 아이가 혼자서 걸을 수 있을 만큼 나이가 있어 보인다면 그건 유아 시절 발생한 마비로 인해 걸을 수 없는 것일 수도… 그리고 심각한 트라코마는 눈꺼풀을 뒤집어 확인하기 전까지는 어떠한 외부적인 증거도 없을 수 있다."[9]

1889년 찰스 프로테우스 스타인메츠Charles Proteus Steinmetz는

뉴욕 항구에 도착했다. 그와 그의 친구인 오스카 아스무센Oscar Asmussen은 허름한 3등실 좌석을 타고 뉴욕에 도착했다. 스타인메츠는 이민국 심사를 간신히 통과했다. 그러나 10년이 채 지나지 않아 그는 세계적인 발명가, 과학자, 공학자, 연구자가 되었다. 그가 제2의 고향으로 삼은 뉴욕의 스키넥터디에서는 스타인메츠가 시의회 의장, 교육위원회 위원장, 매년 지역의 모든 고아에게 크리스마스 선물을 사주던 자선가로 기억되고 있다.[10]

그러나 1889년 스타인메츠는 신장이 128센티미터인 키 작은 유대인 꼽추 남성으로 비하되었다. 독일어를 사용했던 오늘날 폴란드의 브로츠와프 지역의 교육받은 가정에서 태어난 그는 영어를 거의 하지 못했고 돈도 없었다. 자신이 통과했던 이민심사 과정에서 무슨 일이 발생했었는지 스타인메츠는 언급하지 않지만, 이민국 관료들은 장애로 인해 결국 그가 공공의 부담이 될 수 있다는 이유로 입국을 거절했었다. 그러자 그의 친구인 아스무센이 스타인메츠가 얼마나 똑똑한지 말하며 자신이 가지고 있는 두꺼운 돈다발도 실은 스타인메츠의 것이라고(거짓이었다) 큰 소리로 항의했다. 그 말에 이민국 관료는 결정을 바꾸었고 스타인메츠는 입국할 수 있었다. 이민국 관료가 장애를 이유로 그를 조롱하던 와중에, 스타인메츠는 자신의 가운데 이름을 등이 굽은 현명한 바다의 신을 뜻하는 프로테우스Proteus로 결정했다. 그것은 독일에서 가르치던 교수가 스타인메츠를 부르던 별명이었다. 그 이름은 스타인메츠에게 국경

뉴욕 이민국 심사에서 '바람직하지 않은' 몸을 가진 것으로 여겨진 찰스 프로테우스 스타인메츠는 키 작은 곱추 남성이었다. 친구의 도움으로 겨우 심사를 통과했던 그는 훗날 200개가 넘는 특허를 보유한 세계적인 과학자로 이름을 알린다. 1921년 마르코니 라디오 방송국 Marconi Radio Station을 방문해 찍은 이 사진에서 스타인메츠의 오른쪽에 서 있는 인물은 앨버트 아인슈타인이다.

에서 그가 경험했던 비장애중심주의가 아니라 지혜를 주었다. 스타인메츠의 친구들은 그를 맛 좋은 미트로프를 만들던 사람으로 추억하지만, 오늘날 스타인메츠는 제너럴 일렉트릭General Electric의 뛰어난 공학자이자 전기자동차의 선구적인 개발자로 가장 널리 알려져 있다. [11]

스타인메츠는 입국 대상에서 제외될 수도 있었는데, 그것은 훗날 이민법에 추가된 "빈약한 체형Poor Physique" 범주에 그가 속했기 때문이었다. 1905년 이민국은 "빈약한 체형"의 사람을 "일반적으로 근육 발달이 부족한 연약한 형태에 가슴이 평평"하거나 "크기가 작은, 눈에 띄게 키가 작은 난쟁이"라고 정의했다. 역사학자 마고 캐너데이가 보여주었듯이, 이민국 관료들은 "빈약한 체형" 범주를 성적인 도착(동성애)이 의심되는 사람, 애매모호한 성기를 가진 사람, 그리고 단순히 남성인지 여성인지 뚜렷하게 구별하기 어려운 사람들의 입국을 거부하는 데에도 사용했다. [12]

그러나 수천 명의 이민자들은 이민심사 과정에서 아스무센과 같은 사람의 도움을 받지 못했고, 운 좋게 느슨한 검사관을 만나 통과되지도 못했다. 그들은 "결함 있는" 그리고 "바람직하지 않은" 사람으로 분류되어 추방되었다. 1905년 35세의 이탈리아 이민자인 도메니코 로코 보조Domenico Rocco Vozzo는 미국에 입국하려는 재입국 시도에서 거절당했다. 그는 미국에 2년간 머물면서 돈을 벌어 이탈리아로 돌아갔다. 보조는 같은 일을 다시 하려 했지만, 이민국 관료들은 그가 "쇠약Debility"해서 공공의 부담이 될 거라고 판단했다. 보조는 외견상 "이상한 모양의 머리를 하고 있었고 피부는 다소 하얀 편인데 창백한 수준이었고 귀는 매우 얇아 보였다". 보조를 심사했던 사람들은 보조의 사진을 근거로 "바람직한 모습"이 아니라고 판단해 그를 추방했다. 아르메니안계 터키인인 도나벳 무세키안Donabet Mousekian은 남성의 성기를 가지고 있지 않았는데, 이는 이민국 관료들이 때때로 "성 발달 부족"이라고 부르는 상태였다. 그는 사진작가로서 생계를 이어갔고, 융단을 만들고 염색하는 데 뛰어난 기술을 가지고 있었다. 요리도 잘했다. 게다가 미국에서 자신을 돕겠다고 약속한 친척들도 있었다. 그렇지만 이중 무엇도 관료들의 생각을 바꾸지 못했다. 무세키안은 항소문을 통해 말했다.

"나는 아프지 않다. 나는 질병에 걸리지 않았고, 건강한 손과 발, 눈과 귀를 가지고 있다. 단지 남성 성기가 없을 뿐이다. 하느님과 어머니가 주신 것이기 때문에 내 잘못이 아니다. 내가 무엇을 할 수 있겠는가? 이것은 내가 일하는 데 아무런 해가 되지 않는다."

이민국 관료들은 무세키안이 "외모가 약하고 야위었으며 혐오스럽다"라며, 성적 결함이 있다고 판단했다. [13]

1906년 이즈라일 보삭Israel Bosak은 비슷하게 "빈약한 체형"을 이유로 추방되었다. 러시아의 유대인 탄압으로 자신이 성공적으로 운영하던 가게를 잃게 된 이 재단사는 약간의 돈을 가지고 있었고 미국에서 그가 사업을 시작하는 것을 돕기로 약속한 친척들이 있었다. 그러나 그는 특별한 설명 없이 "빈약한 체형"으로 분류되어 추방당했다. 1913년, 30세였던 농인 대장장이 모이셰 피시만Moische Fishmann은 엘리스섬에 큰 희망을 품고 도착했다. 그의 형제자매들은 이미 미국에서 일하고 있었고 피시만을 도울 준비가 되어 있었다. 그러나 심사를 담당한 공중보건국 의사는 피시만에게 신체적 결함이 있다고 판단했고 그를 특별조사위원회로 보냈다. 그곳에서 피시만의 형제자매들은 자신들이 경제적으로 안정되어 있다는 점을 매우 구체적으로 증언했다. 세 명의 조카들 역시 피시만이 일을 찾는 동안 그를 돕겠다고 약속했고, 그중 한 명은 자신의 고용주가 쓴 숙련된 대장장이 일자리를 보장하는 편지도 들고 갔다. 그러나 위원회는 만장일치로 피시만을 러시아로 추방하기로 결정했다. 그들은 피시만의 "확인된 조건" 때문에 일자리를 구하거나 유지하는 데 상당한 어려움을 겪을 것"이라고 결론 내렸다. 피시만은 이 결정에 항소했는데, 당시에는 드문 일이었다. '유대인 이민자수용과구호협회'에서 나온 피시만의 변호인은 러시아에서 유대인이 처한 위험한 상황을 언급하며 추방으로 인한 위험을 경고했다. 또 다른 고용주는 피시만에게 매주 12불을 버는 일자리를 약속했다. 두 개의 일자리가 확보되고 변호인이 러시아 상황에 대해 설명했음에도 불구하고, 심사를 담당했던 특별

조사위원회는 "확인된 조건이 그의 생계능력에 심각하게 지장을 줄 것이라는 데 의심의 여지가 없다"라고 판단했다. 피시만은 결국 추방되었다. 보삭과 피시만 모두 유대인이라는 점이 확인되었다는 걸 감안할 때, 유대인성Jewishness은 "빈약한 체형"이며 농인이라는 점과 함께 두 사람의 이민 신청을 거절한 주요 원인이었을 수 있다.[14]

LPC(공공의 부담이 될 것 같은Likely to become a Public Charge) 조항은 결함 있는 몸을 가진 사람들의 임금 노동이 불가능하다고 명백히 가정했다. 한 이민국 관료는 "빈약한 체형의 이민자가 거친 노동을 할 수 없을뿐더러 설사 할 수 있다 하더라도 고용주가 그를 고용하지 않을 것이다"라는 자신의 생각에 어떠한 문제점도 없다고 생각했다. 역사학자 더글러스 베인튼이 현명하게 지적했듯이, 이민국 관료들은 "노동하기에 적합하지 않은 이민자들을 배제하는 게 정당하다는 믿음"을 가지고 있었고, "장애를 가진 이민자들은 설사 미국에 들어오더라도 차별을 경험할 것이라는 믿음 역시" 가지고 있었다.[15] 만약 장애로 인해 금전적인 도움이 필요하다면, 그러한 상황은 이민 후보자가 미국 시민이 되기에 부적합하다는 걸 의미했다. 또한 이러한 조건의 사람들은 미국에 이미 살고 있다 할지라도, 이상적인 미국인의 모습과는 거리가 멀다는 것을 의미했다.

LPC 조항은 입국을 거부하는 주요한 근거가 되었지만, 이 문제가 경제적인 이유 때문이었다고 간단히 말할 수는 없었다.

몸에 결함이 있다는 이유로 입국을 거절당한 이민자들이 자신의 본국에서는 스스로의 삶을 잘 지탱해온 경우가 많았다. 모이셰 피시만처럼 대부분의 사람들은 이미 직장이 준비되어 있거나 혹은 친척들이 도와줄 준비가 되어 있었다. LPC 조항의 경제적 근거는 추방을 하기 위한 변명이 될 수 있었고, 종종 그런 역할을 했다. 비장애중심주의와 특정한 형태를 한 미국인의 몸에 대한 열망은 많은 잠재적 이민자들을 추방하는 이유가 되었다.

1909년 패트릭 이건은 미국 입국을 거절당했다. 이민국 관료는 그가 "능력 있는 몸을 가진 것처럼 보이고" "그런 몸을 필요로 하는 노동을 항상 온전히 해왔다"라고 적었지만, 그것만으로는 충분치 않았던 것이다. 이민국 관료에 따르면 이건의 성기는 작았고 (그것을 검사했던) 관료들은 "사내답지 못하게 발달된" 이민자들은 "어떤 공동체에서도 바람직한 사람이 될 수 없다"라는 이유로 이건의 입국을 거절했다. 이건은 충실한 임금노동자로서 경력이 있었지만, 관료들은 향후 그가 임금노동을 하기 어려울 거라고 주장했다. 역사학자 마고 캐너데이가 설명하듯이, "이민국 관료들은 성기의 결함을 성적 변태성과 연결 지었고, 그러한 변태성은 경제적 의존의 원인이 될 수 있다고 생각했다". [16] 이러한 이민 정책에서, 능력 있는 몸을 가진 사람이 되기 위해서는 규범에 맞는 성기를 갖고 있어야만 했다.

미묘하게, 때로는 그다지 미묘하지 않게, LPC 조항은 계급·

6장. 저능아는 삼대로 충분하다

민족·인종·성적 지향·젠더에 따라 다른 전제를 가지고 있었다. 당시에 미국의 많은 여성들은 임금노동을 하지 않았고 요구받지도 않았다. 하지만 LPC 조항은 이민자 여성이 임금을 받을 수 있는 육체노동이 가능한 몸이기를 요구했다. 미국에서 태어난 여성들은 충족시킬 필요가 없는 조항이었다. 적절한 여성다움의 요건이 계급, 민족, 인종에 따라 달랐던 것이다. LPC 조항에 따르면 이민자 여성은 미국에서 태어난 여성들이 누리는 혜택을 받을 자격이 없었다.

국경에서 입국 심사를 하는 법적 구조와 물리적 장벽은 미국 시민의 몸에 대한 이상향이 집행되고 강화되는 장소가 되었다. 미국의 법 입안자, 과학자와 정책입안자들은 어떠한 신체적·정신적·도덕적 특성(인식이든 실제든)을 가진 몸이 국가를 구성하는 일부로 받아들일 수 있는지, 혹은 국가에 장애가 될지를 결정했다. 쿨리지가 "미국은 미국인을 지켜야 한다"라고 말했을 때, 그는 매우 구체적인 몸을 염두에 두고 있었다.[17]

수용시설과 미국적 이상의 재생산

앨리스 스미스는 많은 사람들이 이상적인 미국인으로 생각하던 존재가 아니었다. 1912년 5월 정신박약자(백치, 저능아, 멍청이를 포함한), 뇌전증 환자, 범죄자 그리고 나머지 결함 있는 사람(행정적 편의를 위한 정말 관료적인 범주다)을 검사하는 뉴저지 위원회가 스미스에 대해 논의하기 위해 모였다. 위원회의 4명의 남성은 만장일치로 "그녀가 임신과 출산을 통해 번식하기를 권할 수는 없다"라며 1911년 제정된 뉴저지주법에 따라, 28세인 백인 여성에게 단종수술을 하도록 결정했다. 주지사인 우드로 윌슨Woodrow Wilson이 서명한 법은 "결함"이 있다고 여겨지는 사람들에게 단종수술을 시행하도록 승인했다.[18]

스미스와 그녀의 살아남은 4명의 형제들은 각각 다른 시기에 뉴저지주의 스킬맨에 위치한 '뉴저지 뇌전증 환자를 위한 주립 마을'에 법적으로 수용되었다. '어린이 후견인 주위원회'가 시작되면서, 1902년 앨리스는 18세 생일을 불과 12일 앞두고 에섹스 카운티 지역법원The Court of Common Pleas of Essex Count의 결정에 따라 수용시설로 들어가게 되었다. 스미스가 성인으로 인정받는 18세가 되기 전에 그러한 결정을 내리는 게 법적으로 더 용이했기 때문이다. 이후 기록을 살펴보면, 1912년을 기준으로 스미스는 과거 5년간 한 차례도 발작을 일으키지 않았었다.

스미스 사건은 결국 뉴저지주 대법원에 가게 되었다. 우생학자들이 매우 상세한 과거력과 족보 데이터를 이용해 발언했기 때문에, 비슷한 상황에 처했던 다른 사람들에 비해 더 상세한 기록이 남아 있다. 그러나 대부분은 당사자인 스미스의 목소리가 그대로 기록된 것이 아니라 우생학자들의 해석을 통해 걸러진 기록들이다.

스미스의 아버지 조지가 남북전쟁에서 한때 기술자(무엇을 의미하는지는 불분명하지만)로 일했던 퇴역군인이었다는 것은 분명하다. 스미스의 어머니인 수전 앤은 남편보다 열두 살 어렸다. 1880년과 1900년 사이에 이 가족의 사회적 지위는 꾸준히 내리막길을 걸었다. 1900년 이후 잠시 동안 부부는 빈랜드Vineland에 있는 '뉴저지 장애 군인, 선원, 해병 그리고 그 아내와 사망한 군인의 아내를 위한 집'에서 살았었다. 그러나 부부는 수전의 뇌전증 때문에 그곳에서 쫓겨났다. 그 기간 동안 그들의 아이들이 어디서 살았는지, 조지의 장애가 무엇이었는지는 명확치 않다. 부부는 1870년대부터 8명의 아이를 낳았는데, 그중 5명이 유아기를 살아남았다.

1900년에 스미스 가족은 뉴저지주 블룸필드에서 이웃 중 대다수가 흑인인 지역에서 골목에 인접한 어느 집 뒤쪽에서 살았다. 조지가 철도 기수로 짧게 일했지만, 일반적으로 그 가족은 아버지 조지가 남북전쟁에서 장애 퇴역군인으로서 매달 20불씩 받는 연금으로 살아갔다. 아이 셋은 이미 죽었다. 딸 한 명은 한 살이 되기 전에 죽었고, 아들 한 명은 7세 때 익사했다. 또 다른 아들은 4세 때 2층 창문에서 떨어져 사망했다. 1900년, 도레타(또는 도라)는 대략 27세, 조지 주니어는 23세, 에마는 18세, 앨리스는 16세, 러셋은 13세였다. (언제 에마가 출산했는지는 명확하지 않지만) 에마와 앨리스는 지역 빈민 구호소에서 딸을 낳았다. 미혼모였던 그 둘은 아이를 빼앗겼다. 1912년에 형제 다섯 모두가 '뇌전증 환자를 위한 주립 마을'에서 살았다. 그 마을의 우생학 연구자들은 어머니인 수전 스미스를 정신박약인 친척을 여럿 가진 "눈에 띄게 정신적으로 부족하고"14세 이후로 발작을 한 뇌전증 환자라고 묘사했다. 앨리스의 아빠인 조지 스미스는 "정신적으로 결핍된… 타고난 흉한 기질과 추한 성질을" 가졌으며, "보통 '얼빠진 사람Half-Witted'으로 알려져 있었다"라고 적었다. [19]

스미스가 비교적 어린 나이에 성관계를 갖고 임신했다는 사실은 그녀가 도덕적으로 의지가 약하고 지적으로 정신박약이라는 증거로 사용되기도 했는데, 이를 이해하는 일은 간단치 않다. 그 마을을 조사한 우생학자가 만든 사건 서류에는 어느 날 밤 앨리스가 빈 공터에서 이웃인 아프리카계 미국인 남성과 "성관계를 탐닉한" 이후 임신했다고 기록하고 있다. 앨리스는 자신이 강간당한 것이라고 했다. 훗날, 그녀는 무슨 일이 일어났는지 기억하지 못한다고 말했다. 마을의 공무원들은 그녀가 "자위행위를 한다고 의심했으며" 그녀의 행동은 "결함 있는 사람들에게서 흔히 보이는 과도한 성욕"을 보여준다고 주장했다. 설상가상으로, 사건 보고서는 "이 환자는 백인 여성이 자신에게 친절한 유색인종 남성에게 보이는 정상적인 혐오감을 가지고 있지 않았다"라고 명시했다. 사건 보고서에 따르면, 앨리스의 아버지인 조지는 종종 "발작하듯이 화를 냈고" "자신의 딸을 집 밖으로 내쫓았다. 딸들은 이웃 니그로의 집에서 피

　　　　　　　　　　　　6장. 저능아는 삼대로 충분하다

난처를 찾았다"라고 적혀 있다. 앨리스는 아프리카계 미국인들 사이에서 살았고, 아버지의 폭행을 피하기 위해 흑인 이웃들에게 실제로 의존했었다. 사건 보고서는 또한 "워싱턴이라고 불리던 유색인종 남성"이 그녀 아이의 아버지라고 지적했다. 아내가 죽은 32세 흑인 남성인 찰스 워싱턴은 앨리스가 임신했던 당시, 길 아래쪽에서 여러 집을 대여하고 있었다. 아마도 그가 아이의 아버지였을 것이다. 앨리스 집안의 상황과 마찬가지로 그들 사이의 관계를 명확히 알아내는 것은 거의 불가능하다. 역사학자 몰리 라드–테일러Molly Ladd-Taylor는 앨리스와 비슷한 법적 상황에 놓인 "상당한 수"의 여성들이 "근친상간이나 성적 학대의 피해자일 가능성이 높다"라는 점을 지적했다. 앨리스의 사건 보고서는 간단히 "앨리스가 곧 다른 부도덕한 남자에 의해 희생양이 될 수 있다는 것에 대해서는 의심의 여지가 없다. (…) 그녀로 인해 뇌전증 환자와 저능아들로 이루어진 새로운 세대가 시작될 것이고, 따라서 그녀의 존재는 사회적 위협이 될 수 있다"라고 결론 내렸다.[20] 스미스 집안의 장애로 인한 사회적 규범 위반은 인종적·성적·계급적인 것이었다.

가계도를 포함한 그녀의 가족에 대한 광범위한 조사가 진행되었다. 그 조사의 정보원에는 그녀의 직계가족, 이모와 삼촌, 증조모와 증조부, 사촌과 그들의 배우자, 육촌 친척이 포함되었고, 지역에서 빈민을 감시하는 사람, 지역 경찰관과 기자, 그리고 지역 어린이집의 양호교사도 그 대상이었다. 스미스 일가의 모든 친척들의 성적, 의료적, 도덕적 기록 그리고 사망 기록을 밝혀내는 데 모든 수단이 동원되었다. 그 결과 스미스 일가의 도덕적·신체적 결함을 상세히 기록한 4대에 걸친 가계도가 만들어졌다. 이러한 연구는 어떤 사람이 단종수술을 받아야 하는지, 시설에 수용되어야 하는지 여부를 판단하는 데 있어 흔히 진행되었다.

'뇌전증주립마을The State Village for Epileptics'의 전문가들과 우생학 옹호자였던 해리 러플린이 내린 결론은 앨리스 스미스가 "선천적으로 결함이 있고, 그녀의 부모로부터 뇌전증 경향을 물려받았다"라는 것이었다. 그녀를 집으로 돌려보내는 것은 "사회에 대한 범죄가 될 것"이라고 말했다. 더 나아가, "사회가 적절히 돌보고 격리하지 않아서, 이 결함 있는 사람이 방치되어 방황하게 된다면, 그녀와 비슷하거나 다른 유해한 것들이 사회로 스며들게 될 것이다. 국가와 주정부에게 이보다 큰 낭비는 없을 것이다". 그러므로 앨리스 스미스의 삶을 개선하고 사회를 보호하기 위해서는 단종이 해결책이었다.[21]

1907년 인디애나주를 시작으로, 30개가 넘는 주에서 강제단종법이 통과되었다. 주별로 누구에게 어떻게 강제단종이 적용되는지 그 내용에는 차이가 있었다. 해리 러프킨이 개발한 법 모델은 "사회적으로 부적절한 계급"의 사람을 다음과 같이 매우 광범위하게 정의했다.

6장. 저능아는 삼대로 충분하다

1. 정신박약인 2. 정신이상자(사이코패스 포함) 3. 범죄를 저지를 수 있는 자(비행인과 불량인 포함) 4. 뇌전증 환자 5. 알코올 의존자(습관적인 술꾼을 포함해서) 6. 병든 자(결핵, 매독, 나병, 그리고 합법적으로 격리할 수 있는 다른 만성 감염병) 7. 맹인(시력이 심각하게 손상된 사람 포함) 8. 농인(청력이 심각하게 손상된 사람 포함) 9. 기형 신체 소유자(불구 포함) 10. 의존하는 사람(고아, 무능력자, 노숙자, 부랑자, 극빈자)

1921년 이전에 단종법이 통과된 모든 주와 그 이후에 통과된 여러 주에서 성적 변태Sexual Pervert로 진단된 경우에도 법을 적용했다. 동성 간 성관계 자체를 정신이상의 증상으로 바라보는 상황에서, 이러한 단종법은 게이, 레즈비언, 바이섹슈얼에게 더욱 큰 영향을 미쳤다. 단종법의 내용이 젠더에 따라 다르지는 않았다. 하지만 남성의 수술이 훨씬 더 간단했음에도 남성보다 여성에게 더 빈번하게 수술이 진행되었다. [22]

단종수술을 옹호하는 사람들은 장기간의 시설 수용보다 수술이 더 나은 해결책이고, 이 모든 것은 국가를 위한 일이라고 주장했다. 건강한 국가를 위해 그 정치적 운명을 결정하는 선거인단에서 퇴행적인 사람들은 배제되어야 했다. 정치인, 법조인, 교육자, 의학 전문가는 점점 정치적·경제적 힘을 육체적·정신적 건강과 연결 지었다. 그들은 계급 간 불평등이 커져가고 인종과 젠더에 따른 권력관계 다툼이 심해지고 대규모 이

주별 강제단종수술 시행 통계(1907~1937)

주	연도	단종수술 숫자
인디애나(Indiana)	1907	2,424
워싱턴(Washington)	1909	685
캘리포니아(California)	1909	20,108
코네티컷(Connecticut)	1909	557
네바다(Nevada)	1911	0
아이오와(Iowa)	1911	1,910
뉴저지(New Jersey)	1911	0
뉴욕(New York)	1912	42
오리건(Oregon)	1917	2,341
노스다코타(North Dakota)	1913	1,049
캔자스(Kansas)	1913	3,032
미시간(Michigan)	1913	3,786
위스콘신(Wisconsin)	1913	1,823
네브래스카(Nebraska)	1915	902
사우스다코타(South Dakota)	1917	789
뉴햄프셔(New Hampshire)	1917	679
앨라배마(Alabama)	1919	224
몬태나(Montana)	1923	256
델라웨어(Delaware)	1923	945
버지니아(Virginia)	1924	8,300
아이다호(Idaho)	1925	38
유타(Utah)	1925	772
미네소타(Minnesota)	1925	2,350
메인(Maine)	1925	326
미시시피(Mississippi)	1928	683
웨스트버지니아(West Virginia)	1929	98
애리조나(Arizona)	1929	30
버몬트(Vermont)	1931	253
오클라호마(Oklahoma)	1931	556
사우스캐롤라이나(South Carolina)	1935	277
조지아(Georgia)	1937	3,284

출처: Paul A. Lombardo, Three Generations, No Imbeciles: Eugenics, the Supreme Court, and Buck v. Bell(Baltimore, MD: Johns Hopkins University Press, 2008), 294.

6장. 저능아는 삼대로 충분하다

민이 이어지던 시기에, 민주주의를 보호해야 한다고 주장했다. 샤프 박사는 인디애나주 개혁위원회에서 일하고 있었는데, 여기서 개혁이란 "퇴행된 사람들"을 단종시키는 걸 의미했다. 샤프 박사는 1909년 미국교도소연합American Prison Association에서 "퇴행된 사람들 중에는 빈민 구호소에서 만날 수 있는 습관적인 극빈자뿐 아니라 대부분의 정신이상자, 뇌전증 환자, 저능아, 백치, 성적 변태, 중독된 술꾼, 매춘부, 부랑자, 범죄자, 고아도 포함된다"라고 말했다. '바람직하지 않은 시민'을 규정하는 데 중요한 기준이 되었던 장애, 퇴행, 부도덕의 정의는 모호하고 광범위했다. 그러나 샤프 박사는 역설적이게도 애국적인 언사로 그의 독자와 청중들에게 단종수술이(그는 마취제 없이 수술을 시행했다) "삶, 자유, 행복 추구를" 조금도 "손상시키지" 않는다고 장담했다. [23]

이처럼 장애와 퇴행이 어디든 스며들 수 있었기 때문에, 능력 있는 몸과 정신을 가진 여성들을 지켜야 한다는 주장이 널리 퍼져 있었다. 1870년대 에드워드 클라크와 같은 여성 교육 반대론자들은 대학 교육이 여성을 영구적으로 훼손하고 장애인으로 만들 가능성이 있다고 경고했다. 여성 참정권 운동이 성장하고 여성이 교육을 받고 일할 수 있는 기회가 확대되면서, 이러한 변화가 여성의 몸과 사회에 미칠 영향을 걱정하는 목소리도 커졌다. 이러한 우려는 모든 여성에 적용되는 것이 아니라, 시민으로서 적극적으로 활동하고자 노력했던 중산층·

상층 계급의 백인 여성에게 집중되었다.

　건강한 국가에 필요한 여성의 몸을 보유하고자 했던 당시의 욕구는 저명한 의사이자 자녀양육에 대한 책을 썼던 윌리엄 리 하워드William Lee Howard의 이야기가 잘 보여준다. 1909년, 그는 여성이 신체적·정신적으로 퇴행하는 경우가 늘고 있다고 경고했다. 하워드에 따르면 "남성적 개념인 '독립'에 사로잡힌 여성들이" "전쟁과 종교에 대해 질문하고 답하는 것이 자신들의 권리"라고 선언했다. 그러한 여성들은 "같은 계급에 속하더라도 다른 수준으로 퇴행한" "역겨운 반사회적 존재이자, 성적으로 변태인 여성"이었다. 다른 여성에게 성적 욕구를 느끼는 여성, 젠더 규범을 따르지 않는 여성, "자녀를 돌보지 않고 아침부터 클럽에서 '사회 통계'를 토론하는 여성"은 서로 다르지만, 하워드에 따르면 퇴화된 몸과 정신으로 젠더 장애Gender Disability라는 면에서 닿아 있었다. 진정한 비극은 그러한 여성에게 아이가 있을 때 발생한다며, 하워드는 다음과 같이 말했다.

　"그녀는 문명에 대한 위협이다… 신체적·정신적 재앙을 낳는 엄마이고, 진정으로 퇴화한 계급이다."

　가난한 아이들은 밝은 미래를 가질 수 없었는데, "그들의 약하고, 변하기 쉬운, 발달 중인 뇌세포가 뒤틀리고 왜곡되고, 변태적인 정신 성장을 촉진했기 때문"이라고도 말했다.[24] 앨리스 스미스가 속한 세계를 고립시키는 것으로는 충분치 않았다. 그들은 단종되어야 했다.

법원이 임명한 앨리스 스미스의 변호인은 1913년 뉴저지 주 대법원으로 가게 된 소송에서 단종수술을 반대했다. 대법원은 이에 동의하며 나팔관 절제 수술이 위험하다고 지적했다. 법원은 단종법으로 인해 영향을 받는 사람 중 다수가 가난하고 공공시설에 수용된 사람들이라고 언급했다. 단종법은 모든 사람에게 적용되지 않았고 수정헌법 제14조의 평등보호조항을 위반한 것이었다. 앨리스 스미스의 단종수술은 집행되지 않았다. 법원은 단종수술 조항 자체가 헌법에 위반되는지 여부에 대한 보다 복잡한 법적 질문은 다루지 않았다.

1927년 미국 대법원은 벅 대 벨Buck v. Bell 대법원 판결을 내렸다. 다수 의견으로, 올리버 웬들 홈스 판사는 국가의 "최고의 시민"들은 "공공복지"를 위해 자신의 목숨을 "한 번 이상" 포기하는 희생을 했다고 주장했다. "이미 국가의 힘을 약화시킨 사람들에게 우리가 그보다 덜한 희생을 요구할 수 없다는 것은 이상한 일이다…. 우리가 무능력함에 잠식되는 것을 막아야 한다. 퇴행한 자손들이 범죄자로 처벌받거나 저능아로서 고통받는 것을 방치하는 대신 명백히 적합하지 않은 사람이 재생산되는 것을 막을 수 있다면, 그야말로 모든 세계를 위해 더 나은 일"이라고 홈스 판사는 말했다. 그는 원고 캐리 벅Carrie Buck과 그녀의 어머니와 그녀의 딸을 두고서 "저능아는 삼대로 충분하다"라고 판결 내렸다. 법원은 수용시설에 있는 사람들에게 단종수술을 진행하는 것을 요구한 단종 조항이 수정헌법 제14조의 평등보호조항을 위반하지 않는다고 결정했다. 벅 대 벨 대법원 결정은 아직까지도 번복된 바 없다. [25]

앨리스 스미스는 연방정부 인구조사 기록에 따르면 최소한 1930년까지는 뇌전증주립마을에 남아 있었다. 그녀가 결국 단종수술을 받았는지, 그 시설에서 풀려났는지 아니면 그곳에서 죽었는지는 알려지지 않았다. 그녀의 이후 삶이 어떠했을지 궁금하다.

벅 대 벨 대법원 판결의 대상이었던 캐리 벅은 단종수술을 받고 나서야 '뇌전증 환자와 정신박약자를 위한 버지니아주 식민지The Virginia State Colony for Epileptics and Feeble-minded'에서 풀려날 수 있었다. 앨리스 스미스처럼, 그녀는 결혼하지 않은 상태에서 아이를 가졌던 젊고 가난한 백인 여성이었다. 벅은 법원의 판결에 따라 아이를 빼앗겼고 시설에 수용되었다. 단종수술을 받고 풀려난 뒤 벅은 결혼을 했고 남편이 사망할 때까지 25년 동안 함께 살았다.

1890년대부터 1920년대까지는 정부와 사회가 사회개혁에 적극적인 진보의 세기였다. 그 시기 정신이상, 정신박약으로 여겨진 사람들을 위한 시설은 본래 그들을 교육하고 사회에 동화시키는 것을 목적으로 하던 곳에서 구금을 위한 장소로 변했다. 더 많은 시설들이 "식민지 계획Colony Plan"이라고 불리는 이념적·조직적 관점을 적극적으로 수용했다. (많은 이들이 이상적인 모델로 여기던) 뉴욕 소니에아 지역의 '뇌전증 환자를 위한 크레이그 식민지The Craig Colony for Epileptics'의 의료 관리자였던 윌리엄 스프래틀링 박사는 이상적인 식민지를 벌집으로 묘사했다.

"셀 수 없이 많은 벌떼가 달콤한 향기를 풍기는 들판에 그림처럼 퍼져 있고 향기롭게 피어난 사과나무 밑에서 땅을 덮은 클로버 위에 점처럼 있다. 식민지 생활에서, 만족스럽고 행복한 가정, 분주한 작은 노동자들의 날개가 만들어내는 끊임없는 웅성거림은 공동의 목표를 위해 애쓰는 식민지 공동 거주민들의 머리, 심장, 손을 상징한다. 어느 벌떼에나 불가피하게 존재하는 일하지 않는 수벌은 주민들 중 다리를 절고 교육할 수도 없고 정신적으로 맹인인 사람으로서 이곳에서 자신의 피난처를 찾는 자들이 그 원형이다." [26]

스프래틀링이 구상했던 건축물은 한가운데 있는 관리동이 사방으로 퍼진 오두막과 길로 연결되어 있는 것이었다. "오두막"은 오해의 소지가 있는 용어인데, 이 공간은 최대 50명까지 수용 가능한 집이었다. 그런 식민지들은, 역사학자 로렌스 굿하트가 지적했듯이, "우수한 집단이 열등한 집단의 사람들을 지배하는" 배치를 구현한 것이었다. 플래시 대 퍼거슨 판결(1896)에서 분리정책이 평등한 것이고 공공의 선에 이바지한다고 선언하고 필리핀 등에서 미국 식민주의가 한창이던 때 미국에서 '식민지'라고 불리는 수용시설이 나타난 것은 우연이 아니다. [27] 대외적으로 미국이 제국주의 국가였던 시대에, 국내적으로 뇌전증이거나 정신박약인 열등하다고 여겨지는 이들은 자신들만의 고립된 공간에 분리된 채로 남아 있었고, 이는 더 큰 사회에서 제거된 상태로 문자 그대로 식민지라고 불렸다.

돈이 있으면 더 편안한 시설에 들어갈 수 있었지만, 돈이나 사회적 지위도 뇌전증이나 정신이상, 시설 수용의 낙인을 없앨 수는 없었다. [『톰 소여의 모험』의 저자인] 마크 트웨인(본명은 새뮤얼 클레멘스)의 딸인 진 클레멘스는 15세 때부터 일시적으로 의식을 잃곤 했다. 이후 발작이 시작되었고, 그녀는 의사로부터 뇌전증 진단을 받았다. 가족이 가진 재산 때문에 진은 사법 시스템의 영향을 받지는 않았다. 대신에, 20대 중반에 카토나에 있는 뇌전증을 가진 사람들을 위한 "민간 건강 휴양시설"인 힐버른 농장에 들어가기로 결정했다. 그 결정은 다른 마땅한 선택지가 없는 절망적인 상황에서 의사의 권고에 따른 것이었다. 그녀는 일기에 글을 남겼다.

"완전히 낯선 곳으로 가기 위해 아버지와 클라라(그녀의 언니)와 헤어지는 것은 절망적일 만큼 힘든 일이었다. 나는 그들 앞에서 울지 않으려 최선을 다했지만, 출발 시간이 다가올수록 참는 게 점점 더 힘들어졌다."

진은 15개월 동안 시설에서 지내며 다소 쓸쓸하게도, 가족들이 그간 얼마나 힘든 시간을 보냈던 것인지 알게 되었다.

"아버지와 언니 중 누구도 나를 멀리 보내고 난 후, 아픈 사람의 존재로부터 벗어나서 자신들이 느끼는 기쁨을 인정하지 않으리라는 점을 잘 안다. 하지만 그들이 기뻐했을 것이라 확신한다. [아버지는] 나를 좋아하지만, 그가 클라라보다 나를 정말로 더 그리워할 거라고 믿지는 않는다." [28]

진은 의사나 가족이나 법원로부터 한 번도 단종수술을 해야 한다고 위협을 받은 적이 없었지만, 그녀의 가족들은 그녀가 결혼하거나 아이를 가져서는 안 된다고 강력하게 믿고 있었다. 일단 수용시설에 들어간 이후, 그녀는 의사의 명령과 아버지의 돈에 깊게 의존하고 통제받았다.

개인을 절망 속으로 몰아넣을 수 있었던 시설수용은 보다 큰 이념적 목적에도 기여했다. 어떤 식으로든 비정상인 사람을 가두어두는 것은 단종수술과 함께 사람들의 행동을 규제했고 말 그대로 사회적 정상을 재생산하는 과정을 통제했다. 이러한 경우, 개인뿐 아니라 국가수준에서도 장애, 자비, 돌봄의 수사학이 사회를 통제하려는 더 큰 충동과 결합되고 그 충동에 가면을 씌웠다. 정신이상 토착민을 위한 히아와타 수용소는 충격적일 만큼 특이하면서도 흔한 사례다.

히아와타 수용소는 1903년부터 1933년까지 운영되었다. 인도주의적인 목적으로 시작했을지 모르지만, 실은 그조차도 의심스럽다. 토착민들은 연방정부의 통치를 받았기에, 주 기관들은 정신이상인 것으로 보이는 토착민들을 받아들일 법적 의무가 없었다. 사우스다코타주 상원의원이었던 리처드 페티그루에게 히아와타 수용소는 자신의 지역인 캔턴으로 돈과 일자리를 가져올 수 있는 최고의 기회였다. 1933년 문을 닫을 때까지 최소한 53개 부족의 300명이 넘는 토착민들이 히아와타로 보내졌다. 이곳은 연방정부가 운영하던 두 개뿐인 정신이상자 수용소 중 하나였다. 대다수의 사람들은 대평원과 중서부의 라코타수족, 다코타수족, 그리고 치페와족과 메노미니족 출신이었다. 몇몇 사람들은 그곳에 도착하고 나서 자신들의 언어를 아는 사람이 한 명도 없다는 것을 알게 되었다.

히아와타 수용소에 들어간다는 건 어떠한 법적인 안전장치도 없는 곳에 가는 것이었다. 토착민 관리부Bureau of Indian Affairs의 백인 직원인 보호구역감독관들은 누군가를 히아와타에 가둘 수 있었는데, 그 의사결정 과정에는 토착민 기숙사 학교 관리자가 종종 참여했다. 자신의 아이들을 기숙사 학교에 보내는 것을 반대했던 부모들이나 [토착민이 백인 문화를 따르게 하는] 동화정책에 저항했던 사람들, 토착민 관리부 공무원들과 논쟁했던 이들, 지나치게 성가시거나 소란스러운 이들, 계속해서 토착민 종교활동을 하던 사람들이 종종 히아와타 수용소로 보내졌다. 토착민 부족에게 정신이상, 정상성, 표준화된 건강 개념은 모두 낯선 것이었는데, 이러한 것들이 수용소에서 토착민에게 매우 폭력적인 형태로 강요되었다.

히아와타의 두 번째 책임자였던 해리 허머 박사는 "토착민 중 정신이상자" 수가 증가하고 있다고 믿었다. 그는 문명화된 사람들과 생활양식이 북아메리카에 도착해서 발생한 충격이 토착민 문화에 깊게 물들었던 이들이 감당할 수 없는 것이었다고 믿었다. 그는 또한 "토착민 순수혈통Full-Bloods"이 유럽 쪽 혈통이 섞인 경우에 비해 더 정신이상자가 되기 쉽다고 주장했다. 히아와타 거주민들이 그를 "의심"하며 그들이 백인 정신이상자들보다도 "훨씬 더 말을 하지 않는"다는 것이 허머를 화나게 했다. "대화를 할 수 있는 유일한 매개체가 매우 조악한 수어라는 사실"은 토착민의 "과묵함, 의심, 미신"과 결합되어 진단을 내리기 어렵게 만든다고 허머는 불평했다. [29]

토착민 당사자이자 인권 운동가인 페미나 옐로 버드는 허머 박사가 토착민의 춤과 음악을 금지시켰다고 말한다. 심지어 죽은 자를 추모하는 노래조차 금지시켰다. 히아와타 직원들은 종종 입소한 토착민의 머리카락을 자르거나 아예 삭발을 시키기도 했다. 기숙사 학교 직원들 역시 이러한 관행을 받아들였다. 그것은 머리에 이가 생겨날 가능성을 줄이고 목욕하기 쉽게 만들었지만, 동시에 페미나 옐로 버드의 말을 빌리면 "영적인 살인의 한 형태"이기도 했다. 그녀는 이어 말했다.

"많은 토착민은 우리의 머리카락이 살아 있고, 그 안에 영혼과 힘이 있다고 믿는다. 우리는 다른 사람이 내 머리를 미는 것은 말할 것도 없고 내 머리카락을 만지는 것조차 싫어한다."

머리카락을 강제로 자르는 것은 또 다른 수용시설인 기숙사 학교에서도 발생했다. 비슷한 시기, 양크턴수족의 지트카라 사는 그녀가 기숙사에서 자신의 머리카락이 처음 잘린 날을 기록했다. 지트카라사는 도망가려고 했으나 의자에 묶였다.

"나는 내 목에 가위의 차가운 날이 느껴질 때까지 머리를 흔들면서 소리쳐 울었다. 두껍게 땋은 내 머리카락이 잘리는 소리를 들었다. 그리고 나서 나는 영혼을 잃었다."[30]

가족과 부족 대표들은 초기부터 토착민 관리부에 히아와타 수용소에 대한 불만을 접수했는데, 이는 그들이 다른 무엇보다도 시설에 수용된 자신이 사랑하는 이들과 계속 접촉을 유지하려 노력했다는 걸 보여준다. 시설의 직원들은 허머가 도착한 이후로 그가 행했던 성적·경제적 위법행위를 신고했다. 1929년, 새뮤얼 실크 박사는 연방정부가 재정을 지원하는 시설을 조사하기 위해 캔턴에 도착했다(이것이 첫 번째 조사가 아닌 것은 분명했다). 도착한 지 여섯 번째 날, 그는 매우 비판적인 장문의 보고서를 작성했다. 그는 수용소가 "자물쇠와 요강이 있는" "견디기 어려운 조건"이라고 말했다. "가장 형편없는 의료 서비스"만이 제공되고, "현대 교도소의 표준에 훨씬 못 미치는" 조건이었다. 사람들은 구속복, 금속 수갑, 발목 사슬에 묶여 있었다. 극소수만 살아서 집으로 돌아갈 수 있었고, 대부분은 히아와타에서 죽었다. 최소한 131명이 수용소 창문에서 보이는 공동묘지에 묻혔다. 자신들의 조상 옆에 묻히는 걸 중요한 가치로 여기고 무덤 근처에서 사는 것을 터부시하던 토착민들에게 집과 멀리 떨어진 곳에서 건물에 갇혀 묘지를 바라보는 것은 끔찍한 일이었을 것이다. 한 지역 주민은 이 수용소에서 밤

6장. 저능아는 삼대로 충분하다

에 퍼지는 "울부짖음"을 기억했다. 그것은 단순한 울음이 아니라, 죽음의 노래였다. 죽은 자들을 기억하고 애도하는 소리였을 것이다.[31]

　1929년 그리고 1933년에 또 한 번 실크가 히아와타의 상황을 비난한 후, 연방정부는 히아와타 수용소Hiawatha Asylum for Insane Indians 문을 닫기로 결정한다. 실크의 최종 보고서는 내무부 장관인 해럴드 이크스Harold Ickes는 캔턴 수용소가 "그곳에서 어떤 이득을 얻고자 하는 탐욕과 이기적인 비인간성의 결과"로서 운영되고 있을 뿐이며, "사람을 병들게 하고 참을 수 없는" "더럽고, 비인간적이고, 역겨운" 상태로 남았다며 고발하게 만들었다.[32]

　하지만 그러한 끔찍하고 잔인한 시설에서도 인간은 공동체를 이루어냈다. 역사학자 수전 버치에 따르면, 히아와타에 수용된 사람들은 능력이 닿는 한 서로를 돌봤다. 그들은 시설 밖의 가족들과 연락을 유지하도록 서로 도왔고, 어떻게든 부족과의 관계가 유지되도록 최선을 다했다.[33]

　1933년 1월 히아와타가 문을 닫을 무렵, "정신적으로 충분히 심각한 착란 상태"가 아니어서 시설에 계속 수용될 필요가 없었던 16명의 환자들이 그곳이 어디든, 집이라 불리는 곳으로 돌아갔다. 명백히 정신착란 상태라고 여겨지는 69명은 워싱턴 D.C.에 있는 세인트엘리자베스 병원으로 이송되었다. 그 병원은 유일하게 남은 연방 정신이상자 수용소였는데, 아프리카계 미국인과 백인이 분리 수용되고 있었다. 그곳은 히아와타의 관리자인 해리 허머 박사가 자신의 일을 시작한 곳이기도 했다. 세인트엘리자베스 병원으로 간 히아와타 사람 중 거의 모두가 그 병원에서 생을 마쳤다. [34]

세인트엘리자베스 병원에서 히아와타 수용자들이 만난 직원들은 아프리카계 미국인들이 현대의 문명화된 삶을 감당하기에는 정신적·육체적 능력이 부족하다고 믿었고 그에 따라 치료했다. 다시 말해, 그들은 백인이 아니라는 점과 장애를 연결지어 생각하는 시설 수용 이념을 맞닥뜨린 것이다. 역사학자 마틴 시머스Martin Symmers가 적었듯이, 미국과 아프리카의 유럽 식민지 모두에서 의료전문가들은 아프리카인의 후손들이 "신경계가 발달하지 않았고, 그들이 문명과 더 많이 접촉할수록 정신적으로 문제가 생길 가능성이 더 크다"라고 생각했다. 이것은 단순히 과거 노예였던 이들에게 자유가 정신이상을 가져왔다던 남북전쟁 이후에 대두된 주장의 연장인 것뿐 아니라, 식민주의를 국내외적으로 정당화시켰던 거대한 지적 체계의 일부분이었다. 인종 간 위계에 기반한 차별적 사회 질서를 지지했다. 1917년 존 린드John E. Lind 박사는 아프리카계 미국인뿐 아니라 아프리카계 사람들은 아무리 그들이 세련되게 말하고 행동하더라도 "문명화된 외양 밑에는 미개인의 심장"을 가지고 있다고 적었다. [35] 사우스다코타주 캔턴에서 워싱턴 D.C.로 기차를 타고 간 69명의 토착민들은 물리적으로 먼 거리를 이동

6장. 저능아는 상대로 충분하다

했지만, 여전히 같은 차별적 이념에 갇혀 있었다.

오늘날 사우스다코타주의 캔턴 지역에 '정신이상자 토착민을 위한 히아와타 수용소'가 있던 곳에는 골프장이 자리하고 있다. 표시가 없는 묘지는 5번 홀 가까이에 있다. 토착민 신문 기자인 해럴드 아이언실드의 활동과 그가 죽은 이후 계속된 활동 덕분에 지금은 히아와타 묘지에 묻힌 것으로 알려진 사람들의 이름이 적힌 기념비가 근처에 자리 잡고 있다. 과거와 현재 정신이상자 수용소에서 사망한 이들이 묻힌 다른 묘지들처럼, 그들의 이름은 최근에서야 기억되고 있다. 그 역사는 독특하면서도 잊을 수 없을 만큼 흔한 일이다.

연방정부가 1920년대에 트라코마를 줄이기 위한 캠페인을 시작하면서, 토착민 부족들은 자신을 돌보겠다고 하는 연방정부를 두려워할 이유가 더 많아졌다. 전염성이 높은 눈병인 트라코마는 이민자 공동체에서 흔하게 발병했다. 이 질병은 토착민 4명 중 1명이 걸렸고, 몇몇 부족과 기숙사 학교에서는 그 비율이 2명 중 1명 꼴로 높았다. 치료 없이 방치되면, 간혹 통증이 있는 이 병은 맹으로 이어질 수 있었다. 1924년, 연방정부의 토착민 사무소The Federal Office of Indian Affairs는 반트라코마 캠페인을 시작했다. 위생환경을 개선하고 건강 교육을 제공하는 보다 온건한 수단이나 당시 널리 쓰이던 질산은과 같은 약을 처방하는 대신에, 토착민 사무소는 침습적이고 논란이 많은 눈꺼풀판 절제술Tarsectomy을 권했다. 이 수술은 감염된 각막 조직을 긁어내기 위해서 눈꺼풀을 포셋으로 뒤집는 과정을 포함한다. 1925년부터 1927년까지 오클라호마주, 사우스다코타주, 미시간주, 위스콘신주, 몬태나주, 캘리포니아주에 살던 토착민 부족민 중에서 2만 2,773명이 넘는 사람들에게 눈꺼풀판 절제술이 행해졌다. [36]

　그러나 눈꺼풀판 절제술은 종종 효과가 없어 논쟁거리가 되었다. 이 수술은 훗날 금지되기 훨씬 전부터 의학적 신뢰를 잃어갔다. 수술을 받은 환자들은 "종종 심각한 부작용을 경험했는데, 이러한 부작용에는 치료 불가능한 트라코마의 재발, 눈꺼풀 속말림의 발생, 흉터가 남거나 실명하는 경우"가 포함되었다. 역사학자인 토드 벤슨Todd Benson이 적었듯이, "토착민 사무소 의사들은 토착민들에게 더 큰 고통을 초래했었다". 적은 수라도 효과를 확인하기 위한 실험을 해야 한다는 경고에도 불구하고, 의사들은 계속해서 수술을 했다. 의사들은 수술이 의학적으로 실패하자 되레 토착민 공동체를 비난했다. 한 토착민 사무소의 트라코마 전문가 중 한 사람은 "토착민들은 어쨌든 타고난 회의주의자여서, 그들의 기질을 잘 아는 사람이 다루어야만 한다"라고 말하기도 했다. [37] 인종주의는 결국 고통스럽고 효과 없는 외과시술로 이어졌고, 이는 소외된 집단에서 맹인이 증가하는 결과로 이어졌다.

　　　　　　　　6장. 저능아는 상대로 충분하다

기술, 산업화 그리고 "불구자 군대"

1899년 벤저민 해리슨 대통령은 남북전쟁에서 장애를 갖게 된 퇴역군인들을 그냥 무시할 것인지 도울 것인지를 두고서 씨름하던 그 시기에, 자신의 첫 국회연설에서 산업화의 바람직하지 않은 결과를 경고했다. 그는 철도 노동자들이 "전쟁에 참여한 군인들만큼이나 생명과 팔, 다리를 잃을 수 있는 위험"에 처해 있다고 말했다. 철도는 "불구자 군대Army of Cripples"를 만들고 있었다. 해리슨과 정반대의 입장을 가졌던 미국노동조합총연맹American Federation of Labor의 새뮤얼 곰퍼스는 1910년 이렇게 말했다.

"그 어떤 주제보다도 부상당한 사람들에 대한 보상 입법을 만드는 게 중요하다. 어떤 주제도 이 사안과 비교했을 때 그 중요성이 절반도 되지 않는다."[38]

산업화는 부와 여가의 세계로 안내하리라 약속했지만, 그것은 놀라울 만큼 많은 미국 노동자를 장애인으로 만들었다. 진보의 세기에 개혁가들은 장애인이 된 미국 노동자의 몸을 보여주며 검증되지 않은 자본주의의 참상을 드러내고자 했다. 그들의 목표는 노동자 보호법을 통과시켜, 산업화로 인해 점점 장애인이 늘어나는 현실을 바꾸는 것이었다. 그러나 광산, 제철소, 철도, 방직 공장의 노동, 빠른 조립라인과 반복적인 작업, 납중독은 계속해서 노동계급 남성, 여성, 어린이의 몸을 망가뜨렸다. 산업재해를 입은 노동자들의 소득은 감소하거나 아예 없어지기도 했다. 이는 당사자뿐 아니라 모든 가족이 함께 고통받았다는 것을 의미한다.

아마도 토머스 존스턴은 특별히 운이 좋았던 것 같다. 피츠버그의 한 제분소에서 일하던 이 젊은 흑인 남성은 쇠사슬이 떨어져 두 팔이 모두 부러졌다. 그의 팔은 나았지만, "영구적으로 구부러진 상태가 되었고 어떤 일도 하기 어려울 만큼 약해졌다". 그는 회복되는 과정에서 상당한 돈을 잃었지만, 운 좋게도 개인 요리사로 다시 일자리를 구했고, 다치기 전과 비슷한 수준의 수입을 올릴 수 있었다. [39]

대다수의 사람들은 새뮤얼 존스와 비슷한 경험을 했다. 작은 기관차가 존스의 발 위를 지나갔고, "그의 발은 심하게 뭉개져서 무릎 아래 다리를 잃었다". 존스의 고용주였던 홈스테드 스틸웍스는 그에게 150달러와 감시원 일자리를 제공했지만, 그의 소득은 40퍼센트 가까이 줄어들었다. 존스와 동시대에 활동했던 노동변호사이자 기자였던 크리스털 이스트먼은 산업재해 생존자 중 대략 43퍼센트가 줄어든 소득으로 살아야만 했다고 추정했다. [40]

너무나 많은 남성과 여성이 홈스테드에서 일했던 유럽계 이민자였던 앤드루 안토닉과 비슷한 경험을 했다. 안토닉은 높은 곳에서 무거운 쇳덩어리를 떨어뜨려 강철 조각을 깨는 작업을 했다. 1907년 4월 어느 날 밤, 안토닉은 날아온 무거운 강철 조각을 피하는 데 실패했다. 그는 그 전날 24시간 동안 근무를 했었다. 이스트먼의 기록에 따르면 "안토닉의 다리가 뭉개져, 무릎 아래 부분을 제거해야 했다". 그해 10월에 안토닉은 통역사와 함께 회사에 나타날 수 있을 만큼 회복되었다. (그는 영어를 하지 못했던 것으로 추정된다.) 안토닉은 150불과 "의족과 최대한 빨리 그가 할 수 있는 가벼운 일자리를 약속"받았다. 사고가 나고 1년이 지났을 때, 이스트먼은 안토닉이 기숙사 뒷마당에 있는 것을 발견했다. 의족과 일자리에 대한 약속은 어느 것도 지켜지지 않았다. 그는 50불을 유럽에 있는 그의 아내와 다섯 아이에게 보냈고, 무일푼이 된 상태였다. 이스트먼은 산업재해를 당하고 생존한 노동자 중 약 13퍼센트는 다시는 일자리를 구하지 못했다고 추정했다. [41]

　일시적이거나 영구적인 장애를 유발하는 산업재해는 놀라울 만큼 일상적인 것이었다. 이스트먼이 필라델피아의 제강공장을 조사한 바에 따르면, 한 어머니는 열여섯 살 된 아들이 제강공장에서 일하다 손가락 두 개를 언제 어떻게 잃게 되었는지를 기억하지 못했는데, 그게 특별할 게 없는 일이었기 때문이었다. 은퇴한 한 철강노동자는 "나는 특별히 언급할 만한 부상을 당한 적이 없다"라고 말했다. 계속된 질문에, "그는 두개골이 한 번 깨졌던 적이 있고, 그로부터 몇 년 뒤 손가락 하나가 절단되었고, 3년 전에는 발이 으스러져서 9주 동안 누워 있었다"라고 답했다. [42]

조사관들은 모든 산업분야에서 비슷한 통계자료를 발견했다. 1890년 추정치에 따르면 콜로라도에서 일하는 철도 노동자 중 42퍼센트가 매년 일하다 부상을 당했다. 중국계 이민 노동자들은 대륙 간 철도를 건설하는 과정에서 해머와 폭발로 인해 정기적으로 손가락과 손을 잃었다. 1907년 "싸움꾼 로버트"로 불리는 위스콘신의 진보적 상원의원이었던 로버트 라폴레트Robert LaFollete는 기차 승무원의 노동시간을 하루 16시간으로, 전신 기사의 노동시간을 하루 9시간으로 제한하는 노동자 보호법을 제안했다. 정확한 사고 건수를 알기는 어렵다. 1907년 철도에서 사망한 승객과 노동자는 거의 1만 2,000명에 가까웠고, 심각한 부상을 당한 사람은 그 수가 몇 배 이상 많은 것으로 추정된다.[43]

산재사고나 작업장 독성물질로 인해 발생하는 장애는 어디에나 존재하는 것처럼 보였다. 방직공장 노동자들은 기계축과 빨리 움직이는 기계들 때문에 손가락, 손, 팔을 잃었다. 여성 공장 근로자들은 "동력 구동축에 머리카락이 빨려 들어가 그들의 두피에 끔찍한 손상을 입었다". 담배를 만들던 남성과 여성 노동자들은 자신들의 부상을 "담배 노동자 신경증"이라고 불렀다. 이는 반복적인 동작과 경련을 유발하는 자세 때문이었는데, "어깨, 팔, 머리에 심각한 통증이 생겨났고 (…) 손 근육을 통제할 수 없게 될 수도 있었다". 보일러공, 선박 제조 노동자, 열차 엔지니어들은 시끄러운 노동환경 때문에 종종 청력을 잃

었다. 대다수가 여성이었던 벽시계와 손목시계 도장공들은 납 중독으로 인해 후두암과 구강암에 걸렸을 뿐 아니라, 마비와 정신쇠약을 경험했다. [44]

산업화로 인해 장애를 가지게 된 미국의 임금노동자 수가 증가했던 반면, 제1차 세계대전이 시작될 때까지 보조 기술은 거의 변화가 없었다. 하지만 과거에 그러했듯이, 영웅이지만 장애인이 된 참전 퇴역군인이 돌아오면서 보철물과 다른 보조 기술Adaptive Technology이 개선되고 고용 가능성이 늘어나고 대중적인 관심도 증가했다. 1918년 한 해설가의 말에 따르면 "평화로운 시절에 불구자"들은 "약간의 신체적 차이로도 불친절하고 편견에 가득 찬 공동체를 맞닥뜨려야 했다". 그러나 "돌아온 절름발이 군인은 공동체가 당장 변화하도록 만들었다". [45]

제1차 세계대전이 끝나고, 장애군인 직업훈련위원회는 장애군인을 위한 권고사항을 제공하고자 했는데, 자신들이 "평화 시기" 불구자의 삶에 대해서는 아는 바가 없다는 것을 알게 되었다. 그래서 '클리블랜드 불구자 조사'를 시행했다. 클리블랜드 사회서비스부서는 "그들이 자신의 도시에 있는 모든 불구자를 알고 있다고 생각했"었지만, 65퍼센트가 넘는 이들이 새롭게 발견되었다는 사실과 "성인 불구자들"이 예상과 달리 "다른 사람에게 의존하지 않고 살고 있다"라는 점에 놀랐다. 조사원들은 장애인이 경제적으로 스스로를 부양하지 못할 거라는 생각하며 연구를 시작했는데, 그 전제가 완전히 틀렸다는 점을 알게 되었다. 예를 들어, 그들이 만났던 두 팔이 모두 없는 남자 중에서는, 거지와 성공적인 길거리 행상인과 "이빨 사이에 연필을 물고" 사법시험을 치렀던 지역 법정 판사가 있었다. "알지 못했던 불구자의 삶은 생각했던 것보다 훨씬 더 정상"이었다고 관찰한 연구자는 말했다. 그러나 이 보고서는 "성공적인" 불구자와 "구걸하는 유형의 불구자" 사이에 선을 그으며 결론을 내렸다. [46] 계급은 중요했다.

제1차 세계대전 이후, 재활전문가들은 장애를 가진 퇴역군인이 성공적인 불구자가 되어야 한다고 주장했다. 장애인을 위한 재활산업, 직업 프로그램, 시민권 상담은 크게 확장되었지만, 퇴역군인이 아닌 장애인들까지 항상 이러한 혜택을 받을 수 있었던 것은 아니다. 사람들은 점점 선한 장애인과 나쁜 장애인을, 선한 시민과 나쁜 시민을 구분하기 시작했는데, 가장 중요한 기준은 그 사람이 생계를 위해 돈을 벌고 있는가 여부였다. 일리노이 포트 셰리든의 미국 종합병원으로 돌아온 군인들(서비스맨)은 "장애군인의 신조"가 "일하고 생산하고 제공하는 데 한 번 더 쓸모있는 사람이 되는, 그래서 내 친구들의 눈에 동정이 아니라 감탄이 새겨지게 하는 것, 그리고 신체적인 핸디캡에도 불구하고 호의를 구하지도 주지도 않고 세상에 자신의 자리가 있는, 자신이 남자 중의 남자라는 것을 느끼는 것"이라고 들었다. [47] '불구자와 장애인 남성을 위한 적십자사The Red Cross Institute for Crippled and Disabled Men'가 만든 포스터에는 한 팔만 가진 퇴역군인이 직업훈련을 받기만 한다면, 선박 노동자나 용접공으로 미래에 일자리를 찾을 수 있다고 주장했다.[48] 남자다운 불구자, 성공적인 불구자, 감사히 여길 줄 아는 장애인 퇴역군인은 그들이 기쁜 마음으로 노력한다면, 성공할 수 있다는 것이었다.[49]

그러나 현실은 쉽지 않았다. 장애를 가진 백인 여성과 유색 인종 사람들은 고용 차별과 사회적 반대에 부딪쳤고, 많은 경우 그들은 성공적인 장애인이 될 수 없었다. 적십자 포스터는 "고용되어 이윤을 창출하는 장애인은 더 이상 핸디캡이 없다"라고 주장하고 있었지만, 장애를 가진 퇴역군인들은 고용주들이 종종 자신을 고용하기를 거부한다는 사실을 알게 되었다.

캘빈 쿨리지 대통령의 1923년 연두교서 연설은 "선한 의지와 관용, 신뢰와 평화"를 요청하며 끝났다. 그는 미국이 "자유롭고 독립적인 강력한 공화국으로서 세계 속에서 자신의 입지를 굳건히" 했다고 주장했다. 쿨리지가 의회와 국가에 요구했던, 시민이 "인류를 위해 할 수 있는 최선의 서비스"는 "이곳이 계속해서 유지될 거라는 확신"을 제공하는 일이었다.

어떻게 국가를 최선의 형태로 유지할 것인가 하는 질문은 미국 역사의 모든 시기를 지배했다. 그러나 그 어느 때보다도 진보의 세기에 이 질문은 비정상이거나 퇴행한 몸을 감시하고 그 수가 증가하지 않도록 방지하는 것으로 이어졌다. 경찰은 미국에 입국하는 사람의 몸을 주의 깊게 감시했고 미국에 이미 들어온 사람 중에서 비정상인 몸을 가진 이들에게 단종수술을 시행했다. 성·계급·인종·젠더·민족은 장애와 질 높은 시민이라는 개념과 강제로 교차했다.

진보의 세기 동안 이뤄진 교육·산업·시설의 발전은 장애인에게는 모순적인 결과를 가져왔다. 산업의 급격한 확장은 많은 사람에게 일자리와 부를 가져왔고 동반된 기술적 변화는 보조장비를 혁명적으로 바꾸어 그것을 구매할 수 있는 장애인들이 사용했지만, 그것은 또한 많은 미국인 노동자의 몸과 마음을 황폐하게 만들었다. 시설의 급격한 확장은 비슷한 모순적인 결과를 가져왔다. 몇몇에게는, 특히 맹인과 농인에게는, 수용시설은 풍성한 공동체를 만들고, 정치적으로 조직하고 개인의 역량이 강화되는 자원이 되었다. 몇몇에게는, 특히 인지, 정신적 장애를 가지고 있다고 여겨진 사람들에게, 시설 수용은 종종 고립과 학대를 뜻했다. 놀라운 점은 그 모든 상황에서 장애인들은 가능한 한 최선의 공동체를 만들었다는 것이다. 다른 모든 미국인과 마찬가지로, 장애인은 "선한 의지와 관용, 신뢰와 평화"를 추구했다.[50]

6장. 저능아는 삼대로 충분하다

7장

우리는
양철컵을
원하는 게
아니다

: 토대를 다지고
  무대를 만들다,
  1927~1968

미국 경제가 붕괴되었다. 1927년 벅 대 벨 대법원 판결에서 부적격자들에게 강제로 시행하는 단종수술이 합법이라고 공표한 지 불과 2년 뒤였다. 1929년 주식시장 붕괴, 프랭클린 루스벨트 대통령의 뉴딜정책, 그리고 제2차 세계대전을 거치는 동안 대다수의 미국인은 경제적 어려움에 허덕였다. 경제파탄을 겪으며 사람들은 고통스러운 시간을 보냈지만, 대공황 시기 장애인의 활동과 연방정부의 정책 변화는 장애인들에게 새로운 기회를 제공했다.

하지만 1934년 오하이오주 클리블랜드에 사는 19세 미스 H.P.가 영부인 엘리너 루스벨트에게 편지를 썼을 당시, 그녀에게는 어떤 희망도 없었다. 그녀는 어머니를 돕기 위해 16세에 학교를 그만두었다. 1928년부터 당뇨 때문에 장애인이 된 그녀의 아버지는 "더 이상 과거의 그가 아니었다". 아버지는 "너무나 걱정이 많았고… 항상 불평을 하며 아이들을 꾸짖었다". 17세였던 그녀의 여동생은 선천적인 장애로 걸을 수 없었고 학교 문턱에도 가지 못했다. "아침에는 침대에서 누군가 일으켜 세워주고 밤에는 누군가가 침대로 옮겨줘야 했다." 미스 H.P.는 "하루 종일 의자에 앉아 있는 게 제 동생이 할 수 있는 전부"라고 썼다. 지역의 "구제 사무소"는 일곱 아이를 가진 미스 H.P.의 가족에게 어떤 도움도 줄 수 없었다. 미스 H.P.는 "우리 가족은 한 번도 평화롭거나 행복한 적이 없었다"라고 적힌 편지를 보내며 영부인에게 도움을 청했다. 아버지와 여동생의

7장. 우리는 양철컵을 원하는 게 아니다

장애는 경제 공황 속에서 미스 H.P.의 가족을 더욱 힘들게 했고, 그녀의 가정에는 어떠한 경제적·감정적 자원도 남아 있지 않았다. [1]

1941년 텍사스주 홀랜드에 사는 18세인 E.C.의 가족의 상황도 다르지 않았다. 4년 전 14세였을 때, 이 젊은 남성은 소작농인 아버지의 일을 돕다가 파종기 바퀴에 발이 걸렸다. [파종기를 끌던] 노새는 멈추지 않았고, 다리는 짓이겨졌다. 망가진 다리에서는 계속해서 수분이 빠져나갔고 점차 뻣뻣해졌다. 그는 더 이상 그 발을 원하는 대로 움직일 수 없었고 가족의 전 재산을 병원비로 썼다. 그는 영부인에게 "교육을 받고 싶다는" 그의 오래된 소망과 "국가와 가정을 위해 봉사하는 가치 있는 삶을" 살고 싶다는 내용을 담은 편지를 썼다. 그는 물었다. 어떻게 해야 그럴 수 있는가? [2]

장애로 인해 삶이 바뀐 두 젊은이는 엘리너 루스벨트에게 편지를 쓰면서 예비 운동가로서 활동을 했다. 그들은 가난, 장애, 불평등에 관심을 기울이는 엘리너 프랭클린 루스벨트가 이 문제에 관심을 가질 거라고 믿었던 게 분명하다. 전국적으로, 천천히, 일관성 없이 그러나 점점 더 많은 사람들이 자신만의 방법으로 운동가로서 살아갔다.

예를 들어 1935년 봄, 신체장애를 가진 뉴욕 사람들(대다수가 백인이었다)이 뉴욕의 응급 구제국 앞에서 수 주 동안 항의집회를 열었다. 그들은 "우리는 [구걸용] 양철컵을 원하는 게 아니다. 우리는 일자리를 원한다", "우리는 절뚝거리지만 일할 수 있다" 같은 슬로건으로 분노와 불만을 표현했다. 지역과 연방 정부가 "고용될 수 없는Unemployable" 범주로 모든 장애인을 분류해 노동구제프로그램에서 배제했기 때문이었다. 신체장애인 연합The League of the Physically Handicapped이라는 이름으로 알려진 이 단체는 "민간 기업에서 장애인은 아직도 차별받고 있다. 이러한 차별을 막기 위해서 우리는 정부 일자리 구제 프로그램을 통해 의무적으로 장애인에게 적절한 규정을 만들 것을 요구한다"라고 했다. 이 단체의 대표인 실비아 플렉서 배서프는 노동진보연합 회장인 해리 홉킨스에게, 자신이 원하는 것은 "동정이 아니라 노동구제프로그램에서 차별을 끝내기 위한 구체적인 계획이다"라고 썼다. [3]

비슷하게 1940년대 후반 헨리 윌리엄스와 제2차 세계대전의 아프리카계 미국인 퇴역군인 동료들은 클리블랜드 시장실 앞에서 일련의 "휠체어 시위Wheel-Ins"와 "몸통 팻말Body Picket" 시위를 조직했다. 그들은 장애 퇴역군인을 위한 인종적으로 평등한, 양질의 재활 센터와 집을 요구했다. 윌리엄스는 훗날 "몸이 망가졌지만, 나는 우리가 전쟁 동안 지키려 했던 원칙을 지켜내기 위해 싸우고 있었다. 기본적으로 나는 모든 장애 시민의 시민권을 위해 싸웠다"라고 회고했다. [4]

다른 많은 활동가들과 사회단체와 마찬가지로, 1929년 대공황 초기부터 1960년대 후반까지 헨리 윌리엄스와 신체장애인연합은 민권과 시민권운동의 언어, 이념, 법을 받아들이며 장애운동의 주장을 발전시켜나갔다. 또한 그들은 장애의 원인이나 종류가 무엇인지와 관계없이 장애인들이 낙인과 차별 경험을 공유하고 있다는 주장을 하기 시작했다. [다양한 형태의 장애를 가진 사람을 아우르는] 장애 간Cross-Disability 단체와 동맹 조직들은 머뭇거리며 또 쉬었다 가기를 반복하며, 장애, 인종, 성별에 따른 차별을 연결해내는 그림을 그리기 시작했다. 대공황부터 냉전의 시기까지, 장애인과 그들의 동료들은 훗날 장애 인권 운동가들이 활동하기 위한 중요한 토대를 마련했다.

그럼에도 불구하고, 공동체를 만드는 사람들

20세기 초반을 거치며 농인 문화 공동체는 점점 견고하게 성장했다. [5] 미국 수어 사용자들은 같은 언어를 사용하는 공통의 정체성에 따라 농인 클럽으로 모였다. 그 클럽들은 연극, 시, 피크닉, 종교 서비스, 체육 프로그램 등으로 공동체를 만들어가며 날로 번창했다. 이러한 조직들이 모여 1901년 설립한 전국형제농인협회National Fraternal Society of the Deaf와 1880년 설립한 전국농인연합은 농인 공동체가 중요하게 여겼던 보험 차별, 직장 차별, 운전 제한, 직업 훈련 부재 등의 사안을 두고 적극적으로 투쟁했다. 두 조직 모두 초창기에는 주로 백인들로 다른 인종을 배제한 채 활동했지만, 그들은 농인 운동의 중요한 구심

점이 되었다.[6]

　세라 울버그는 1920년대 초 평일에는 뉴욕시의 렉싱턴 농인 학교를 다녔다. 그녀는 아들에게 자신이 그 공동체를 얼마나 사랑했는지에 대해 이야기했다. "불빛이 꺼지면, 우리는 화장실로 갔지. 그곳은 항상 불이 켜져 있었으니까. 우리는 두 눈이 감길 때까지 계속 이야기를 나눴어. 우리는 우리의 언어로 서로에게 이야기하는 걸 사랑했어. 우리는 수어로 살았어. 우리가 가진 다른 사람과 소통할 수 있는 능력은, 거대한 비농인 세계에서 점점 커져가는 침묵과 몰이해라는 사막의 한가운데에 있는 생명의 물처럼, 언어와 의미의 오아시스 같은 것이었어."

　매주 금요일 오후면 그는 이 언어적인 오아시스를 떠나 집으로 돌아오는 지하철을 탔다. 그녀 옆에는 아버지가 앉아 있었지만 둘은 아무런 소통도 하지 않았다. 아버지는 수어를 몰랐기 때문이다.[7]

　대공황은 농인 공동체에도 심각한 영향을 미쳤다. 한 연구는 1935년, 대공황 전에 일하고 있던 농인 노동자 중 44퍼센트가 실직 상태였다고 보고했다. 당시 미국의 실업률은 20퍼센트였다. 1938년에 아이오와주 더뷰크의 디마르코 가족은 8년이 넘는 동안 계속해서 직장을 구하지 못했다. 세 살 된 딸 셜리가 있던 버나드 디마르코와 그의 아내는 일리노이 록포드의 농인 클럽 피크닉에서 처음 만났다. 둘은 구직을 하고 그 일자리를 유지하는 과정에서 겪었던 차별에 좌절했다. 디마르코 부인은 공공사업진흥국Work Progress Administration의 인터뷰어에게, 고용주들은 "농인에게 관심이 없고, 우리의 이야기를 들으려 하지 않는다. 나는 사탕 공장에서 일자리를 얻으려 했었다. 그들은 마치 내가 프릭Freak인 것처럼 내 앞에서 아무 말 없이 머리를 절레절레 저을 뿐이었다. 그들이 우리도 다른 사람들과 마찬가지로 일하며 살아야 한다는 걸 이해할 수 있게 만들면 좋겠다… 그러나 그것은 우리 농인들에게 매우 힘든 일이다. 고용주들은 청인을 구할 수 있을 때, 농인에게는 전혀 관심이 없다"라고 말했다. 디마르코 부인은 그 인터뷰를 통해서 농인들을 위한 변화가 생겨나길 바랐다.

"나는 어떤 식으로든 당신을 도울 수 있어서, 이 일과 관련이 있는 농인들을 도울 수 있어서 기쁘다. 하느님은 농인들이 도움을 필요로 한다는 걸 알고 있다."

그녀는 인터뷰어에게 물었다.

"당신 생각에는 우리가 여기 더뷰크에 계속 머무르는 게 나은가, 아니면 떠나는 게 나은가? 우리에게 더 나은 어디가 있을지 모르겠다. 어느 곳이든 안정된 일자리만 있으면 되는데."[8]

대공황 시기 [앞서 언급한 렉싱턴 농인학교에 다녔던 세라 울버그의 남편인] 루이스 울버그는 운이 좋은 사람이었다. 그는 뉴욕의 한 신문사에서 40년 넘게 인쇄공으로 일했다. 임금은 빠듯했고 때때로 고용불안에 시달렸지만, 그는 국가적 경제

위기 가운데서도 계속 일할 수 있었고, 사랑을 하고 결혼을 했고 두 아이를 가지게 되었다. 당시 어린아이였던 그의 아들 마이런은 길가에 앉아 배가 고프다며 자신에게 속삭였던 더러운 모습의 한 나이 든 남자를 기억했다. 울버그는 비농인 아들에게 그 남자가 무슨 말을 했냐고 물었고, 그 남자에게 사과 몇 개와 빵 한 덩이를 주었다. 울버그는 그의 아들에게 수어로 전했다.

"그에게 유감이라고 말해라. (…) 그러나 상황이 나아질 거라고 말해." 그러곤 아버지와 아들은 집으로 가는 걸음을 계속했다.[9] 울버그는 자신이 실직할 경우 어떤 어려움을 겪게 될지 잘 알고 있었다.

공공사업진흥국이나 지역노동 구제프로그램을 통해서 일자리를 찾으려 했던 다른 장애인들처럼, 농인들은 과거 일했던 경력이나 직업훈련 여부, 몸의 상태, 교육 수준에 상관없이 자신들이 "고용될 수 없는Unemployable" 범주로 분류되어 있다는 걸 알게 되었다. 대공황으로 인한 경제문제를 해결하기 위해 루스벨트 대통령이 추진한 뉴딜정책의 일환으로 공공사업진흥국은 수백만 명의 미국인 실업자를 사회서비스 영역뿐 아니라 공공건물과 도로 건설, 문해력 프로젝트, 음악과 예술과 같은 문화 프로그램에 고용했다. 신체장애인연합과 마찬가지로, 전국농인연합은 이 문제를 두고 싸웠다. 그 결과, 대다수의 다른 장애인은 그 변화에서 배제되었지만, 1938년 농인 노동자들은 공공사업진흥국 규정에서 "고용 가능한Employable" 범주로 분류

되었다. 그러나 1939년 정책이 변경되자, 농인은 또다시 "고용될 수 없는" 사람들로 분류되었다.[10]

　대다수 농인 노동자들과 농인 단체들은 장애인이 "고용될 수 없는" 범주로 분류되는 것을 반대하지 않았다. 다만, 농인은 장애인이 아니라고 주장했다. 미국에서 농인들이 직접 자신들을 위한 조직을 만들기 시작한 이래, 농인들은 자신들이 다른 언어를 쓰는 공동체라고 주장했으며, 온전한 시민으로서 자신들이 가진 잠재력과 자신들의 정상성을 강조했다. 농인들도 사회적으로 소외된 존재였지만, 진짜 장애인이라고 여기는 이들과 스스로를 구분하고자 했다. 어떤 이들은 장애 간 동맹이 이루어진다면, 그렇게 만들어진 더 큰 장애인 공동체에서 청인인 장애인들이 주도권을 가지게 될 거라고 우려했다. 역사학자 수전 버치Susan Burch가 썼듯, 몇몇 농인 지도자들은 "장애 활동가들이 자신들에게 접근하지 못하도록 하면" "장애라는 낙인으로부터 자신들이 자유로워질 거라 생각했다".[11] 농인 지도자들은 뉴딜 고용정책의 장애인 차별에 맞서 싸웠던 장애 간 단체인 신체장애인연합의 장애 활동가들과의 동맹을 거절했다.

　아프리카계 미국인 농인들이 이 주장을 들었다면, 특권에 대한 멍청한 생각이라고 말했을 것이다. 백인 농인들과 마찬가지로, 아프리카계 미국인 농인들도 공동체를 만들기 위해 학교의 제도적 자원과 사회적 관계를 활용했다. 전국형제농인협회, 전국농인연합, 남부주연합은 백인의 조직이었다. 서부와 북부

의 여러 농인 학교는 인종 통합이 이루어졌지만, 남부의 학교
는 여전히 인종분리가 된 상태로 남아 있었다. 대부분의 남부
학교는 주정부나 지역 정부로부터 받은 지원이 미흡했기 때문
에 빈약한 시설을 가지고 있었다. 훈련을 받은 백인 교사가 흑
인 학교로 가는 경우는 거의 없었고, 흑인 교사들은 농인 학교
에서의 인종분리정책 때문에 농인을 가르치기 위한 훈련을 거
의 받지 못했다. 이러한 상황 때문에 많은 아프리카계 미국인
농인학교에서는 자신들만의 수어를 만들었는데, 이는 표준 미
국 수어와도 다르고 때때로 이웃 동네의 아프리카계 미국인 농
인학교에서 사용하는 수어와도 달랐다.[12] 당시 상황에서 이러
한 언어적 발전은 부득이한 것이었지만 인종분리가 계속되는
데 기여했다.

남부에서는 아프리카계 미국인 농인, 맹인 학생들을 위한
별도의 기관이 만들어졌다. 예를 들어, 노스캐롤라이나주립 유
색인종 농인맹인학교, 텍사스 유색인종 농인아인맹인시설, 버
지니아주립 유색인종 농인맹인학교가 그러했다. 1944년 미국
국회에서 농인이자 맹인이었던 활동가 헬렌 켈러는 사회안전
법을 보강하는 일이 중요하다고 증언했다. 그녀는 [아프리카계
미국인 농인, 맹인에게서] 삶의 기회를 박탈하는, 인종주의와
비장애중심주의가 교차하는 주 정부의 차별적인 예산 집행을
비판했다.

"나는 미국 전역에 흩어져 있는 초라한 건물의 학교들을

7장. 우리는 양철컵을 원하는 게 아니다

방문했다. 그들은 빈곤 속에서 힘겨운 투쟁을 계속하고 있었다. 적절한 교육과 의료서비스를 찾을 수 없었고, 사람들은 차별 때문에 구직에 어려움을 겪고 있었다. 충격이었다."

헬렌 켈러는 이어 말했다

"이 부유한 나라에서, 다른 인종[아프리카계 미국인] 남성과 여성이 그처럼 부당하게 고통받고 있는데 국가가 그것을 보지 못한다는 것은 수치스러운 일이다. 이 막강한 방해물을 넘어서 맹인인 유색인종들이 자신들의 존엄과 용기를 지킬 수 있도록 재정적인 지원이 절실하다." [13]

미국의 인종 간 경제적 불평등은 가난한 흑인들이 열악한 의료서비스를 받게 되고 그 결과 때때로 장애가 생겨날 수 있다는 것을 의미했다. 대공황은 이러한 불평등을 악화시켰다. 1929년 조지아주에서 가난한 아프리카계 미국인 가정에서 여덟 아이 중 막내로 태어난 헨리에타 에버스Henrietta Evers는 네 살에 소아마비에 걸렸다. 소아마비가 빠르게 퍼지고 있다는 뉴스에 모든 공동체가 공포에 빠져 있던 시기, 에버스는 같은 지역에 사는 소아마비에 걸린 백인 여자 아이가 저명한 병원에서 치료받는 특권을 누렸다는 이야기를 들었다. 에버스는 평판이 의심스러운 지역 의사로부터 치료를 받았다.

"내 다리는 무릎이 구부러진 채 굳어서, 그걸 펼 수가 없었다. 의사는 그걸 그냥 잡아당겨서 다리를 폈는데, 모든 인대와 힘줄이 부서졌다. 정말 아팠다. 내 비명 소리가 조지아주 전체에 울려 퍼졌다. 나는 기억한다. 절대 잊지 않을 것이다."

그녀의 가족은 에버스가 더 나은 치료를 받길 바라는 마음에 필라델피아주에 거주하는 친구에게 보냈다. 에버스는 필라델피아주에서 재활치료와 수술, 더 나은 치료를 받았지만, 평판이 의심스러웠던 의사가 만들어놓은 상처는 그대로였다. [14]

장애의 역사는 계급, 인종과 교차하며, 시민권운동과 만나며 변화했는데, 그것은 소아마비 생존자의 삶에서 특히 명확하게 드러난다. 소아마비는 19세기 말 미국을 강타했다. 1916년은 미국에서 소아마비가 최초로 대규모로 퍼진 해였는데, 이때 2만 7,000명이 감염되고 6,000명이 사망한 것으로 추정된다. 급성회백수염Poliomyelitis이라고도 불리는 소아마비는 폴리오 바이러스가 중추신경계를 공격해 생겨난 질병이다. 오늘날 미국에서 소아마비는 근절되었지만, 한때 소아마비는 환자들을 격리시키던 엄청난 공포를 유발하던 질병이었다. 소아마비에서 살아남은 사람들은 중증 신체장애를 얻게 되는 경우가 많았다. 5~9세 어린이들이 가장 큰 영향을 받았다. 지역에 소아마비 환자가 생겨났다는 뉴스가 퍼지는 순간, 부모들이 아이를 보호하려 했고 동네 놀이터는 텅 비었다. 1916년 펜실베이니아주 공무원과 뉴저지주 패터슨 공무원들은 당시 가장 많은 수의 소아마비 환자가 발생한 뉴욕에서 시민들이 오는 것을 막기 위해서 도로를 봉쇄하기도 했다. [15]

어린이들에게 소아마비는 가족으로부터 격리된다는 것을

의미했다. 조지아주 시골 지역에 살던 장애를 가진 아프리카계 미국인 어린이였던 헨리에타 에버스는 필요한 의료 서비스를 받을 수 없었다. 에버스에게 소아마비는 더 나은 의료서비스를 받기 위해 필라델피아주에 있는 가족 친구의 집으로 가는 것을 뜻했다. 1939년 미네소타주 시골 지역의 6개월 된 백인 남자아이 리처드 마우스에게 소아마비는 미네소타주 세인트폴에 있는 장애 어린이를 위한 질레트 주립 병원에 입원한다는 것을 의미했다. 마우스가 병원에 머물던 314일 동안, 부모는 병동의 유리 창문을 통해서만 그를 볼 수 있었다. 마우스가 열다섯 살이 되기 전, 그는 "질레트에 7번 입원해서 938일을 병원에서 보냈고, 16번 수술을 받았다".[16] 이러한 상황에서 가족 간의 관계와 감정적 유대를 계속 유지하는 일은 대단히 어려웠다.

병원이나 재활시설에서 마우스처럼 소아마비에 걸린 어린이에게 꼭 필요했던 공동체가 만들어졌다. 그런 어린이들은 자신의 동네에서는 소아마비를 두려워하거나 장애를 불쾌하게 여기는 사람들로부터 종종 따돌림을 당했는데, 병원에서는 달랐다. 네 살부터 스무 살까지의 어린이와 청소년들은 병원에 입원해 있는 동안 중요한 감정적 관계를 구축했다. 종이를 뭉쳐 던지는 싸움, 은밀한 휠체어 경주, 파티, 시시덕거리기, 야간 베개 싸움 등은 흔한 일이었다. 아르비드 슈워츠는 자신과 친구들이 밤늦은 시간 너무나 시끄럽게 지내서, 간호사들로부터 "엄청나게 혼났던" 일을 기억하며 말했다.

"하지만 간호사들이 실제로 우리에게 무얼 할 수 있었겠어?"

그런 경험을 함께했던 시간들은 이후 놀라운 역할을 하기도 했는데, 역사학자인 수청 찬Sucheng Chan의 경우가 좋은 사례다. 그녀가 어린 시절 친구로 만났던 재닛 프란딘데스와는 수십년 뒤 어른이 되어 전문가로서 중요한 관계를 만들어나갔다. 그 둘은 모두 소아마비 생존자로서 신체장애를 가진 아이들을 위한 버스를 타고 학교를 오가며 함께 시간을 보냈었다.[17]

가장 유명한 소아마비 재활센터 중 하나는 조지아주 웜스프링스에 있는 루스벨트 웜스프링스 재활기관The Roosevelt Warm Springs Institute for Rehabilitation이었다. 이 기관은 1926년 프랭클린 델라노 루스벨트가 설립했다. 그는 1924년 처음 이곳 온천을 방문한 후부터 1945년 근처 집에서 사망할 때까지 웜스프링스에서 많은 시간을 보냈다. 1928년 뉴욕 주지사, 1932년 미국 대통령이 된 그에게 웜스프링스는 신체적·감정적으로 휴식할 수 있는 곳이었다. 루스벨트는 1921년에 소아마비에 걸렸고 이후 허리 아래가 마비되었다. 많은 사람들이 병에 걸리기 전 그의 모습을 알고 있는 상황에서, 주변인들은 루스벨트가 가진 장애를 최대한 숨기기로 공모했다. 웜스프링스에서 루스벨트는 자신의 장애를 인정하고 드러내면서 편안하게 지낼 수 있었다. 그곳에서 그는 휠체어와 마비된 다리와 자신이 개인 비서에게 의존하고 있는 모습을 숨기려는 어떤 노력도 할 필요가 없었다.[18]

7장. 우리는 양철컵을 원하는 게 아니다

1938년 루스벨트와 웜스프링스의 다른 이들은 소아마비를 위한 국가 재단을 설립한다. 훗날 '10센트의 행진March of Dime'으로 알려진 이 재단은 소아마비의 예방과 치료 연구를 위한 막대한 자금을 모금했는데, 여기에는 엘리자베스 케니 수녀가 지지한 치료법과 소아마비 백신의 개발이 포함되어 있었다. 또한 재단은 교정기, 휠체어, 철폐Iron Lung 를 비롯한 보조기구를 자신의 돈으로 구매할 수 없는 사람들에게 제공했다. [19]

당시 소아마비에 대한 일반적인 치료는 마비가 온 사지에 석고 붕대를 하는 것이었는데, 엘리자베스 케니 수녀(1880~1952)는 근육 경직을 줄이기 위해 온열치료와 수동 찜질을 병행할 것을 주장했다.

소아마비 환자의 호흡을 도와주는 도구. 몸통을 밀폐된 철로 된 통 안에 넣은 채, 기계를 통해 음압과 양압을 걸어 호흡을 돕는다.

루스벨트가 몇몇 부분을 디자인하기도 했던 웜스프링스의 시설은 장애인이 건물을 이용할 수 있도록 설계된 건축의 초창기 사례다. 오늘날 유니버설 디자인이라고 부르는 원칙에 따라 루스벨트와 다른 휠체어 이용자들이 쉽게 이용할 수 있도록 지어졌다. 그곳의 뜨거운 온천이 몸을 편안하게 해주기도 했지만, 그보다 중요한 것은 웜스프링스에서 생겨난 풍성한 공동체였다. 웜스프링스에서는 누구도 장애인을 흘겨보거나 곁눈질하지 않았다. 웜스프링스에서 휠체어와 보조기구는 일상이었다. 그곳에서는 평생 동안 함께 일하게 되는 전문가와 동료들을 만났고, 인생을 함께하는 친구와 연인이 생겨났다.

그러나 소아마비의 이념·경험·시설은 인종적 편견으로부터 자유롭지 않았다. 웜스프링스는 휴식처였지만, "장애인 엘리트

253

집단"을 위한 휴식처였다. 웜스프링스에서 아프리카계 미국인은 웨이터와 청소노동자로는 일할 수 있었지만 의사, 간호사, 행정직원으로 고용되어 일하거나 의료시설을 이용하지는 못했다. 실제로 20세기 초반 동안 전국적으로 의료·재활 전문가들은 아프리카계 미국인, 때때로 아시아계 미국인이 소아마비에 잘 걸리지 않는다는 잘못된 주장을 하며 그들을 시설에서 배제하고자 했다. 1936년 루스벨트 대통령이 선거운동을 하던 때, 흑인 민권운동 지도자들은 웜스프링스의 인종 분리에 주목하기 시작했다. 그들은 1944년 노스캐롤라이나주에서 소아마비가 널리 퍼졌을 때, '10센트의 행진'이 인종분리가 없는 의료시설에 자금을 지원한 사실에 찬사를 보내며, "왜 1년 내내 같은 일을 할 수 없는지" 물었다. 1939년, '10센트의 행진'은 [흑인을 주로 치료하는] 터스키기 연구소의 소아마비 센터에 자금을 지원했고, 1945년 엘리너 루스벨트의 계속된 요구에 따라 웜스프링스에서 인종분리가 철폐되었다. [20]

그러나 인종은 소아마비와 장애의 경험에 계속해서 지대한 영향을 미쳤다. 1960년 올림픽에서 3개의 금메달을 목에 건 윌마 루돌프Wilma Rudolph는 테네시에 살던 어린 시절, 자신의 소아마비를 치료하기 위해 80킬로미터가 넘는 거리를 흑인과 백인의 좌석을 구분해놓은 버스를 타고 다녔던 것을 기억했다. 1954년 5월, [공립학교의 인종 분리가 위헌이라는] 대법원의 브라운 대 교육부 판결이 내려졌던 바로 그 시기에, 조너스

소크가 개발한 소아마비 백신을 맞기 위해 흑인 어린이들은 자신들 학교가 아닌 백인 공립학교 밖에서 줄을 서야 했다. 흑인 어린이들은 [백신을 맞기 위해 찾아갔던] 학교 내 화장실과 음수대를 당연하게도 사용할 수 없었다. 1964년 백인과 흑인 대학생들이 미시시피주에 프리덤 라이더Freedom Riders 로 도착했을 때, 뉴잉글랜드에서 온 한 젊은 중산층 백인 남성은 한 여성을 만나고 끔찍한 충격을 받았다. 그녀는 다른 사람들

> 프리덤 라이더는 1960년대 흑백 인종분리에 항의하기 위해 흑인과 백인 젊은이들이 함께 장거리 버스를 타고 미국 남부 지역을 순회하고 다녔던 운동을 뜻한다.

처럼 서서는 면화를 주울 수 없어 무릎을 꿇고서 면화를 주으며 생계를 꾸려온 소아마비 생존자였다. 같은 해, 미시시피주의 소작인이자 민권운동가인 페니 루 해머가 유권자 등록 워크숍에 감히 참석하자 주 순찰대원들은 사람들이 해머를 타이어잭Tire Jack으로 폭행하게 했다. 그 과정에서 그녀는 여섯 살 때 앓았던 소아마비 후유증이 남은 왼쪽 몸을 보호하려 애썼다. [21] 장애가 인종문제와 교차하면서 경제적·정치적 생존을 극단적으로 어렵게 만들 수도 있었던 것이다.

그러나 소아마비 생존자들은 사회운동을 촉발시켰다. 소아마비 생존자 부모들의 요구로 장애아동에게 더 나은 교육을 제공하기 위한 수많은 교육 개혁이 이루어졌다.

어린 시절 소아마비를 앓고 살아남아, 장애를 가진 채로 성장한 젊은이들은 온전한 삶을 살길 원했다. 그리고 이 젊은이들은 자신들의 고집과 자신감 덕분에 장애인이 고등교육을 받

을 수 있는 길을 만들어냈다. 예를 들어, 훗날 뉴욕시의 장애인 사무소 소장이 된 앤 에머먼은 1958년 대학에 가고 싶다는 말을 했을 때, 사회복지사는 휠체어 사용자들에게 그런 꿈은 현실성이 없다며 말했다.

"그건 공상이야. 그리고 그런 공상은 정신병으로 이어지지."[22]

에머먼은 기어이 대학에 갔다. 장애인에게 시민으로서 모든 면에서 평등한 기회를 누리는 것은 중요했다. 그들은 외면받는 것을 거부했다.

1940년대 뉴저지주의 가정주부였던 로라 블로스필드는 애석하게도 고립에 익숙해져 있었다. 정신지체를 가지고 있다고 생각되는 많은 아이들의 부모처럼, 그녀의 삶은 "사회적으로 고립된 섬"이었다. 하지만 로라는 자신이 혼자가 아니라는 것을 알고 있었다. 1946년 10월 그녀는 지역 신문에 비슷한 상황에 처한 부모들을 찾는다는 공지를 냈다. "비슷한 상황의 모든 아이들을 돕기 위해 무엇인가를 하고, 궁극적으로는 각 부모가 자신의 아이들을 도울 수 있기를" 희망했다.

"그러므로 나는 정신지체 아동의 모든 부모들을 위한 조직 결성을 제안한다. 아마도 이 조직은 미국에서 첫 번째가 될 것이다." 머지않아, 그녀와 다른 두 명은 곧 지체아동을위한뉴저지부모모임을 결성했다.[23]

전후 시기 의사들은 부모에게 정신지체를 가진 아이를 시

7장. 우리는 양철컵을 원하는 게 아니다

설에 보내기를 권했다. 그 권고에 따랐던 많은 부모들은 그 아이에 대해 다시는 언급하지 않았고 그 존재를 삶에서 지웠다. 정신과 의사와 심리학자들은 그런 아이는 엄청난 돌봄을 요구하기 때문에 부모의 결혼 생활과 다른 아이들의 삶을 망칠 거라고 경고했다. 많은 부모들이 이 조언을 따랐다. 유명한 아동정신분석학자였던 에릭 에릭슨과 그의 아내 조앤은 정신지체를 가진 아기가 태어난 후 시설에 보냈고, 나머지 자녀들에겐 아기가 태어나자마자 죽었다고 말했다. [24]

의료전문가들의 끔찍한 예측과 믿기 어려울 정도의 사회적 압박에도 불구하고, 몇몇 부모들은 자신의 아이들과 가족들을 대표해 인지장애와 관련된 사회적 낙인을 거부하는 활동을 조직하고 활동하기 시작했다. [25] 벽장Closet에서 세상으로 나온 부모들은 [인지장애 아동들이] 적절한 교육과 삶의 기회를 박탈당하고 있으며, 그 가족들에 대한 지원이 부족하다고 주장하며 전국적인 관심을 환기시켰다. 1950년 퓰리처상과 노벨문학상을 모두 수상한 작가 펄 벅은 그녀의 딸 캐럴에 대한 책『자라지 않는 아이The Child Who Never Grew』를 출판했다. 벅은 캐럴을 부끄러운 존재가 아닌 순수하고 기쁨에 찬 아이로 묘사했다. 1953년, 배우이자 복음주의 기독교 신자였던 데일 에번스는 두 살에 세상을 떠난 인지장애를 가졌던 자신의 딸 로빈에 대한 책『천사인 줄도 모르고Angel Unaware』를 출판했다. 에번스는 로빈이 형벌이 아니라, "우리를 영적으로 더 강하게 해준, 하느

님의 지식과 사랑과 안내 속에서 더욱더 하나가 될 수 있게 해
준" 하늘이 내려준 선물이었다고 썼다. 인지장애가 가족의 유
전자에 결함이 있다는 걸 보여준다던 우생학자들의 주장은 케
네디 가문이 (최소한 그들 중 몇몇은) 인지장애를 가지고 있는 케
네디 대통령의 동생인 로즈메리 케네디를 인정하고 그 장애의
원인을 수용하기로 하면서 더욱 대중적으로 힘을 잃기 시작했
다. 1962년 케네디의 또 다른 동생인 유니스 케네디 슈라이버
는《선데이이브닝포스트》에 다음과 같은 글을 썼다. "정신지체
는 어느 가정에서도 생겨날 수 있다. 가난한 가정과 부유한 가
정, 주지사, 상원의원, 노벨상 수상자, 의사, 변호사, 작가, 천재,
회사의 대표 그리고 미국 대통령의 가정에서도 정신지체는 발
생할 수 있다." [26]

　　자원봉사를 하는 어머니들에 의해 힘을 얻어 여러 지역에
서 부모모임이 결성되었고, 그 모임들은 1952년 마침내 지체
아동을위한전국연합의 결성으로 이어졌다. 1964년, 회원수는
1만 명에 달했는데, 거의 모든 사람이 부모였다. 미네소타주
의 어머니들은 전국적으로 다른 많은 어머니들과 함께 영민하
고 전문적인 로비스트가 되었다. 이들은 남성 입법자들의 여
성 비서들과 친구가 되기 위해 적극적으로 노력했고, 1963년
에는 입법자들의 부인 4명을 데리고 주립 병원 순회를 했다.
1974년 그 조직은 인지장애를 가진 사람들은 영원히 어린이인
채로 살아간다는 편견을 깨기 위해 지체시민을위한전국연합

NARC, National Association for Retarded Citizens 으로 단체명을 바꾸었다. 1992년, 단체명은 더 단순하게 'The Arc'로 변경되었는데, 이는 "정신지체Mental Retardation"라는 용어 자체를 없애기 위한 것뿐 아니라 발달·인지장애를 가진 사람들이 조직에서 발휘하는 리더십과 활동을 인정하기 위함이었다.[27]

부모모임은 인지장애를 가진 사람들의 시설과 교육 환경을 변화시켰고, 언론의 충격적인 보도 역시 변화를 만드는 데 기여했다. 장애인 수용시설의 끔찍한 환경을 조명하는 이야기는 새로운 게 아니었다. 1840년대와 1850년대 도러시아 딕스는 비슷한 전략을 사용했다. 기자인 넬리 블라이Nellie Bly는 블랙웰섬의 유명한 정신이상자 수용소에 위장한 상태로 들어가, 1888년 『매드하우스에서의 10일Ten Days in a Madhouse』이라는 책을 쓰는 것으로 자신의 경력을 시작했다.

1940년대 중후반, 활동가들은(많은 사람이 우연하게 활동가가 되었다) 미국에서 정신질환과 지적장애를 가진 사람들을 위한 시설이 얼마나 끔찍하고 불결하고 잔인한지 조명했다. 제2차 세계대전이 시작되면서 그 시설에서 일하던 많은 사람들이 떠나갔다. 많은 남성들이 전쟁에 나갔고, 전쟁에 나가지 않은 남성과 여성들은 노동환경이 더 좋고 임금이 더 높은 전시 군수산업 공장에서 일했다. 동시에 연방정부는 거의 1만 2,000명에 달하는 양심적 병역거부자들을 공공 서비스에서 일하게 만들었다. 3,000명에 달하는 병역거부자가 인지·발달 장애를 가진 사람들이 다수 포함되어 있는 정신병원과 훈련학교에 배정되었다.

장애학자 스티븐 테일러가 언급했듯이, 그들의 노동은 힘겨운 것이었다.

"하루에 10시간 일하는 경우도 흔했다. 가장 심각한 장애를 가진 경우를 포함해 350명에 가까운 환자를 1~3명의 남성들이 담당해야 했다."

신체를 구속하는 도구 사용과 그 잔인함은 많은 양심적 병역거부자들의 "인도적이고 평화적인 신념"과 충돌했다. 몇몇 젊은이들은 정신병원과 훈련학교와 같은 수용시설에서 충격적인 경험을 하고 난 후 사회를 변화시키기로 결심했고, 지역 신문, 지역 지도자, 학계, 미국 문화와 정치에서 유명한 사람들에게 수용시설의 상황에 대해 알렸다. 그들의 경험은 1947년 프랭크 리언 라이트가 쓰고 엘리너 루스벨트가 그녀의 "나의 오늘" 칼럼에서 칭찬했던 책 『눈에서 멀어지면, 마음에서 사라진다』에 기록되어 있다. 사진과 아름다운 산문이 실린 그 책은 너무나 많은 사람들이 시설에 수용되어 매일같이 경험해야 했던 무자비함, 잔인함, 방치, 경멸에 주목하게 만들었다.[28]

『연옥에서의 크리스마스Christmas in Purgatory』(1966)는 더욱 성공적인 폭로였다. 1965년 로버트 케네디 상원의원은 아무런 예고 없이 뉴욕 수용시설을 방문했는데, 이 사실이 대중에게 널리 알려졌다. 그 직후, 보스턴대의 버튼 블랫Burton Blatt 교

7장. 우리는 양철컵을 원하는 게 아니다

수와 사진작가인 그의 친구 프레드 캐플런Fred Kaplan은 정신질환과 인지장애를 가진 사람들을 위한 뉴잉글랜드 주립 시설 네 곳을 방문했다. 그 둘은 몰래 사진을 찍어 그 내용을 사진집으로 발간했다. 『연옥에서의 크리스마스』에 실린 삭막한 흑백 이미지들은 오늘날까지도 보기 고통스럽다. 책에는 황폐하고 과밀 수용된 환경에서 완전히 혹은 반쯤 벌거벗은 사람들, 그저 직원의 일을 줄이고자 남용되는 신체 구속구, 일상적으로 자행되는 멸시를 보여준다. 블랫은 이후 한 주립학교에서 개최된 매사추세츠주 의회에서 초청 연설을 하게 되는데, 그 이후 그는 더욱 시설 개혁을 소망하게 되었다.[29]

그러나 1979년 블랫은 시설 개혁을 포기한다. 그는 직설적으로 결론을 말했다. "우리는 정신지체자 수용시설을 폐쇄해야 합니다."[30] 이후 블랫과 사람들은 탈시설 운동에 힘을 쏟는다.

제2차 세계대전과 장애인의 경험

제2차 세계대전 동안에, 전쟁터가 아닌 국내에 있던 사람들은 희생을 요구받았다. 그들은 직접 먹거리를 재배하고 고기 없이 식사를 하고, 실크 없이 옷을 입었다. 깡통을 재활용하고, 종종 안 해봤던 일을 시작했고, 사랑하는 군인들에게 편지와 위문품을 보냈으며, 죽은 이들을 애도했다. 젊은 남성들을 전쟁에 내

당시 미국 여성들은 외부활동을 할 때 실크스타킹을 비롯해 실크가 들어간 옷감을 착용하는 경우가 많았다.

보낸 아프리카계 미국인 공동체는 왜 자신들에게 목숨을 바치는 희생을 요구하면서 전시산업 일자리나 시민권에 대해서는 제한하고 차별하는지에 의문을 제기했다. 능력 있는 몸을 가진 백인 여성들 역시 같은 의문을 품었다.

제2차 세계대전은 장애인 공동체에 크고 심각한 영향을 미쳤다. 전시 연방정부 정책이 표면적으로는 일자리 수요를 충족시키기 위해 고안되었지만, 그것이 인종과 성별을 가리지 않고 장애인들을 일자리에서 몰아내는 역설적인 결과를 낳기도 했기 때문이다. 동시에 정부의 어떤 산업정책은 전시 위기 상황에서의 요구를 충족시키기 위해 장애인의 고용을 권장하기도 했다. 과거 다른 전쟁 때와 마찬가지로, 제2차 세계대전의 결과, 장애를 가진 미국인들은 대폭 늘어났다.

1942년 10월, 독일군이 스탈린그라드를 공격하고 미군이 과달카날에 상륙하던 시기, 콜로라도주 푸에블로의 베이 크로켓은 대통령에게 도움을 청했다. 크로켓은 1918년 허리를 크게 다쳐 한 블록 이상을 걷기 어려웠고 목발을 사용하며 지냈는데, 그는 꽤 오랫동안 자신의 아내와 아이들을 부양했다. 크로켓은 자신이 그 역할을 감당해왔다는 사실을 자랑스러워했다. 그런데 크로켓이 계속해 가족을 부양하려면 자동차를 사용해야 했다. 그는 대통령에게 자신이 일하기 위해서는 배급된 것보다 더 많은 자동차 기름 쿠폰이 필요한 데, 무엇을 할 수 있을지 물었다. 전시 상황에서 타이어와 자동차 기름 배급이 예상치 못하게 줄어들면서, 크로켓은 이동 장애가 있던 다른 많은 사람들과 마찬가지로 직장을 잃게 될 것을 두려워했다. 일하기 위해 걸을 수 없는 그가 어떻게 해야 지속해서 가족을 부양할 수 있을까? 크로켓이나 비슷한 상황에 처한 다른 사람들은 추가적으로 기름을 배급받을 수 있었을까? [31]

캘리포니아주 로스알토스의 빅터 리도 장애인이 기차, 버스, 시내 전차를 이용할 수 없던 상황을 지적하며 질문했다.

"타이어 배급 정책 때문에 장애인에게 무슨 일이 일어날 것인가? 의사가 정식으로 인정한 진짜 장애인의 경우에는 자동차 타이어 구매를 예외적으로 허가해야 하지 않을까? 즐거움이 거의 없는 사람들이 삶을 견딜 수 있게 하는 데, 그리 많은 양의 고무가 필요하지는 않을 것이다."[32]

줄리아 오브라이언은 새 타이어를 얻기 위해 문의했지만, 지역과 주 청원위원회는 서로에게 그 책임을 미뤘다. 오브라이언은 심각한 좌절 속에서 백악관에 편지를 썼다. 그녀가 루스벨트 대통령에게 편지를 썼던 이유는 본인의 말을 빌리면 "당신은 자신의 날개가 꺾인다는 게 어떤 의미인지 알기" 때문이었다. 다섯 살 때 걸렸던 소아마비로 인해, 오브라이언은 걸을 수 없었다. 21년이 넘는 시간 동안 그녀는 지역 학교에서 영어를 가르쳤고 영어과 학과장을 맡기도 하며 "바쁘고 적극적인 삶"을 살았다. 오브라이언은 "내가 자동차로 이동할 수 없었다면 불가능했을 일이다"라고 편지에 써 보냈다. 1942년 그녀의 타이어는 이미 6만 킬로미터를 넘게 달린 상태였기에, 오브라이언은 어느 날 타이어가 "터지고" "교체할 타이어가 없는 상황을" 걱정했다. 청원을 제기하는 과정에서 모든 요청이 거부당했던 경험과 한 직원이 허울 좋게 건넸던 "전쟁 중에는 희생이 필요하다는 쓸데없는 말"은 오브라이언을 분노하게 했다.[33]

"희생" 그녀는 말했다.

"나는 그 단어의 뜻을 잘 알고 있다! 25년을 살아가며 내 분야에서 계속해서 경쟁하며 일했고, 내가 다리를 전다는 이유로 한 번도 특별한 배려를 부탁한 적도 받은 적도 없었다."

또다시 타이어 추가 배급을 거부당한 뒤에, 그녀는 편지에 이렇게 썼다.

"새 학기를 시작하면서, 배급위원회Rationing Board가 그리도 합리적Rational으로 대하는 군수산업 노동자들이 도리어 부럽습니다. 그야말로 남자들 세상이군요. 우리 여자들이 '남자들이 세상을 아주 개판으로 만들고 있구먼!'이라고 말해도 할 말 없으시겠어요."[34]

일자리가 필요하고 구직이 권장되던 시기였지만, 전시 배급 정책은 공동체에 기여하고 가족을 부양하기 위해 일하고자 했던 장애인의 발목을 잡았다. 얼마나 많은 사람들이 영향을 받았는지는 불확실하다. 명백한 반대 증거가 있었음에도 불구하고, 정부고용프로그램, 공공과 민간 구제 기관, 일반 대중은 장애인들이 임금노동을 하지 않았고 할 수도 없다고 간주했다.

장애인의 구직을 좌절시켰던 이러한 정책들이 시행되는 동안, 또 한편으로는 장애인을 임금노동자로 만들기 위한 연방 정부와 산업계의 정책이 동시에 진행되었다. 이 두 가지 입장은 모두 장애인들이 아직 임금 노동을 하고 있지 않았다는 잘못된 전제를 가지고 있었다. 그러나 제2차 세계대전 동안 "노동자에 대한 수요가 예외적으로 늘어나면서, 생산성의 측면에서 인상적인 경력을 가진 장애 노동자들을 고용하는 경우가 상당한 수준으로 늘어나기 시작했다". 전쟁 중 민간기업을 떠나 정부와 군대에서 일하는 남성과 여성이 늘어나고 전시산업이 급격히 성장하자, 정부기관은 장애인 고용을 권장하기 시작했다. 정부 고용청이 장애인 일자리를 알선한 숫자는 "1940년 2만 8,000명에서 1945년 30만 명으로 증가했고, 1940년과 1950년 사이 총 알선 횟수가 200만 회에 달했다.[35] 민간 기업들도 이러한 노력에 동참했다.

1942년 초, 클리블랜드불구어린이협회는(이 협회는 훗날 '이스터실즈Easter Seals'라는 단체가 된다) "신체장애인"을 "전면적인 전쟁 상황에서 노동력 공급을 위한 중요한 자원"이라고 주장했다. 협회가 찾아갔던 클래블랜드 직업소개소는 "심각한 장애를 가진 10명 중 8명"을 "산업에서 유용한 일자리"에 이미 알선하고 있었다. 협회는 진주만에서 폭탄이 터지기 전까지 고용알선 프로그램은 일반적으로 "장애인을 위한 공동체 서비스"로 여겨졌다고 고백했다. 그러나 진주만 공습 이후로, 그 프로그램은 국가의 전시상황에 따른 필요를 충족시키는 애국적인 활동이 되었다. 장애인 일자리 알선 프로그램은 훨씬 더 큰 의미를 가지게 되었다. "장애 남성과 여성은 적극적인 군 복무를 위해서 준비되어 있어야 한다. 그들이 민주주의와 자유를 수호하기 위해 필요한 비행기, 탱크, 총을 만드는 공장의 수많은 새로운 일을 담당할 수 있도록 훈련을 받아야 한다."[36] 국가는 장애 시민을 필요로 했다.

클리블랜드 직업소개소는 존 밀러드의 사례를 홍보했다. 그들은 "누구도 의족을 가진 사람을 고용하고 싶어 하지 않았기에 지난 8년간 [존 밀러드는] 일자리를 찾을 수 없었다"라고 설명했다. 지역의 한 고용주는 정부의 권고에 따라 밀러드를 조립라인에 고용했다. 밀러드는 자신이 "효율적인 노동자"라는 점을 증명했고, 그 결과 "다섯 명의 다른 장애인이 이 부서에 추가적으로 고용되었다". 아내와 여섯 아이가 있는 밀러드에게 일할 수 있다는 것은 분명 안도감과 함께 전율을 주었을 것이다. 다른 성공 사례는 "척추 기형이 있는 소녀"가 "해군 신호장비를 생산하는 큰 공장에서 가장 뛰어난 노동자 중 한 명으로" 일했다는 것이다. "태어날 때부터 양손에 기형이 있었던" 남자는 군 운송 트럭에 사용되는 금속을 검사했고, "목발을 사용하는 한 소년"은 비행기 설계도의 초안을 잡았다.[37]

많은 장애인에게, 전시 일자리는 국가적 위기의 한가운데서 국가를 위해 일하고 있다는 자존감과 안정적인 소득을 제공했다. 갈로뎃 대학의 농인 졸업생인 메이 커티스는 펜타곤에서 타자수Typist로 일하고, B-29 폭격기의 동체를 제작하는 일도 했다. 커티스는 농인 활동가이자 시인인 캐티 울프와 인터뷰했을 때, "역사책에 나오지는 않지만, 나는 농인 로지예요!"라고 말했다. [38]

당시 공장에서 일하던 수많은 여성들을 '리벳공 로지Rosie the Riveters'라고 불렀는데, 전시산업에서 일했던 그들은 자신들이 전쟁 수행 과정에서 기여한 바를 자랑스러워할 자격이 있었다. 전시 산업의 노동은 위험했고, 사고로 인해 장애 혹은 사망에 이르는 경우도 많았다. 역사학자 앤드루 커스텐Andrew Kersten이 말했듯이, "제2차 세계대전이 발발하고 첫 몇 년간 미국인들은 전쟁터에 있는 것이 민주주의 무기고인 국내에서 일하던 것보다 안전했다". 산업재해는 새로운 것이 아니었고, 19세기 미국 산재 사고율은 다른 산업화된 국가들보다 더 높았었다. 그러나 전쟁이 시작되고 전시산업이 급속히 확장되며, 사고율은 심지어 그보다 더 증가했다. [39] 사고가 나면 노동자들의 부주의함을 탓했고, 장애인 퇴역군인들을 위해 준비된 영웅적인 찬사는 일하다가 장애인이 된 시민에게는 적용되지 않았다. 더 많은 역사 연구가 필요하지만, 장애를 가진 노동자들이 산재를 당하면, 그들과 그들의 장애가 함께 비난받았던 것으로 보인다.

과거 전쟁들이 그랬던 것처럼 제2차 세계대전도 장애 시민의 고용과 활동보조, 그들의 권리와 젠더에 따른 역할에 대한 공적인 토론을 진전시켰다. 제1차 세계대전 이후, 국회는 장애인 퇴역군인에게 직업훈련을 제공하는 법안을 통과시켰다. 1920년 스미스-페스 법Smith-Fess Act은 장애를 가진 민간인을 위한 비슷한 직업 훈련 프로그램을 마련했다. 1943년 바든-라폴레트 법Barden-LaFollette Act은 이러한 정책을 상당 부분 확장해서 육체적인 직업 훈련, 고등 교육 기회, 신체 재활 서비스 등을 제공했다. [40]

그러한 교육, 고용 정책과 여러 프로그램이 만들어지는 과정에서는 시민의 권리와 정부의 역할에 대한 논쟁이 있었다. 장애인은 노동할 권리가 있는가? 장애는 자선으로 해결할 사안인가? 고용주들은 장애, 인종, 성별에 따라 고용을 제한할 수 있는가? 국가는 그 시민들의 교육, 주거, 고용에 동등한 접근을 보장하고 창조하고자 어떤 의무를 졌는가? 1944년 영국은 20명 이상을 고용한 고용주의 경우, 고용인원의 최소 3퍼센트를 장애인으로 채워야 한다는 할당 정책을 채택했다. 이러한 정책은 미국에서 결코 심각하게 논의된 적이 없었다. 1940년대 초 의회의 몇몇 정치인들이 장애인 고용차별을 금지하는 법안을 통과시키려 했지만 제대로 된 논의조차 없이 거절당했다. [41]

장애 간 활동가 조직이었던 미국신체장애인연합AFPH, American Federation of the Physically Handicapped과 폴 스트래챈은 장애인이 일자리와 교육을 포함한 사회의 모든 영역에 접근할 수 있는 권리를 가지고 있다고 강하게 주장했다. 스트래챈은

1945년 트루먼 대통령이 제정한 신체장애인고용주간National Employ the Physically Handicapped Week의 아버지로 기억되곤 한다. 오늘날의 눈으로, 언뜻 바라보면 스트래챈의 이러한 주장을 당연하고 단순한 것으로 치부하기 쉽다.

그러나 스트래챈은 장애를 사회복지나 개인의 문제가 아니라 권리의 문제로 이해했다. 당시 떠오르던 재활전문가들이 그랬던 것처럼 개인에 초점을 맞춰 자신의 장애에 감정적·신체적으로 "적응Adjustment"하는 것보다는, 장애인을 배제하는 사회구조와 행태를 바꾸는 정책과 프로그램을 요구했다. 스트래챈은 장애가 계급과 노동 문제라고 주장했다. 일할 수 없는 이들을 위한 안정적인 연금 혹은 고용을 통해서, 장애인이 경제적으로 안정적인 삶을 사는 것이 가장 중요한 문제였다. 예를 들어, 그는 장애인이 독립적으로 살기 위해서 퇴역군인들이 받았던 것과 같은 주거와 교육을 위한 이자율이 낮은 대출이 필요하다고 했다. 스트래챈은 영국이 채택했던 장애인에 대한 적극적 우대조치Affirmative Action의 한 형태인 고용할당제를 시행할 것을 촉구했다.[42]

1940년 스트래챈은 노동조합 조직가로서 자신의 경험을 이용해 미국의 첫 장애 간 운동가 조직인 미국신체장애인연합을 창설했다. 스트래챈은 농인 공동체의 활동가였지만(그리고 몇몇 농인 운동 단체의 반대에도 불구하고), 그는 미국신체장애인연합이 다양한 장애인(맹인, 농인, 난청인, 심장질환이나 결핵을 가지고 있는 사람, 관절염이나 뇌전증을 가진 사람, 소아마비를 가지고 있는 사람, 당뇨를 가지고 있거나 사지가 절단되었거나 뇌성마비를 가지고 있는 사람)을 모두 받아들여야 한다고 주장했다.

"왜, 도대체 왜, 아직까지도 수백만 명의 장애인에 대한 비이성적이고 부당한 편견이 존재하는가? 우리가 갈망하는 것이 시민이자 장애인으로서 자신의 권리를 정당하게 인정받고 그것들을 누리는 일이라는 것을, 그 인정 속에서 나오는 편안함과 안전함이라는 것을 왜 기업과 대중은 깨닫지 못하는가?"

역사학자 오드라 제닝스가 적었듯이, "미국신체장애인연합은 고용차별과 단편적이고 체계적이지 못한 연방정부 장애 프로그램으로 생겨난 실업과 경제적 불안정성이 장애인들이 직면한 핵심 문제라고 보았다". 그 자금의 대부분이 장애가 미국 노동자의 문제라는 점을 인식한 노동조합에서 나왔다. 미국신체장애인연합은 더 나은 노동자 안전과 공중보건을 통해 장애를 예방하는 동시에 건물에 장애인이 접근할 수 있도록 정책을 만들 것을 촉구했다. 또한 중요한 것은 조직의 구성원들이 소풍, 스포츠 행사, 카드 파티, 그리고 심지어 결혼에서도 서로의 파트너가 되었다는 점이다. 1946년 미국신체장애인연합은 89개 도시에 지부를 가지고 있었다.[43]

스트래챈의 캠페인은 제2차 세계대전 이후, 장애운동과 노동운동이 교차하던 방식을 보여준다. 스트래챈, 미국신체장애인연합, 노동부, 조직된 노동자들은 다 함께 장애인과 그 가족

다양한 장애를 가진 이들이 함께 연대해서 싸워야 한다고 믿었던 폴 스트래챈은 동정과 시혜가 아니라 차별과 권리의 언어를 사용했다. 스트래챈은 1945년 트루먼 대통령이 신체장애인고용주간을 제정하게 만드는 데 결정적인 역할을 했다. 사진은 1951년 신체장애인고용주간 포스터이다.

의 삶의 질을 보장하기 위한 최선의 수단으로 안전한 임금노동을 강조하는 연방정부 장애정책을 지지했다. 그들은 사회와 고용주의 태도를 바꾸는 게 아니라 개인을 바꾸고자 하는 의료적 재활과 필요에 맞춘 자선 서비스를 반대했다. 또한 그들은 연방직업안정국Federal Security Administration 보다 노동부가 고용문제와 노동시장을 더 잘 이해하고 있다고 주장했다.

이러한 정치적 맥락에서, 노동운동가들과 장애활동가 조직은 신체장애인고용주간을 포함한 장애인과 관련된 연장정부 프로그램을 노동부로 가져오고자 했다. 하지만, 연방직업안정국이 직업재활사무소를 감독했다. 그곳엔 공식적인 일자리 알선 프로그램이 없었고 상대적으로 알선 성공률도 낮았다. 직업재활 사무소는 장애가 심각하다고 여겨지는 사람들을 거절했다는 이유로 비판받았고, 일자리 알선 해당 여부를 판단하기 위해 사용한 방대한 분량의 질문지 때문에("정신과 검사부터 성병 확인 그리고 인생사 검토까지") 많은 사람들은 그들의 활동이 자선사업이라고 생각했다.[44] 노동조합은 그 구성원들뿐 아니라 후원금과 로비를 통해 스트래챈과 미국신체장애인연합을 지지했고, 노동부와 고참 활동가들도 그러했다. 사실, 그들은 점차적으로 권리, 차별, 편견, 시민권과 같은 용어를 사용해 임금노동이 권리이고 장애인의 삶을 보장해주는 열쇠라고 주장했다.

예를 들어, 이오지마 전투에서 미 해병대 지휘관이었고 이

7장. 우리는 양철컵을 원하는 게 아니다

후 노동부에서 일하게 된 그레이브 어스킨Grae B. Erskine 장군과 레슬리 슈엘렌바흐 노동부 장관은 1946년 스트래챈의 주장에 뜻을 함께했다. 어스킨은 전쟁 중 83퍼센트의 산업이 장애인을 고용한 적이 있는데, "이 노동자들은 생산성이 비슷하거나 더 높은데, 이직률과 결근율은 더 낮다"라고 지적했다. 이제 "전쟁과 전시 산업으로 인해" 장애를 갖게 된 이들은 잊히고 있으며, "장애인보다 장애가 없는 노동자들을 더 선호하는 뚜렷한 경향이 드러나고 있다"라고 말했다. 그는 계속해서 그해 6월 한 달 동안을 기준으로 재활 고용서비스는 장애인 퇴역군인 21명 중 오직 1명꼴로만 안정적인 일자리를 찾게 해주었다고 지적했다. 슈엘렌바흐는 실업 상태인 25만 명의 장애인 퇴역군인을 언급하며, 다음과 같이 말했다.

"이들 중 대다수는 가장 용기 있는 사람들이다. 이들이 고용주의 차별과 이기심으로 인해 고통받고 있다는 것보다 더 부조리한 일은 없다. 기업들과 노동계, 그리고 모든 민간인은 이러한 부끄러운 상황을 인지해야 한다."[45]

1952년 스트래챈은 신체장애인고용주간을 후원하는 대통령 위원회에서 사임했다. 그는 할 만큼 했다. 스트래챈은 좌절 속에서 적었다.

"위원회는 '많은 선량한 사람들, 사회복지사 그리고 그런 사람들'로 가득 차 있었고, 그들 중 대다수가 '이 세상에서 장애인을 위해서라면 무엇이든 하겠다. 다만 그들이 내 몫을 빼앗아 가지만 않는다면'이라고 생각한다는 걸 우리 장애인은 쓸쓸한 경험으로부터 잘 알고 있다."

미국신체장애인연합과 조직된 노동자들의 계속된 노력에도 불구하고, 장애에 대한 의학적 접근은 계속해서 연방정부 정책과 프로그램을 지배했다. 장애와 관련된 업무는 노동부가 아닌 연방직업안정국이, 그리고 나중에는 보건교육복지부가 관리했다.[46]

제2차 세계대전 이후 장애를 개인적이고 의학적인 비극으로 이해하는 관점에 반대했던 또 다른 조직은 맹인퇴역군인연합이었다. 전쟁을 거치며 전투·질병·사고로 인해 대략 1,400명의 군인이 시력을 잃었다. 이 조직은 1945년 입원과 재활 프로그램의 경험을 공유한 맹인 퇴역군인들에 의해서 결성되었다. 미국신체장애인연합처럼 맹인퇴역군인연합은 더 나은 재활과 고용 프로그램을 요구했고, 그 프로그램에 맹인들이 물리적으로 접근할 수 있기를 원했으며, 프로그램을 만들고 운영하는 일에 맹인들이 주도적인 역할을 하기를 요구했다. 맹인퇴역군인연합의 설립자 중 한 명이었던 러셀 윌리엄스는 당시 기준으로 맹인을 위한 가장 적극적인 자립생활과 이동 훈련 프로그램을 만들었다. 일반적으로 맹인 퇴역군인들은 "같은 세대의 맹인 민간인들과 비교해서 맹인보다는 비맹인 친구들과 더 어울렸고" 종종 하얀 지팡이를 이용하기보다는 비맹인인 그들 아내의 도움을 받고자 했다. 반면에, 윌리엄스와 맹인퇴역군인연합

7장. 우리는 양철컵을 원하는 게 아니다

이 일리노이주 하인스의 퇴역군인 행정 병원에서 조직한 재활 프로그램은 혼자 이동하고, 하얀 지팡이를 사용하며 일하는 것을 권장했다. [47] 미국신체장애인연합과 같이 맹인퇴역군인연합은 차별과 권리의 언어를 사용했다.

맹인퇴역군인연합은 모든 맹인 퇴역군인의 연대를 권장했고 그것이 이 조직을 특별하게 만들었다. 당시 가장 큰 퇴역군인들의 조직, 예를 들어 미국군단, 해외전쟁퇴역군인회, 미국장애퇴역군인회 같은 곳들은 아프리카계 미국인을 배제하거나 인종별로 다른 조직을 만들길 장려했다. 이와는 반대로, 맹인퇴역군인연합은 모든 흑인과 유대인 퇴역군인을 적극적으로 환영했고, 인종주의와 반유대주의에 맞섰다. 아프리카계 미국인 퇴역군인인 아이작 우다드Isaac Woodard가 사우스캐롤라이나주를 거쳐 자신의 집으로 가던 중 훈장이 달려 있는 군복을 입은 채 백인 경찰에 의해 잔인하게 폭행당하고 시력을 잃게 되었을 때, 맹인퇴역군인연합은 그를 위해 모금을 진행했다.

역사학자 데이비드 거버와 로버트 제퍼슨은 둘 모두 맹인퇴역군인연합의 사람들이 재활과 공동체 재통합과정을 거치면서, 자기 내면의 비장애중심주의에 맞서 투쟁해야 했었다고 주장한다. 장애와 종종 닿아 있는 낙인을 거부하면서, 맹인 퇴역군인인 흑인과 백인은 인종과 장애의 연관성을 이해하게 되었다. 제퍼슨이 말했듯이, "그들은 인종과 장애를 개인적 비극과 모욕의 표시가 아니라, 집단 간 사회적 정치적 불평등을 정당화하는 데 사용된 사회적 표식임을 이해했다". 1951년 출판된 소설 『소등Lights Out』(대다수의 맹인퇴역군인연합 발기인들이 모여 있던 코네티컷주의 올드팜스요양병원Old Farms Convalescent Hospital의 이야기를 다루고 있다)은 이러한 학습경험을 보여준다. 훗날 영화로 만들어진 이 이야기는 맹인 퇴역군인 래리 나이번의 경험에 바탕을 두고 있다. 나이번은 그가 친구로 받아들였던 맹인 동료 군인인 조 모건이 아프리카계 미국인이었다는 사실을 깨닫고 자신의 편견과 직면하게 된다. 나이번은 맹으로 인한 좌절 속에서 자신의 비장애중심주의와 씨름하고 동시에 동료 퇴역군인을 거부하는 자신의 인종주의와 씨름한다. 나이번은 마침내 모건과의 우정을 새로이 하고 자신의 장애와 함께 성공적으로 함께 살아가는 법을 배운다. [48]

제2차 세계대전 직후 수십 년간 권리, 차별, 시민권의 언어와 이념이 장애에 대한 논의를 지배했다. 장애인 단체, 종교기관, 노동조합에서 그리고 인종과 젠더 불평등 문제와 관련해서, 장애인들은 자신들이 사회에 적응하거나 사회로부터 물러나야 한다는 생각을 점점 거부하기 시작했다. 대신 그들은 사회정책, 고용 관행, 건축, 문화적 태도, 교육 등 사회 전 분야에 깊게 스며든, 장애인을 본질적으로 바람직하지 않고 결핍된 사람으로 바라보는 비장애중심주의가 바뀌어야 한다고 주장했다. 편견과 차별은 용납될 수 없는 것이었다. [49]

장애 운동가들은 보다 효과적으로 사람들을 조직하고 사

회운동을 하기 위해, 새롭고 중요한 두 이념에 조금씩 다가갔다. 운동가들은, 천천히, 주저하면서, 다양한 스펙트럼의 장애를 가진 사람들이 낙인과 차별이라는 공동의 경험을 가지고 있다고 주장하기 시작했다. 사람들은 장애 사이에 위계를 만드는 것이 '자신은 진짜로 장애를 가진 사람이 아니기에 차별받거나 따돌림을 당해서는 안 된다'라고 주장하는 소수에게 도움이 될지는 모르지만, 그것은 비장애중심주의를 일반적으로 정당화하고 강화하는 것이라고 선언하기 시작했다. 또한 운동가들은 비장애중심주의, 성차별주의, 인종주의 사이의 관계를 탐구하기 시작했다. 맹인퇴역군인연합이 배웠던 것처럼 어떤 신체적 차이(인종과 같은)에 따른 위계관계를 받아들이면서, 또 다른 신체적 차이(장애와 같은)에 따른 위계관계를 부정한다는 것은 이념적으로 (그리고 아마도 윤리적으로) 일관되지 못할 뿐 아니라 조직화에도 효과적이지 않았다. 그러나 이 두 교훈을 배우는 일은 쉽지 않았다. 인종주의, 성차별주의, 계급주의, 이성애중심주의를 배우지 않는 것은 어려운 일이었고, 이는 장애간Cross-Disability 조직화의 발목을 잡았다.

이러한 지적·조직적 활동은 이후 수십 년간 장애 권리 운동이 발전하기 위한 토대를 마련해주었다.

8장

난 운동가인

것 같다.

운동은

마음을 주는

일이라

생각한다

: 권리와 부정된 권리,

1968년 이후

1970년 여름, 로버트 페인은 그의 동료 세 명과 함께 투옥됐다. 넷은 모두 장애를 가진 탄광 노동자이자 '남부 웨스트버지니아주 장애광부와과부모임The Disabled Miners and Widows of Southern West Virginia'의 회원이었다. 페인은 인디애나주, 테네시주, 오하이오주, 켄터키주, 웨스트버지니아주를 거쳐 4만 명의 탄광 노동자들와 함께하는 거대한 파업을 이끄는 와중에 법정모욕죄로 유죄 선고를 받았다. 그는 이후에 교도소에서 보낸 14일에 대해 "난 무섭지 않았다. 지금도 두렵지 않다. 내게는 싸워야 할 이유가 있었다"라고 말했다. 그는 자신과 동료 장애광부들은 "학대받거나 차별받을 생각이 없다"라고 자랑스럽게 주장했다.[1]

지역신문 기사에서 "목소리가 부드러운 니그로"라고 묘사된 페인은 그가 열다섯 살이었을 때, 미국광산노동자연합United Mine Workers of America의 구성원으로서 탄광에 일하러 갔다. 페인은 "나는 노동조합을 믿는다. 내 아버지는 조합원이라는 사실을 자랑스럽게 여기는 사람이었고, 나는 노동조합원으로 태어났다"라고 말했다. 1967년 탄광 폭발사고에서 그는 심각한 화상을 입었고 더 이상 탄광에서 일할 수 없게 되었다. 수많은 다른 탄광 노동자들이 그랬듯이 페인은 손가락 여러 개를 잃었는데, 이는 너무 많은 사람들이 겪은 일이어서 언급조차 되지 않았다. 페인과 그의 아내 도로시는 3명의 아이가 있었다. 페인은 열정적인 목사로도 유명했는데, 가족과 함께 웨스트버지니

8장. 난 운동가인 것 같다. 운동은 마음을 주는 일이라 생각한다

아주 베클리 인근의 작은 비법인지구 마을인 이트만에 살았다. 그의 집은 10번 도로에서 단 열여섯 걸음 떨어진 "수수하지만 편안한 목조 주택"이었다. 이트만 탄광은 1918년 포카혼타스 연료회사가 열었고, 1950~1960년대 웨스트버지니아주에서 가장 생산성이 높은 탄광이었다. [2]

웨스트버지니아주의 탄광 노동은 미국 내의 다른 탄광업과 마찬가지로 믿기 어려울 만큼 위험했다. 제1차 세계대전 동안 유럽에서 사망한 미국 군인보다 웨스트버지니아주에서 사망한 광부의 수가 더 많았다. 믿을 만한 장애 통계 수치를 찾는 것은 어렵지만, 광부 집단에서 심각한 사고가 발생할 확률은 사망률보다 최소한 8배 이상 높았다. 게다가, 석탄 먼지에 노출되면 진폐증Black Lung Disease에 걸렸다. 광산 노동자들은 석탄먼지가 건강에 좋다는 몇몇 의사들의 말을 믿을 만큼 바보가 아니었다. 1950년대에 미국광산노동자연합 대표인 존 루이스가 기업이 돈을 지원하고 노동조합이 관리하는 장애연금과 의료 서비스를 포함한 복지은퇴기금을 두고 협상했을 때, 이는 많은 사람의 삶을 바꿀 수 있는 기회였다. 1945년 기준으로 약 5만 명의 광산 노동자가 "침대에 누워 있거나 집에서 벗어날 수 없는" 삶을 살고 있었는데, 그 협상은 이들의 삶을 바꾸어내는 결과로 이어졌다. 이 혜택은 이후에 그들과 비슷한 상황에 처한 로베트 페인을 포함한 수천 명에게도 돌아갔다. [3]

1960년대 초, 부패한 지도자였던 토니 보일W. A. Tony Boyle

이 미국광산노동자연합을 이끄는 동안 기금의 자산은 감소했고, 기금의 신탁관리위원회는 몇몇 장애인 광부들과 과부들에게 주던 혜택을 없앴다. 1964년까지 이 기금의 기존 수혜자 중 17.7퍼센트가 혜택에서 배제되었다. 1967년 페인과 동료들은 이에 저항하고자 '남부 웨스트버지니아주 장애광부와과부모임'을 만들어 미국광산노동자연합 기금과 웨스트버지니아주 산재보험에 소송을 걸었다. 미국광산노동자연합으로부터 아무런 도움을 받지 못한 채, 1967년 여름, 그들은 집회와 비공인 파업을 조직했다. 한 장애 광부가 말했다.

"우리는 우리가 만든 테이블 밑에 떨어진 빵 부스러기를 구걸해야만 했다."[4] 얼마 되지 않는 자료에 따르면, 장애광부와과부 모임에는 아프리카계 미국인과 여성이 많았던 것으로 보인다.

그때, 웨스트버지니아주에 미국 전체가 주목한 최악의 사건이 발생했다. 1968년 웨스트버지니아주의 파밍턴에서 78명의 광부가 탄광 폭발로 사망했다. 19명은 시신조차 찾지 못했다. 사고를 계기로 광산회사가 오랫동안 진폐증을 의학적으로 은폐하고 부정해온 것에 분노했던 지역 의사들이 작은 마을회관을 포함해 여러 장소에서 광부들에게 직접 진폐증에 대한 정보를 전달하기 시작했다. 광부와 그들의 가족 그리고 의료전문가들의 모임인 진폐증연합The Black Lung Association은 진폐증 보상 법안을 마련했다. 이러한 활동에 미국광산노동자연합과 광산

관리자들이 동요하자, 1969년 진폐증연합은 찰스턴에서 대규모 집회를 열고 주 전역의 광산을 폐쇄했다. 이 시기, 조지프 조크 야블론스키가 보일에 맞서 노동조합의 민주화와 부패의 종식을 위해 미국광산노동자연합의 위원장에 출마했다. 1969년 12월 31일, 야블론스키와 그의 아내와 딸이 침대에서 총에 맞았을 때 광부들은 경악했고, 법원에서 저격수를 고용한 사람이 미국광산노동자연합의 지도자였던 보일이라는 게 드러났을 때는 더욱 몸서리칠 수밖에 없었다.

야블론스키의 장례식에 참석했던 분노하고 슬퍼했던, 변화를 원하던 광부들이 민주주의를위한광부모임Miners for Democracy을 설립한다. 이 그룹은 장애광부와과부모임, 진폐증연합과 함께 미국광산노동자연합을 개혁하기 위해 노력했다. 1972년, 진폐증 투쟁을 주도한 운동가이자 진폐증으로 인해 장애를 갖게 된 광부 아널드 밀러가 노동조합의 위원장이 되었다.

로버트 페인과 장애광부와과부모임의 이야기는 계급, 노동, 인종 그리고 장소에 대한 이야기다. 그것은 린든 존슨 대통령의 '위대한 사회'로 이어진 사회개혁운동의 이야기이기도 하다. 또한 그것은 자신과 사랑하는 사람을 보호하기 위해 정치적·경제적 변화를 만들려 했던 광산촌 여성들의 이야기이기도 하다. 그리고 이것은 장애의 이야기이기도 하다. 페인이 말했듯이, "내 노동조합은 일반 광부와 지하 깊은 곳에서 불구가 된 이들을 외면했다".[5]

장애인 광부들의 개혁을 위한 활동은 다른 광부들도 함께 운동에 참여하도록 만들었다. 1970년 5주간 파업을 하며 2만 5,000명이 넘는 노동자들이 피켓 라인을 지키는 동안, 미국광산노동자연합의 "똘마니들은 장애인 광부와 그들의 아내를 폭행했다". 페인과 다른 장애광부와과부모임 구성원을 살해하려는 계획도 밝혀졌다. 파업 기간 동안 "일하는 광부들은 미국광산노동자연합 직원들이 휠체어를 탄 광부와 나이 든 여성들의 피켓 라인을 부숴버리는 광경에 깜짝 놀랐다". 잭 스미스도 이때 미국광산노동자연합의 정책에 항의하는 사람들 중 한 명이었다. 그의 두 다리는 탄광 지붕이 무너질 때 뭉개졌다. 스미스가 이에 대한 산재보상을 받기까지 18년이 걸렸다. 장애가 있는 광부들도 파업에 참여했다. 매일같이 들이마시는 석탄 먼지 때문에 폐 질환에 걸리거나 산재사고로 다칠 수 있다는 걸 그들도 알고 있었기 때문이다.[6]

다른 장애 운동가들이 그러했듯이, 페인과 스미스 그리고 장애광부와과부모임의 회원들은 자신들이 가치 있는 시민이라고 선언했다. "권리"와 "차별" 같은 용어를 사용하고, 반전운동과 흑인 민권운동의 저항 수단을 차용해서 20세기 후반 점점 많은 장애인들이 온전한 시민권의 기회와 보호를 요구했다. 그 변화에 운동가와 운동단체 그리고 일반 시민들이 함께했다. 장애인들은 더 나은 삶을 원했고, 자신들이 마땅히 그런 삶을 누릴 자격이 있다고 느꼈다.

1960년대와 1970년대 장애 인권 운동은 다른 시민권 운동과 교차하며 힘을 얻었고, 그 운동들과 마찬가지로 흥분 속에서 조직적 힘을 키우고 정체성을 탐구하는 시간을 가졌다. 페미니스트, 아프리카계 미국인, 게이와 레즈비언 활동가처럼, 장애인들은 그들의 몸이 자신을 결함 있는 존재로 만들지 않는다고 주장했다. 물론, 그들의 몸은 정치적·성적·예술적 힘의 원천이 될 수도 있었다.

활동하는 시민이 된다는 것

1990년 8월, 신기원을 이룬 시민권 법안인 미국장애인법Americans with Disability Act이 통과되고 한 달이 채 지나지 않았을 때, 메릴랜드주 프레더릭에서 온 지역 신문기자는 클라라 클로를 인터뷰하기 위해 앉아 있었다. 클로는 헌터 대학에 다닌 이후에 1956년 당시 남편과 함께 프레더릭으로 이사를 왔다. 그녀는 젊은 시절을 세 아이를 키우는 데 바쳤다. 1960년대에 그녀는 페미니즘을 받아들였지만, 육아로 바빴기에 "옆에서 박수를 보내고 응원하는" 역할로 남았다.[7]

1970년대 초, 클로는 다시 공공영역에서 활동하기 시작했다. 그녀는 두 살 때 소아마비를 앓은 후, 휠체어 사용이 익숙했다. 그녀는 장애인 차별에 대한 정부 청문회가 있다는 이야기를 듣고서 참석했는데, 그곳에서 사람들은 놀라운 이야기를 했다. 클로는 "그들은 나를 고무시켰다. 나는 즉시 운동에 참여하기 시작했다. 1970년대는 장애인에게 흥미진진한 시기였다"라고 말했다. 1973년 클로는 공공장소에 장애인이 접근할 수 있게 하기 위해서 지역에서 싸우기 시작했고, 1976년에는 클로와 그녀의 남편이 프레더릭카운티장애인연합을 만드는 데 함께했다. 클로는 말했다.

"우리는 사고 방식의 장벽과 건물의 장벽을 모두 바꾸고자 했다. 처음에 사람들은 정말로 우리가 터무니없다고 생각했다. 그것은 꽤 오랜 시간이 걸리는 싸움이었다." [8]

"난 운동가인 것 같다. 운동은 마음을 주는 일이라 생각한다"[9]

클로를 고무시켰던 장애 인권 운동가들은 장애인이 시민권, 민주주의, 자기결정권을 온전히 행사할 수 있도록 사회를 바꾸려 했다. 그 운동은 고용, 교육, 공공장소, 대중교통 접근에서의 차별을 금지하고 장애인이 자기결정권을 행사할 수 있도록 시설을 바꾸는 법적인 변화에 초점을 맞추었다. 여성, 성소수자, 환경, 인종 자유 운동처럼, 1960년대 후반과 1970년대를 거치며 과거 흩어져 있던 장애 인권 운동의 여러 흐름들이 하나의 운동으로 통합되기 시작했다. 장애 인권 운동으로 이어지는 수십 년 동안 퇴역군인 장애인, 장애인의 부모, 맹인, 농인 그리고 다른 신체장애인 집단은 자신의 삶을 스스로 만들어가

기 위해 노력했다. [10]

운동 참여자들은 장애가 단순히 의학적·생물학적 조건에 따른 것이 아니라고 주장했다. 실제로, 그 운동은 때때로 장애를 정의하는 의학적 권위에 직접적으로 도전했다. 옹호자들은 어빙 고프먼, 제이코부스 텐브뢰크, 어빙 케네스 졸라 같은 운동가나 학자의 작업을 이용해 장애가 장애인의 삶을 불필요하게 해치고 제한해 경제적 불평등, 사회적 고립, 억압으로 이어지도록 차별하고 부당한 낙인을 찍는 사회적 조건이라고 주장했다.

흑인민권운동이 인종적 차이에 따른 위계를 비판하고 페미니즘 운동이 성별과 젠더 차이에 따른 위계를 비판해왔던 것처럼, 장애 인권 운동은 장애의 신체적·감각적·정신적 차이에 따른 위계를 비판했다.

초창기 운동가들이 장애 인권 운동이라고 불렀던 것의 핵심적인 요소는 자립생활운동Independent-Living Movement이었다. 수십 년간 계속되어온 자립생활운동은 1960년대와 1970년대 캘리포니아 대학 버클리캠퍼스의 반문화Counterculture를 중심으로 새로운 국면에 접어들었다. 1962년, 아프리카계 미국인 제임스 메러디스가 미시시피 대학을 접근성과 백인-비백인 시설통합 문제로 고소한 후 마침내 입학했고 그해, 같은 학년이었던 소아마비 생존자인 에드워드 로버츠Edward Roberts가 버클리캠퍼스를 접근성과 시설 통합의 문제로 고소했다. 로버츠는 차별받는 것도, 그에 맞서 싸우는 것도 처음이 아니었다. 로버츠가 고등학교에 진학하려던 때, 교장선생님은 처음에는 필수 체육을 이수하지 못한다는 이유로 휠체어와 철폐를 사용하는 이 백인 남성을 거절했었다. 캘리포니아주 주정부 재활부는 처음에는 로버츠가 공부를 마치고 직업을 구할 수 없을 것이라는 이유로 대학 공부를 위한 재정지원을 거부했었다. (1975년 로버츠는 캘리포니아주 재활부의 책임자가 된다. 역사의 멋진 아이러니다.) 마침내 로버츠는 소송에서 승리했지만, 버클리캠퍼스는 그가 학교의 기숙사보다는 양호실에서 지내길 요구했다. 로버츠의 입학에 고무된 다른 신체장애인 학생들이 버클리캠퍼스의 양호실에서 함께 지내기 시작했다. 3층 양호실은 활동보조서비스를 제공하는 장애학생 프로그램과 로버츠가 주도했던 운동 단체인 롤링쿼즈Rolling Quads의 감정적·물리적인 근거지가 되었다. 그 모임은 대학과 지역사회에서 장애인의 접근을 막는 모든 장벽을 없애고자 했다.[11]

장애인은 타인의 보호 속에서 살아야 한다는 생각과 맞서 싸우며, 로버츠를 포함한 이들은 전국적으로 자기 결정, 당사자 주도, 탈시설의 원칙 속에서 조직화된 자립생활센터를 만들어가기 시작했다. 1970년대와 1980년대 자립생활 운동가들은 장애인이 시민활동에 거의 참여할 수 없게 하는 건축물과 교통수단의 장벽을 제거하고자 했다. 장애인들이 독립적으로, 자신의 삶을 스스로 결정하고 관리하며 살기 위해 필요한 제도적 지원과 편의시설을 만들기 위해 일했다. 서비스는 휠체어 수리, 활동보조인 지원, 동료 상담, 법적 지원, 보조장비, 자기 보호 훈련을 포함했다. 이는 장애인들이 공개적으로 자신의 가족, 성생활, 의복 개선, 꿈에 대해 토론할 수 있는 안전한 공동체 공간을 만들기 위함이었다.

자립생활센터는 번성했다. 버클리독립생활센터 소장인 주디 휴먼이 설명했듯이, "우리가 대다수의 '이미 설립된' 조직에 들어가면, 우리는 그곳에서 장애인을 만나기 어렵다. 그곳에는 우리가 존경할 수 있는 장애인 동료가 없다".[12] 전국적으로 보스턴, 뉴욕, 시카고와 같은 도시에서, 그리고 위스콘신주의 그린베이와 같은 작은 도시센터에서도, 장애인은 자신이 배울 수 있는 동료를 찾았다. 이 운동에 함께했던 많은 사람들은 그 속에서 스스로 결정하는 자립생활과 동료의 지지가 황홀한 경험이라는 걸 알게 되었다.

탈시설에 대한 주목할 만한 사실은 연방정부, 주, 도시 중 어느 곳도, 자립생활을 원하는 사람들을 위해 지원을 제공할 수 있는 충분한 시스템을 개발하지는 않았다는 점이다. 심지어 시설에 수용하는 것보다 훨씬 적은 비용이 드는 경우에도 그랬다. 하지만 1970년대에 언론보도, 소송, 사회운동, 입법 등의 결과로 정부기관이 운영하는 정신과 시설은 장기 거주민들을 그들의 본래 공동체로 돌려보내기 시작했다. 1965년부터 1980년까지 공공 수용소에 수용된 사람의 수는 47만 5,000명에서 13만 8,000명으로 감소했다. 그리고 역사학자 제럴드 그롭이 적었듯이, "1965년 이전에 많은 환자들은 수용소Asylum에서 수년에서 수십 년을 보냈는데, 1970년 이후에 수용소 거주기간은 며칠에서 몇 주 정도로 바뀌었다". [13]

운이 좋은 사람들, 특권층, 지지해주는 든든한 가족을 가진 이들은 자립생활센터, 지역사회정신건강센터, 지역사회 그룹홈에서 지원을 받으며 살아갔다. 그러나 나머지는 노숙자가 되어 거리에서 살거나, 심지어 그보다 더 많은 사람들이 교도소에 갔다. 교도소 수감은 정신장애가 있다고 여겨지는 가난한 사람들을 사회가 돌보는 주된 방법이 되었다. 2006년 법무부 통계에 따르면, 교도소와 구치소 수용자 중 절반이 넘는 사람이 정신건강 문제를 가지고 있었다. 같은 해, 휴먼라이트워치는 정신질환을 가지고 있다고 여겨지는 재소자의 수가 125만 명에 달한다고 추정했다. 역사학자 마이클 렘비스Michael Rembis가 적었듯, 이는 "'시설수용'이 한창이던 1950년 주립 병원에 수용되었던 정신질환자 숫자의 2배에 달한다". 투옥된 사람의 대다수는 빈곤층, 유색인종이었다. 탈시설 운동은 많은 사람들이 희망했던 바를 다 이루지는 못했다. 그 운동이 성공하기 위해 필요했던 사회적 지원을 받지 못했기 때문이었다. [14]

건축장벽제거법과 재활법

클라라 클로를 고무시켰던 정부 공청회는 건축장벽제거

법Architectural Barrier Act이 통과된 1968년과 재활법이 통과된 1973년 사이에 열렸던 것으로 보인다. 강제집행 수단이 거의 없었던 건축장벽제거법은 종종 무시되었다. 하지만 건물에 접근할 수 있는 것이 권리라고 주장하며 그 법을 탄생시킨 사회운동은 중요한 의미가 되었다. 많은 장애인들이 공공장소에 접근할 수 없었다. 예를 들어, 1957년 드와이트 아이젠하워 대통령은 후고 데프너Hugo Deffner가 고향인 오클라호마시티의 건물 접근성을 개선하려 했던 놀라운 활동을 인정해, 올해의 장애인상을 데프너에게 수여했다. 데프너는 상을 받기 위해 휠체어를 밀어 앞으로 나갔는데, 해병대 군인 두 명이 그를 무대 위로 들어 올려야 했다. 휠체어로는 무대에 올라갈 수 없었기 때문이다. 캠페인은 1961년에도 계속되었는데, 불구어린이와성인을 위한전국연합(오늘날 이스터실즈로 알려진)과 장애인고용대통령위원회의 권고에 따라, 그해 건축물을 규제하는 주요 기관 중 한 곳은 장애인의 접근성을 보장하는 건물 표준 법안을 제정했다. 장애인고용대통령위원회 의장은 이것을 두고서 "장애인 독립선언"이라고 말했다. 1968년 국회는 건축장벽제거법을 통과시켰는데, 모든 공공건물과 연방정부의 지원을 받아 개축된 건물은 모든 시민이 접근할 수 있어야 한다는 내용이었다. 그러나 이 법안은 대중교통, 주거, 개인 소유 상업공간, 레저시설에조차 적용되지 않았고, 강제성 또한 없었다. 노동운동 단체와 장애 단체는 다시 한번 하나가 되어 움직이기 시작했다.[15]

캠페인은 1973년 재활법이 만들어질 때까지 계속되었다. 재활프로그램을 만들라고 요구하는 것은 새로운 주장이 아니었다. 미국에 돌아온 제1차 세계대전 참전 군인들을 위해 처음 프로그램은 만들어졌다. 1970년대 재활법을 만드는 일이 큰 힘을 얻은 이유는 그것이 베트남 퇴역군인들에게 필요했기 때문이었다. 재활법은 시민권에 대한 열띤 토론을 유발했는데, 이는 역사학자, 활동가, 법원에게 가장 중요한 의미를 가지게 된 제504조 때문이었다.

1970년대 초에, 몇몇 국회의원들은 인종·성별·종교에 따른 차별을 막기 위해 제정된 시민권법이 장애 차별까지 막을 수 있도록 확대되어야 한다고 주장했다. 1972년 1월 허버트 험프리 상원의원과 찰스 바닉 하원의원은, 통과되지는 못했지만 1964년 제정된 시민권법에 장애를 포함시키는 개정안을 내놓았다. 이러한 주장들을 바탕으로 국회 관계자들은 재활법의 초안을 마련하며 법안 뒷부분에 포함된 제504조에 장애인은 "연방정부의 지원을 받는 모든 활동과 프로그램에서 차별을 받거나 혜택에서 배제되어서는" 안 된다고 서술했다. 모든 국회의 토론과 공청회를 거치며, 오직 한 명만이 제504조에 대해 이야기했는데, 그는 전국맹인연합의 대표였다.[16] 이 조항이 가진 반차별 언어에 주목하는 사람은 거의 없었다.

국회와 리처드 닉슨 대통령이 재활법에 얼마만큼의 돈이 필요한가를 토론하는 동안에, 장애인들은 재활법에 포함된 제

8장. 난 운동가인 것 같다. 운동은 마음을 주는 일이라 생각한다

504조의 잠재력을 재빨리 알아차렸다. 닉슨이 재활법 통과에 거부권을 행사한 1972년 10월, 역설적이게도 장애인고용대통령위원회의 연례회의가 동시에 열렸다. 회의에 참석했던 뉴욕에서 온 맹인 사회복지사 유니스 피오리토는 장애 간 운동단체인 장애행동Disabled in Action의 회원이었다. 피오리토는 대통령위원회 연례회의의 연회를 마치고 회의에 참석하기 위해 입었던 옷을 그대로 입은 채 대통령의 거부권에 항의하며 빗속에서여섯 시간 동안 시위했던 것을 기억했다.[17]

운동은 전국적으로 전개되었다. 텍사스주에서는 주 정부기관이 "특정한 형태의 장애를 가진 사람을 고용하는 데 있어" 차별했는지 여부를 논의했다. 웨스트버지니아주에서, "J.B."는 《찰스턴 데일리 메일Charleston Daily Mail》의 질문란에 다음과 같이 적었다.

"왜 입법가들은 장애인들을 보호하기 위한 법안을 누더기로 만드는가? 인종·신념·피부색·성별·연령에 대한 법은 있지만, 장애인을 위한 법은 없다. 장애인은 인간이 아니라고 생각하는건가?"

오하이오주의 리마에서는 에이블-디스에이블 클럽이라고 불리는 지역 모임이 건축상 장벽을 없애기 위해 열정적으로 움직였다. 리마의 이모진 프리처드는 운동의 결과가 엄청날 거라고 믿었다. "방에 갇혀 겨우 공부하던 많은 아이들이 학교에 갈수 있게 될 것이고, 더 많은 일자리에 장애인이 접근할 수 있게 되고, 특히 장애인 교사와 관련된 많은 편견이 무너질 수 있다"라고 말했다. 브루클린에서는 '진절머리So Fed Up'라는 학생 모임이 "건축학적·교육적 그리고 관료적 장벽을 완화시키기 위해" 활동했다. 콜로라도주의 운동가들은 주 의회에서 증언했다.

"장애인이 모두 재활을 원하는 것은 아니다. 그들이 원하는 것은 집 밖으로 나가 직장을 구할 수 있는 기회다."

몬태나주 운동가들은 몬태나장애인연합MCHI, Montana Coalition of Handicapped Individuals을 결성했다. 메인주에서는 장애 차별에 대한 청원이 고용차별 청원의 20퍼센트에 달했는데, 정부 공무원은 "장애인 차별 청원은 다른 청원에 비해서 합법적인 근거를 가진 비율이 높다"라고 말했다. 대중교통에서 장벽을 제거하기 위한 플로리다주의 한 모임은 자신의 이름을 장애편견을없애는세계연맹 WARPATH, World Association to Remove Prejudice Against The Handicapped이라고 선언해 '최고의 두문자어 이름 상'을 받기도 했다. [18]

재정적인 문제에 대한 이견으로 닉슨 대통령이 두 번째 거부권을 행사한 이후, 1973년 9월에는 마침내 재활법이 통과되었다. 재활법의 제504조와 1975년 제정된 장애를 가진 어린이들에게 공공교육을 보장하는 장애인교육법Individuals with Disabilities Education Act은 장애인의 일상생활을 형성하는 법적·문화적 틀이 극적으로 변화했다는 것을 뜻했다. 1970년 미국에서는 장애어린이 5명 중 1명만이 학교교육을 받았던 것으로 추정

된다. 법적인 권리가 확장되며 사람들의 기대는 커져갔다. [19]

그러나 법은 시행되지 않았다. 장애 운동가들은 처음에는 법원을 통해 제504조의 집행을 요구했다. 훗날 집행규정을 만드는 결과로 이어진 체리 대 매튜 소송을 했던 제임스 체리는 제504조가 통과된 직후부터 그 법이 집행되지 않을 것을 우려했다. 1974년부터 1976년까지 그는 국립보건원National Institute of Health에 입원한 상태였는데, 간호사들이 "음란한 전화통화를 하는 것인지 물을" 만큼 수없이 많은 통화를 하며 동료들을 모았다. 1976년 7월, 연방판사는 보건교육복지부 장관에게 "최대한 신속히" 제504조를 집행하라고 요구했다. [20]

연방정부가 재활법을 집행하지 못하는 상황에 대한 좌절이 쌓여가던 중 1977년 4월, 장애운동가들은 워싱턴 D.C.와 전국 10개의 보건교육복지부 사무실에서 시위를 벌였다. (보건교육복지부와 그 장관인 조지프 캘리파노는 그 법에 대한 책임이 있었다.) 샌프란시스코에서는 120명의 시위대가 보건교육복지부 건물을 점거했고, 그들 중 절반가량이 25일 내내 연좌시위를 했다. 시위대를 지지했던 여러 사람 중에는 뜻밖의 인물도 있었다. 버클리캠퍼스 졸업생이자 당시 캘리포니아주 주정부 재활부 책임자였던 에드워드 로버츠는 시위 현장에 나타나 장애인의 힘을 강조하며 공개적으로 물었다.

"중증 장애인이자 이 나라에서 가장 큰 주의 재활기관 책임자로서, 나는 보건교육복지부가 장애인 민권운동의 힘과 헌신을 과소평가하고 있다는 걸 알고 있다."

그는 언론에 물었다.

"우리는 이 사회에서 가장 큰 소수자 집단 중 하나를 영원히 차별할 생각인가?" [21]

제504조 연좌농성은 장애 인권 운동이 언론자유, 반전, 페미니즘, 인종해방운동과 교차하고 서로를 차용하던 방식을 보여준다. 장애 인권 운동의 많은 활동가들은 다른 영역에서 먼저 활동가가 된 이후, 장애차별과 억압이 자신이 운동을 시작한 영역에 속한 사회적 약자의 경우와 유사하다는 점을 깨달았다. 키티 콘Kitty Cone 같은 지도자들의 조직력은 시위대가 교회나 유대교회당뿐 아니라 뇌성마비연합, 이스터실즈 같은 전통적인 장애조직으로부터 지지를 받았음을 의미한다.

또한 제504조 투쟁은 예상치 못했던 동맹을 발견하는 계기였는데, 그것은 그 운동의 지도자들이 과거에 활동하며 맺었던 관계와 조직화 기술 때문이었다. 지역과 전국의 노동조합은 시위에 참여하기도 하고 지지 성명서를 내기도 했다. 반동성애 폭력을 막기 위해 거리를 행진했던 게이 단체 나비여단The Butterfly Brigade은 보건교육복지부의 전화선이 끊기자 무전기를 밀반입했다. [멕시코계 미국인인] 치카노Chicano 운동가들과 약물이용자들의 풀뿌리 단체 그리고 전과자들의 풀뿌리 조직인 딜란시 스트리트Delancey Street는 종종 음식을 가져다주기도 했다. 블랙팬서Black Panther

1966년 결성되어 1982년까지 활동한 흑인 인권운동 단체로 흑표범당으로도 불린다.

는 따뜻한 식사를 매일 한 번씩 제공했다. 블랙팬서 회원이자 장애인이었던 브래드 로맥스는 시위대 중 한 명이었다. 그 시위대에는 시위 기간 동안 로맥스와 다른 많은 사람들에게 활동보조 서비스를 제공했던, 로맥스의 친구이자 동료인 블랙팬서 회원 척 잭슨이 있었다. 매사추세츠주에서 가톨릭 신자로 자란 제504조 시위대의 한 명이었던 코벳 오툴은 블랙팬서의 지원활동을 놀라운 변화의 경험으로 기억한다.

"단언컨대 우리가 지지자들로부터 받은 가장 중요한 선물은 블랙팬서가 건물 안의 시위대에게 매일 한 번 제공한 따뜻한 식사였다. (⋯) 나는 모든 아프리카계 미국인 남성들이 무조건 나의 적Enemy이라고 배웠던 보스턴 출신의 백인 소녀였다. 하지만 나는 서로의 투쟁을 지지하기로 한 블랙팬서의 약속을 이해하게 되었다".

오툴에게 "느슨하게 조직되었고 대부분 백인이었던 장애인권 운동 집단에게 블랙팬서의 흔들림 없는 연대활동은 감동적이고 인상적인 일이었다".[22]

제504조 활동가들에게 연대투쟁은 꼭 필요한 것이었다. 샌프란시스코의 보건교육복지부 건물 점거가 4주 가까이 이어지고, 전국 언론의 관심을 받게 되고 정부에 대한 압박이 커져갔다. 마침내, 교육보건복지부 장관인 조지프 캘리파노는 연방정부의 자금지원을 받는 프로그램이 장애에 따라 차별해서는 안된다는 강제조항에 서명했다.

장애 인권을 실현하는 사람들

미국 전역에서 진행된 장애 인권 운동은 고용차별을 종식시키고자 했고, 그 목적을 달성하기 위해 새롭게 등장한 시민권 법안을 활용했다. 샌드라 블래컴Sandra Blackham은 그녀가 메디슨 카운티의 보안관 사무실에서 자신이 차별이라고 여겼던 것과 싸우기 위해 뉴욕의 새로운 인권법을 처음 활용한 사람들 중 한 명이었다. 아내이자 두 아이의 어머니이자 대학을 졸업한 뛰어난 스키선수였고 한쪽 다리만 가진 장애인이었던 블래컴은 수년 동안 보안관 사무실에서 민사부서 부관으로 일해왔다. 새로 부임한 보안관은 블래컴을 해임하고 그녀에게 어떤 직책도 주지 않았다. 블래컴은 보안관에게 말했다.

"내가 두 다리를 가진 남자였다면, 나는 오래전 민사분과 부보안관이 되었을 것이다."

"그건 사실이다." 블래컴의 말에 보안관은 대답했다. 이 상황을 두고 블래컴은 다음과 같이 기록했다.

"10대 시절 모두 졸업파티를 가던 무렵 그랬던 것처럼, [장애는 내게] 고통스러운 삶을 의미했다. 그게 내 인생이었다. [하지만] 이번에는 내가 옳다. 나는 내가 옳다는 것을 그리고 스스로 일어서야 한다는 걸 알고 있다."[23]

이제 블래컴은 자신의 법적 권리를 찾고자 했다.

비슷한 사례는 덴버에서 주거와 고용에 있어 장애인 차별을 금지하는 법안을 제정하기 위해 법정에 섰던 사람들의 증언에서도 나왔다. 입법자들은 콜로라도 대학의 장애 학생들이 경험했던 차별에 대해 들었다. 하지마비인 한 남성은 주거를 거부당했다. 한 맹인 학생은 매우 우수한 성적에도 불구하고 일자리를 구할 수 없었다. 주지사장애자문위원회의 돈 갤로웨이는 사무실에서 매일 "차별을 경험한 사람"들로부터 전화를 받으며 30만 명에 달하는 콜로라도 장애시민이 시민권 보호를 필요로 한다고 증언했다. [24]

변호사인 존 라이볼드John W. Leibod는 자신이 작성을 도왔던 오하이오주 차별금지법안에 대해 법정에서 증언하며, "우리는 장애인을 벽장에서 나오게 할 것이다. 그들은 이제 더 이상 갇혀 지내서는 안된다"라고 말했다. 그를 위해서는 온전한 시민권 보장이 필수적이었다. 오하이오주 법안은 결국 통과되었고 주거, 고용, 신용Credit, 보험에서 장애차별을 금지시켰다. [25]

그러나 때때로 제504조는 충분치 않았다. 1986년 폴 밀러Paul S. Miller가 하버드 로스쿨에서 거의 최고 성적을 받고 졸업했을 때, 40개가 넘는 로펌이 그를 고용하길 원했다. 하지만 키가 137센티미터인 밀러와 인터뷰를 진행한 후, 로펌들은 마음을 바꿨다. 고용심사위원회의 한 명은 그에게 "우리 손님들이 당신을 본다면, 우리가 프릭쇼를 하고 있다고 생각할 것이다"라고 말했다. 그런 말을 하고도 법적으로 문제가 없던 시절이었다. [26] 밀러는 미국 평등고용위원회 위원이 되었고, 국제적인 장애 인권 전문가가 되었다.

장애 운동가들과 그 동료들은 다른 고용 장벽 역시 제거하고자 했다. 1988년 10월, 역사학자 폴 롱모어Paul Longmore는 제한적인 사회보장정책에 항의하며, "아메리칸 드림이 많은 장애 시민에게는 접근 불가능한Inaccessible 것이 되었다"라고 말했다. 광범위한 필요가 있는 소아마비 생존자로서, 롱모어는 목욕, 옷 입기, 식사 과정에서의 활동 보조와 인공호흡기나 전동 휠체어 같은 장비를 필요로 했다. 박사학위를 받고 자신의 첫 책 『조지 워싱턴의 발명』을 출판한 이후, 롱모어는 출판 인세(학계에서는 그 돈으로 한 달을 먹고살 수 있는 경우도 드물다)로 인해 그를 "일하고 살게 해주었던, 문자 그대로 숨 쉴 수 있게 해주던" 사회보장혜택에서 배제될 가능성이 높아졌음을 알게 되었다. 친구에게서 빌린 바비큐 그릴을 들고 롱모어와 지지자들은 로스엔젤레스 연방건물 앞에 모였다. 그들은 "[구걸용] 양철컵이 아니라 일자리를(Jobs. Not Tin Cups)", "우리는 일하고 싶다! 왜 정부는 우리가 일하게 하지 않는가?"라는 피켓을 들고 있었다. 롱모어는 지난 10년이 넘는 기간 동안 자신이 작업했던『조지 워싱턴의 발명』한 부를 바비큐 그릴 위에 놓고 태우는 것을 지켜봤다. 훗날 그는 그것이 "고통스러운 순간"이었다고 썼다.[27] 1990년 롱모어의 시위로 국회가 사회보장정책을 바꾸기는 했지만, 그 변화는 충분치 않았다. 역설적이게도, 2010년 죽기 몇 달 전, 샌프란시스코 주립대학의 정교수였던 롱모어는 미국 교육부에서 수여하는 거액의 연구기금을 바꾼 법 때문에 포기해야 했다.

다른 장애인들은 가족문제에 집중했는데, 그다지 성공적이지 못했다. 예를 들어, 1988년 캘리포니아주 산호세의 티파니 캘로Tiffany Callo는 아들인 데이비드와 제시의 양육권을 잃었다. 캘리포니아주 복지 공무원들이 캘로의 뇌성마비로 인한 장애가 너무 심해서 아이들을 돌볼 수 없을 거라고 판단했기 때문이다. 정부는 돈이 적게 드는 가정 내 양육을 지원하는 대신에, 돈이 훨씬 더 많이 드는 위탁소에 아이를 맡겼다. 캘로는 말했다.

"기저귀를 갈아주는 데 시간이 좀 더 걸리는 게 무슨 문제란 말인가? 그렇게 장애부모들은 아이와 유대감을 만들어간다. 그건 소중한 시간이다."[28]

캘로는 다른 많은 장애인 부모들처럼 양육권을 잃었다. 오늘날에도 장애부모의 양육권 문제는 중요한 문제로 남아 있다. 미네소타 대학의 아동복지센터에 따르면, 3분의 2에 가까운 미국 주에서 "부모의 장애"를 부모에게서 양육권을 빼앗을 수 있는 이유 중 하나로 나열하고 있고 장애부모들은 상대적으로 매우 높은 확률로 아이 양육권을 잃는다. 장애부모가 비장애인 부모에 비해서 아이를 학대할 위험이 더 높지 않다는 점이 압도적으로 많은 연구결과에서 드러났음에도 그러하다.[29]

장애인연맹연합: 전진하는 공동체

트윈시티즈(Twin Cities)는 지리적으로 가까운 두 도시, 미니애폴리스와 세인트폴을 합쳐서 부르는 말이다.

1974년 9월, 미네소타주 미니애폴리스와 세인트폴의 트윈시티즈˙의 장애인연맹연합 UHF, United Handicapped Federation은 보도자료를 배포하며 그 창립을 선포했다. "장애인연맹연합은 자랑스럽게 교통, 주거, 건축과 고용 등 주요 영역에서 조직 구성원을 위한 강력한 소비자 보호단체가 될 것이다"라고 선언했다. "시간이 걸리고 제한적인 입법과정"에 로비하는 대신에 "부딪치고 압력을 행사하는 전술"과 "상당한 대중 행동"을 구사할 것이라고 했다. 장애인연맹연합의 새로운 회장으로 선출된 오드리 벤슨은 그녀의 대표 수락연설에서 조직의 자신감 넘치는 태도를 반영했다. "우리는 우리의 책무를 다할 것이다(We will hold up our end)"라고 그녀는 선언했다.

"문제의 상자를 열고, 우리 삶에 영향을 미치는 결정들을 우리가 통제하기 위해 행동할 것이다. 우리는 가만히 있지 않을 것이다. 바로 지금이다. 바로 여기다. 우리가 그 사람들이다."[30]

점점 더 많은 장애인들이 다른 장애인들의 활동을 보며 힘을 얻어갔고, 더 많은 장애인들이 권리와 시민권에 대해 생각하기 시작했다. 장애인들은 미국의 역사에서 자신의 자리에 대해, 그리고 누가 그 자리를 정의했는지에 대해 진지하게 고민

하기 시작했다. 이러한 변화가 일상생활에서 어떤 의미였는지
는, 한 지역과 한 모임을 살펴보면서 가장 잘 이해할 수 있을 것
이다. 장애인연맹연합의 이야기는 1970년 이후 장애 정치와 장
애 문화, 장애인의 삶을 둘러싼 커져가는 흥분과 확장성을 보
여주는 사례다. 장애인연맹연합은 그 대담한 이름에도 불구하
고 지역 모임이었다. 그것은 수많은 장애인 조직 중 하나였다.

　　1970년대 초기, 종종 가톨릭인종간연합Catholic Interracial
Council은 장애인의 사회운동 리더십 기술 세미나를 후원했다.
과거 이 연합은 트윈시티즈에서 지역 거주지의 인종분리 철폐
를 위해 일했다. 오드리 벤슨에 따르면, 세미나에 참석한 이들
은 "사울 알린스키의 원칙에 대해 배웠고 다른 소수자 모임이
그러했듯이 조직화에 나서기로 결정했다". 노스다코타주 출신
의 벤슨은 뇌성마비를 가지고 있었고, 제임스타운의 불구어린
이학교Crippled Children's School를 졸업했다. 벤슨은 무어헤드 미네
소타 주립대학에서 사회복지 학위를 받은 후, 이 젊은 백인 여
성은 미니애폴리스로 이사했다. 마이클 브저커셋은 장애인연
맹연합의 첫 번째 대표가 되었다. 대학생 때, 브저커셋은 자동
차 사고로 신체가 마비되었다. 학위를 마치고 그는 병원 재활
프로그램의 상담사가 되었는데, 장애인연맹연합을 돕기 위해
그 직장을 떠났다. 새로운 조직은 장애인이 만든, 장애인을 위
한 19개 주 조직으로 구성되었다.[31] 다른 초기 회원에는 매릴
린 로저스, 프랑스 스트롱, 스티븐 마시널, 스콧 로스트론, 론니

스톤 등이 있었다.

　장애인연맹연합은 장애인들의 공통 경험과 광범위한 차이를 모두 반영하며 다양한 문제를 다뤘다. 장애인연맹연합은, 미국전역에서 다른 영역의 사회운동들이 시민권 법안의 결과를 탐험하고 확장하려 하던, 1970년대 후반에 가장 적극적이었다. 1975년 초, 접근 가능한 주거에 대한 전국적인 흐름을 반영하면서, 장애인연맹연합은 유니버설 디자인의 초기 사례인 장애인연맹연합아파트조합으로 알려진 건물 설립에도 관여했다. 브저커셋은 남부 미니애폴리스 아파트 90채를 "아마도 이 나라의 장애인들을 위한 가장 진보적인 주거 프로젝트 중 하나"로 여겼다. 1975년 초, 제2차 세계대전 동안 기름 배급에서 배제된 장애인들의 글을 연상시키는 서한에서, 브저커셋은 국가 에너지 위기로 인해 기름 배급이 진행되거나 더 높은 기름 세율이 적용될 경우, 장애인들에게 꼭 필요한 교통수단에 대해 고려해야 한다고 주장했다. 그는 그러한 정책이 "다른 대안 운송수단이 없는" "장애인 운전자들에게 차별적 영향을 미칠 가능성이 있다"라고 적었다.[32]

　장애인연맹연합은 장애인을 향한 정치적인 무시에 맞서는 일도 주저하지 않았다. 1975년 초, 주 입법부가 하지마비 환자에게 무료 번호판을 주는 법안을 통과시키면서도 보험회사가 장애인에 대한 건강보험 보장을 거부할 수 있도록 허용했을 때, 장애인연맹연합은 그 역설을 지적했다. 브저커셋은 "보험

보장이 되지 않으면, 그것은 종종 한 사람이 공동체에서 독립적으로 살 수 있는 능력에 심각하게 영향을 미칠 수 있고, 돈벌이가 되는 일자리를 유지하는 데 악영향을 주는 반면에 하지마비인 사람에게 번호판을 주는 법안은… 아마도 내가 알고 있는 가장 무의미한 법안이다"라고 적었다. 무료 번호판 발급은 장애인연맹연합이 목표가 아니었다. [33]

전국적으로 다른 많은 모임과 같이, 장애인연맹연합은 공공건물과 대중교통 접근성에 초점을 맞추었다. 1975년 이 단체는 유명한 미니애폴리스 오케스트라홀이 예정된 개조 작업을 거치는 동안에, 장애인이 접근 가능한 건물이 되어야 한다고 주장하기 시작했다. 장애인연맹연합은 건물의 장벽 목록을 제출하며 건물의 책임자를 만나길 요구했다. "접근성 부족으로 인해 가장 큰 영향을 받는 사람들의 목소리에 귀를 기울여야 합니다. 그때가 바로 지금입니다"라고 벤슨은 적었다. 그들이 원하는 대답을 얻지 못하면서, 장애인연맹연합은 건물 밖에서 계속해서 시위를 했고, 7월의 한 행사에서는 900명이 넘는 지지자들의 서명을 받기도 했다. 그들은 "장애인"을 "거부당한 모차르트"라고 불렀다. 그들은 현명한 동맹을 구축하며, 장애인연맹연합은 미니애폴리스 도시 회의, 미니애폴리스시장장애자문위원회, 세인트폴시장장애자문위원회의의 지지 결정을 받는 데 성공했다. 비슷하게, 장애인연맹연합은 건물들을 연결해 겨울에 쇼핑하기 쉽게 만들어놓은 미니애폴리스 하늘길을 그 회원들이 접근할 수 없다며 항의했다. 장애인연맹연합의 후원을 받은 겨울철 시위에서, 벤슨은 말했다. "이 16.5퍼센트에 달하는 사람들이 계속 억압받도록 할 것인가? 우리는 계속 보이지 않는 존재로 남아야 하는가? 우리는 저들이 장애인이 미니애폴리스를 이용하지 못하게 하는 것을 계속 용납할 것인가?" [34]

덴버, 샌프란시스코, 뉴욕 그리고 전국의 다른 도시들의 운동 단체처럼, 장애인연맹연합은 장애인이 대중교통을 이용할 수 있도록 변화를 요구했다. 장애인연맹연합은 수년간 요구를 하고 나서 도시 거리를 막는 시위를 한 이후에, 미니애폴리스/세인트폴의 도시교통위원회와 더그 켈름 회장을 고소했다. 1976년 초 배포된 보도자료에서, 장애인연맹연합은 "이 나라에서 여행하고 이동할 수 있는 권리는 삶, 자유, 행복을 추구하기 위한 가장 기본적인 권리"라며 권리의 전통 속에서 대중교통 접근권한을 확고히 자리매김하고자 했다. 제504조와 1973년 재활법에도 불구하고, 당시 도시교통위원회는 [장애인이] 접근 불가능한 버스 338대를 추가로 구매했다. 켈름은 이런 행동이 "미국 헌법에 의해 장애인에게 보장된 권리와 자유를 부정하는" 것이라 지적했다. 1989년 전국장애인권단체인 ADAPT American Disabled for Attendant Programs Today는 미니애폴리스/세인트폴을 미국에서 가장 나쁜 교통시스템을 갖춘 도시 10개 중 하나로 선정했다. [35]

미네소타주 장애인연맹연합의 활동은 당시의 사회적 변화

를 반영하는 동시에, 전국적으로 진행되는 여러 사회운동과 교차했다. 1976년 장애인연맹연합 사무실은 처음으로 농인들이 전화를 이용할 수 있게 하는 TTY˙ 기술을 받아들였는데, TTY가 저렴해지고 전국적으로 가능해진 것은 농인 활동가들 때문이었다. 다

TTY는 전신타자기(Teletype writer)의 약자로, 농인이 전화 통화를 할 때 의사소통을 보조하는 기구다.

른 전국 및 지역의 장애인권 모임처럼, 장애인연맹연합은 종교단체(가톨릭과 기독교 모두)와 노동조합으로부터 재정적, 제도적 지지를 받았다. 예를 들어, 미네소타공공운수노조의 한 지부는 장애인연맹연합의 교통수단 소송에서 필요했던 법정 수수료를 기부했다. ³⁶

다른 장애운동조직과 마찬가지로, 장애인연맹연합은 다양한(신체적·감각적·인지적·정신적) 장애인을 환영하고 옹호하고자 했다. 1977년 AFL-CIO˙ 는 보호사업장Sheltered Workshop에서 장애 노동자를 조직하는 것과 관련해 논의하는 과정에서 트윈시티즈 장애인연맹연합과 미네소타정신지체시민연합에 연락했다. 장애인을 다른 노동자들

AFL-CIO 는 American Federation of Labor and Congress of Industrial Organizations의 약자로, 미국노동연맹-산별노조협의회를 뜻한다. 1955년 설립된 이 단체는 오늘날 미국에서 가장 큰 노동조합 조직이다.

과 별도로 고용하는 보호사업장의 개념은 19세기로 거슬러 올라간다. 1970년대까지 보호사업장은 장애인에게 일자리를 제공했지만, 임금이 형편없이 낮았고 노동법으로부터 배제되어 있었으며 혜택이 거의 없었고, 승진이나 재교육의 기회도 없었다. 그러한 이면에는 장애인이 바깥세상에서 살아남을 수 없고

그들을 보호하는 특별한 환경이 필요하다는 전제가 깔려 있었다. AFL-CIO는 장애인연맹연합과 만났을 때, 그들은 이미 아이오와주의 클린턴 지역에 있는 장애 사업장에서 일하는 노동자들을 성공적으로 조직한 경험이 있었다. 1979년 국가노동관계위원회는 보호사업장의 노동자들이 원한다면 노동조합을 결성할 수 있어야 한다고 결정했다. 미네소타주에서의 여러 운동들이 어떤 결과로 이어졌는지는 확실치 않다. 하지만 이로 인해 인지장애를 가진 사람들을 장애 활동가 공동체에 받아들이는 문제에 대한 논쟁이 촉발되었다. [37]

제504조 투쟁에서 샌프란시스코와 전국의 시위대가 인종과 성별 그리고 (때때로) 성소수자 차별을 연결하고 동맹을 만들었던 것처럼, 미네소타주의 새롭게 부상하는 장애 운동가들도 그러했다. 장애인연맹연합의 소식지 《진보Progress》의 회원인 스콧 로스트론이 1977년 칼럼에 적었듯이, "미국에서 흑인, 여성, 노인, 그리고 다른 집단에 대해서도 그러했듯이, 장애인 공동체에 평등은 천천히 들어오고 있다. 결핍으로 인해 특수한 도움이 필요한 존재로 바라보는 관점에서 사람 자체를 바라보는 관점으로 바뀔 때가 되었다. 분리에서 통합으로 가야 한다. 우리 자신과 다른 사람들에게 우리가 진정 필요로 하는 것들을 밝혀야 한다. (…) 장애인, 흑인, 노인 모두 인간으로서 필요로 하는 게 있다. (…) 그것은 장애인의 권리만이 아니라, 평등한 인간이라면 마땅히 누려야 할 권리다." [38]

1978년의 여러 사건은 인간을 억압하는 여러 시스템의 교차성을 부각시켰다. 장애인연맹연합 회원 중 한 명이 자신의 아파트에서 강간당한 후, 그 성폭력 피해 생존자와 함께 연합은 여성운동가와 다른 강간 생존자들을 만나기 시작했다. 이로 인해, 당시 부상하던 페미니스트 운동과 장애 인권 운동이 함께 연대할 수 있었다. 장애인 성폭력에 대해 제대로 알아야 한다고 주장하며, 장애인연맹연합은 "장애인에 대한 성적·신체적 폭력은 심각한 문제이고, 이는 사람들이 아는 것보다 아마 훨씬 더 큰 문제일 것이다"라고 결론 내렸다. 다른 피해 생존자들도 자신의 경험을 공유했고, 공동체는 법을 통해 맹인, 이동이 제한된 사람, 인지장애 여성을 상대로 한 성폭력에 대한 정보를 제공했다. 장애인연맹연합 회원들은 장애 여성이 강간 피해자 지원 서비스를 쉽게 이용할 수 없다는 것을 알게 되었다. 이는 건축 장벽, 접근 불가능한 교통수단, TTY와 미국 수어 통역자의 부재, 점자 자원의 부재 때문이었다. 1979년 7월 회의에 참석한 경찰, 페미니스트 활동가, 장애 활동가, 법정 변호사, 사회복지사로 구성된 새로운 연합은 지난 한 해 동안 다양한 장애를 지닌 지역 여성을 상대로 한 60여 건의 성폭력 사건이 있었다는 것을 발견했다. 한 지역사회 반폭력 운동가가 장애인연맹연합에 썼듯이, "성폭력을 당한 신체장애인을 위한 서비스와 시설이 부족했다. 장애인 성폭력 피해자에 대한 접근 가능하고 효과적인 서비스를 개발하기 위해서 우리 각자 분야에서 전문

성을 나눌 때가 왔다".[39]

장애 활동가들이 극복해야 했던 장벽은 물리적인 것만이
아니었다. 회의에서 운동가들이 지적했듯이, 많은 폭행 피해
생존자들은 "공동체에서 불신이라는 장벽을 경험했고" "고정
관념으로 인해 일반인들은 장애인이 강간당하거나 폭행당할
수 있다는 사실을 받아들이거나 그것을 상상하는 일조차 어려
웠다". 1970년대 미네소타주의 법은 다른 많은 주의 법과 마찬
가지로, 강간 피해자가 "법적으로 충분한 힘"을 사용하며 성폭
력에 저항했는지 여부를 증명하도록 요구했다. 이는 추가적인
장벽이었다. 여성이 성폭력에 물리적으로 저항하지 못한 이유
는 여러 가지가 있는 반면에, 몇몇 장애인 성폭력 피해 생존자
들에게는 물리적 저항 자체가 불가능했었다. 그런 경우 성폭력
이 보고되고 강간범이 잡히더라도 검사는 가해자를 풀어주어
야 했다. 1982년 성폭력 법이 바뀔 때, 장애인연맹연합은 법 개
정의 후원자이자 추진자로 인정받았다.[40]

장애인연맹연합은 1990년대 중반 해체했다. 하지만 장애
인연맹연합은 거대한 성과를 거뒀다. 1975년 미네소타주 시민
인 커티스 몬Curtis Mohn은 "불구Cripple"라는 단어 사용을 두고
서 미니애폴리스 스타[신문사]에 항의하는 글을 썼다. 그에게
그 단어는 "쓸모없음, 추함, 무력함"이라는 의미를 함축하고 있
었다. 그는 말했다. "나는 다른 모든 장애인과 마찬가지로 그러
한 것들과 거리가 멀다. 우리는 심장과 마음과 영혼을 가진 강

한 존재다." 가장 중요하게 "미국에는 천만 명이 넘는 장애인이 있다. 우리는 힘을 가지고 있고, 충분한 숫자가 있고, 우리 편에 서 있는 친구와 가족과 시민들이 있다. 우리는 그 힘을 사용해야 한다".[41]

몬이 장애인연맹연합에 가입했었는지 여부는 알려져 있지 않다. 그러나 그런 조직이 있었기 때문에, 장애인들은 자신이 가진 힘을 사용할 수 있었다. 아마도 미네소타주 장애시민들은 전국의 다른 장애인들처럼 자신들이 생각했던 것보다 훨씬 더 큰 힘을 가지고 있다는 걸 발견했을 것이다. 단체 활동을 통해서 장애인과 그 동맹들은 그들 자신과 다른 수많은 이들의 삶을 바꾸기 위해 정책에 영향을 미치고 권력을 요구하고, 영향력을 확고히 하며, 공동체를 만들었다.

장애 자부심 Disability Pride

장애인들이 점차 스스로의 삶을 직접 결정하고 자신들에게 영향을 미치는 정책과 자신들이 살고 일하고 배우는 시설을 형성하는 과정에서 목소리를 내겠다고 주장하면서 장애 운동과 공동체 그리고 그 역량은 점차 커져갔다. 1988년 갈로뎃 대학의 농인 학생들은 농인이 대학의 총장이 되어야 한다는 요구사항을 내건 투쟁에서 승리했다. 농인 학생들은 갈로뎃의 이사회가 킹 조던 I. King Jordan을 대학의 첫 번째 농인 총장으로 임명

할 때까지, '지금 당장 농인 총장DPN, Deaf President Now'으로 알려
진 시민 불복종 운동을 진행했다. [42]

　장애문화가 번성했다. 이전 세대들의 성과 위에서, 시인,
시각예술가, 소설가, 극작가, 학자들이 문화를 재정의하도록
만들었고 새로운 공동체와 환대의 공간을 만들었다. 예를 들
어, 몇 안 되는 장애문화운동 잡지 중 하나였던 《장애 누더
기Disability Rag》에서는 장애인들이 스스로를 드러내는 예술활
동이 이루어졌다. 이 책의 서문을 쓴 닐 마커스와 같은 행위 예
술가는 장애의 의료화에 질문했고, 비장애중심주의라는 가정
에 도전했다. 농인 시인들은 미국 수어를 이용해서 시를 다시
정의하도록 만들었다. 비슷하게, 1970, 1980, 1990년대의 장애
인올림픽 참가자들은 운동선수란 무엇인가에 대해 다시 질문
하도록 미국 사회를 밀어붙였다. 장애인을 포함하거나 장애인
만으로 춤과 연극을 만들어서 관객들에게 새로운 형태의 아름
다움, 관능, 운동에 대해 고심케 했다. 매릴린 해밀턴은 행글라
이더 사고 이후로 처음 사용했던 27킬로그램의 큰 돌 같은 휠
체어가 아닌 가벼운 휠체어 디자인을 거의 혼자서 만들어냈다.
이 휠체어는 일반 소비자(최소한 구입할 수 있는 여유가 있거나 자
신의 보험이 휠체어를 보장하는 사람들)뿐 아니라 운동선수가 사
용하기에도 적합했다. [43]

　이 시기의 획기적인 판결들은 수많은 사람들의 시민권을
확장시켰다. 그 과정에서 장애인과 그 동료들의 활동과 불만이

갈로뎃 대학은 1864년 설립된 농인을 위한 미국의 첫 고등교육기관
이었다. 그러나 이후 124년 동안 대학의 총장은 항상 청인이었다. 갈
로뎃의 학생들은 이 비장애중심주의적 전통에 맞서 바리케이드를 치
고 대학을 점거하는 투쟁을 진행한다. 투쟁이 시작되고 1주일이 지난
1988년 3월 13일, 대학 이사회는 농인인 킹 조던을 총장으로 선출한
다. 사진 속 갈로뎃 학생들은 미국 의회의사당 건물에서 '지금 당장 농
인 총장'을 임명하라고 요구하고 있다.

모두 커져갔고, 일련의 법적인 승리는 장애 인권 운동의 영역을 확장시켰다. 점차 자부심을 가진 장애 인권 운동과 장애 공동체가 성장하며, 장애 간 공동체가 성장할 수 있었다. 점차 신체적·정신적·인지적 장애를 가지고 있는지 여부와 관계없이, 인종·계급·성적 지향·젠더 차이에 관계없이 장애인들은 점차 공동의 경험과 목적을 가지고 있다고 생각하게 되었다.

1990년 만들어진 미국장애인법은 장애인을 위한 시민권법으로 가장 잘 알려진 법으로, 법 제정 당시 4,300만 명에게 영향을 줄 것으로 추산되었다. 미국장애인법은 1968년의 건축장벽제거법, 1973년의 재활법, 1975년의 장애인교육법 위에서 만들어졌다. 또한 1964년 제정된 인종과 성별에 따른 차별을 고용과 공공장소에서 금지하는 시민권법 위에서 만들어진 법이기도 하다. 무엇보다 미국장애인법은 수백 년 동안 계속된 장애인의 활동 위에서, 수백 년 동안 진행된 권리, 시민권, 시민의 삶을 살아가는 일에 대한 대중적 토론 위에서 만들어진 법이다.

1988년 미국장애인법이 국회에 처음 소개되었을 때, 전국 전역에서 장애인, 가족 그리고 활동가들이 모여서 차별, 학대, 접근 불가능성에 대한 그들의 경험을 나누었다. 또한 그들은 정말로 접근 가능한 민주주의가 무엇을 의미할 수 있는지에 대한 자신들의 꿈을 나누었다. HIV/AIDS 감염인들은 동성애 혐오와 비장애중심주의가 얼마나 잔인하고 파괴적으로 결합될 수 있는지에 대해 자신의 경험을 나누었다. 미국장애인법이 마침내 통과되는 데는 거리에서 활동하고 시위했던 사람들뿐 아니라 조지 H. W. 부시 정부의 저스틴 다트와 에번 캠프와 같은 활동가들의 큰 노력과 희생이 있었다. 미국장애인법은 장애를 이유로 한 고용, 접근, 주거, 교육의 차별을 금지하고 있다. [44]

    1990년 미국장애인법 제정으로 궁극적인 승리를 거두었다고 축하하며 미국 장애의 역사를 정리하기란 쉬운 일이다. 미국장애인법은 장애의 이야기로, 시민권의 이야기로, 사회운동의 이야기로 여러 방식으로 이야기될 수 있다. 장애인의 운동이 없었다면 존재할 수 없었을 것이다. 하지만 한편으로는, 권리란 무엇인가에 대한 오랜 국가적 논쟁의 역사가 없었다면 미국장애인법은 존재할 수 없었을 것이다.

    연방법으로 제정된 미국장애인법은 장애인과 그들 가족과 동료들의 삶에 거대한 변화를 만들어냈고 계속해서 만들고 있다. 장애인을 고등교육, 고용, 대중문화 그리고 공공의 삶 모든 영역에 포함하는 것은 그 사회를 훨씬 더 풍요롭게 했다. 그러나 미국장애인법의 진실은 거의 모든 시민권법이 그러하듯, 법정에서 계속해서 검증되고 침식되었고 때때로 현실에서 무시되기도 했다. 2008년 국회는 미국장애인법의 적용범위를 제한한 주법원과 대법원 판결을 수정하기 위해 미국장애인법 개정안을 통과시켰다. 미국장애인법이 아직까지 실질적인 힘을 발휘하는 것은 오직 장애인과 그 동료들의 끊임없는 감시와 활동, 장애 인권 운동이 가능하게 만들었던 그 활동들 때문이다.

장애의 역사와 몸을 되찾는 일

이 책은 장애의 역사가 미국 이야기의 핵심이라는 주장과 함께 시작했다. 나는 장애라는 렌즈를 통해 미국 역사를 바라보며, 우리가 미국의 과거를 매우 친근하게 바라보는 동시에 급진적으로 바꾸어 바라보는 법을 발견하길 바랐다. 장애의 개념이 미국 시민권의 중심에 있듯이 장애인의 경험은 미국 역사의 중심에 있다. 그리고 그 경험은 권리에 대한 탐구, 인종, 젠더에 따른 위계관계, 성적 변태의 개념, 경제적 불평등, 산업화의 과정에 대해 논쟁하게 만든다. 미국 역사를 통틀어서, 어떤 몸이 장애가 있는지 규정할 수 있던 권력이, 규정당하는 몸을 가진 이들이 경험했던 예속과 억압을 정당화하는 데 기여한 것은 분명하다.

미국 장애의 역사는 장애인만의 역사가 아니다. 능력 있는 몸을 가진 사람만이 누릴 수 있는 법적·경제적 혜택과 오랜 낙인 때문에 장애인이 겪는 법적·경제적 차별은 오늘날까지도 생생한 현실이자 개념으로서 살아 있고, 우리 모두의 삶에 영향을 미치고 있다.

미국 장애의 역사는 미국 역사 전체가 그러하듯, 복잡하고 모순적인 이야기다. 그것은 약탈당한 땅과 몸에 대한 이야기다. 옳고 그름에 대한, 황폐함와 파멸에 대한, 패배와 고집스러운 끈기에 대한, 아름다움과 우아함에 대한, 비극과 슬픔에 대한, 변혁적 아이디어에 대한, 자아를 재창조하는 일에 대한 이야기다. 백인, 장애인, 퀴어 작가이자 운동가인 엘리 클레어의 말을 빌리자면, "우리의 몸을 되찾고 세상을 바꾸는 용감하고 시끌벅적한 이야기다".[45]

미국 장애의 역사는 종종 낙인과 부정당한 자부심의 이야기였다. 특히 비장애중심주의가 장애인을 충분하지 않은 결핍된 존재로 규정할 때 그리고 장애가 위계관계를 만들어내고 정당화하는 데 사용될 때 그러했다. 비장애중심주의 이념은 장애인이 자부심을 가지기 어렵게 만들었다. 클레어가 썼던 것처럼, "자부심은 부수적인 것이 아니다. 자부심이 없다면 장애인은 비장애중심주의가 만들어놓은 일상적 삶의 조건(실업, 가난, 분리된 수준 이하의 교육, 요양원에 갇혀 생활하는 시간, 돌봄 제공자들이 가하는 폭력, 접근성 부재)을 질문하지 않고 수용할 가능성이 높다. 그러나 장애 자부심은 쉽게 생겨나지 않는다. 장애는 수치 속에 깊게 잠겨 있고, 침묵의 옷을 입고, 고립에 깊게 뿌리박고 있다".[46] 그러한 수치, 침묵, 고립은 법과 시설에, 미국의 기록된 역사와 그렇지 않은 역사에 모두 깊게 들어와 있다. 그것은 우리 삶에 침투해 있다.

미국 장애의 역사에서 반복적으로 나타나는 가장 중요하고 결정적인 이야기는, 몸이 당사자가 머물 수 있는 집이 될 수 있도록 요구하고 그런 몸을 다시 만들어내는 변화들이었다. 그 몸은 그 사람 자신의 몸인 동시에 "도둑맞은 몸"(엘리 클레어의 표현을 빌리자면)이다. 또한 그것은 시민의 몸이자 국가의 몸이다. 이 책을 시작하며 인용한 닐 마커스의 시처럼.

내 인생의 여정에서

나는 내 집으로 삼으려 하고 있어.

내 나라를.

미국의 역사는 국가라는 집을 만드는 시간에 대한, 때로는 악랄하고 때로는 영광스러운, 논쟁적이고도 경이로운 이야기다. 장애인은 그 이야기의 필수적인 부분이었고 앞으로도 그럴 것이다. 그것은 나의, 우리의, 당신의 집이다.

에필로그

네다섯 살 무렵이었다. 부모님은 거의 1년 동안 매주 두 번씩 나를 차에 태우고 몬태나주의 작은 시골마을을 떠나 대도시인 그레이트폴로 갔었다. 나는 그것을 긴 여행으로 기억하고 있는데, 오늘날 컴퓨터로 검색해보면 그 거리는 겨우 65킬로미터 정도였다. 그 경험에 대한 기억은 막연하지만, 대부분 보살핌과 사랑을 받았던 시간들로 내게 남아 있다. 부모님과 단둘이 있는 시간, 밝은 색깔의 장난감들로 가득 찬 행복한 방, 나와 게임을 함께 하던 명랑한 여성, 그리고 내가 가운데 동그라미 구멍이 있는 나무판에 콩주머니를 넣기 위해 애썼던 기억들이다. 그중에서도 콩주머니를 던지던 즐거움이 유독 생생하게 기억나는 이유는 아마도 집 안에서 물건을 던지는 걸 금지하던 우리 집의 규칙을 어길 수 있었기 때문일 것이다.

　이 기억이 언어치료를 받기 위해 갔던 이스터실즈 건물에서의 일이라는 게 떠오른 것은 내가 장애의 역사를 몇 년 동안 공부한 다음이었다. 물론, 나는 내가 언어치료를 받았다는 것을 알고 있었다. 그러나 나는 한 번도 스스로를 이스터실즈 어린이라고 여겨본 적이 없었다. 그 상황을 깨닫기에는 너무 어렸던 한 순진한 어린아이는 그렇게 장애 범주에 슬그머니 들어갔다가 다시 미끄러져 나왔다.

　나는 k, d, g를 소리 낼 수 없었다. "Kim"을 "Tim"으로 발음했다. 밖에서 노는 걸 좋아하고 때때로 옷이 더러워지기도 했던 짧은 머리의 조그마한 여자아이에게 남자아이로 오해받는 것은 상처였다. 가족들 말에 따르면, 어느 날부터 나는 사람들이 내 이름을 "Tim"이라고 알아듣는 것에 진저리치기 시작했고, 나는 사람들과 말하는 것을 거의 그만둘 뻔했다. 그때 이미 나는 고집스러운 사람이었던 게 분명하다. 유치원이 없고 사회 서비스가 거의 없었던 시골마을에서, 우리 부모님은 1970년대 당시 민간 자금으로 운영되던 이스터실즈로 눈길을 돌렸다. 그 자금이 어디로부터 지원되었던 간에 부모님은 그 요금절감혜택을 감사히 생각했다.

　돌이켜보건대, 한때 불구어린이회The Society for Crippled Children로 알려졌던 이스터실즈에 감사한다. 나는 그들이 내 부모님을 존중하며 대했다는 것과 그 모든 경험을 네다섯 살 아이가 엄청나게 즐거운 일로 받아들였다는 사실에 감사한다. 나는 물건을 던졌다. 그리고 그것은 믿을 수 없을 만큼 큰 힘이 되어서, 내가 내 목소리와 내 몸을 편안하게 느낄 수 있게 해주었다. 그것은 우리 모두의 경험이 되어야 한다.

주

들어가며

1. Linda K. Kerber, "Women and Individualism in American History," *Massachusetts Review* 30, no. 4 (Winter 1989): 600.

2. Jacobellis v. Ohio, 378 U.S. 184 (1964).

1장

1. Tom Porter, *And Grandma Said … Iroquois Teachings as Passed Down through the Oral Tradition* (Philadelphia: Xlibris: 2008), 416; Oneida Dictionary, at "Oneida Language Tools," University of Wisconsin-Green Bay, accessed May 2011, http://www.uwgb.edu/oneida.

2. Carol Locust, "Wounding the Spirit: Discrimination and Tradition in American Indian Belief Systems," *Harvard Educational Review* 58, no. 3 (1988): 326. See also: Carol Locust, *American Indian Concepts of Health and Unwellness* (Tucson, AZ: Native American Research and Training Center, 1986); Robert M. Schacht, "Engaging Anthropology in Disability Studies: American Indian Issues," *Disability Studies Quarterly* 21, no. 3 (Summer 2001): 17-36.

3. Jennie R. Joe and D. L. Miller, *American Indian Perspectives on Disability* (Tucson, AZ: Native American Research and Training Center, 1987); Lavonna Lovern, "Native American Worldview and the Discourse on Disability," *Essays in Philosophy* 9, no. 1 (January 2008), available at http://commons.pacificu.edu/eip.

4. Joe and Miller, *American Indian Perspectives on Disability*; Jeanne L. Connors and Anne M. Donnellan, "Citizenship and Culture: The Role of Disabled People in Navajo Society," *Disability, Handicap, and Society* 8, no. 3 (1993): 265-80.

5. Locust, "Wounding the Spirit."

6. Joe and Miller, *American Indian Perspectives on Disability*; Connors and Donnellan, "Citizenship and Culture."

7. Carol Locust, *Hopi Indian Concepts of Unwellness and Handicaps* (Tucson, AZ: Native American Research and Training Center, 1987), 13.

8. Carol Locust, *Apache Indian Concepts of Unwellness and Handicaps* (Tucson, AZ: Native American Research and Training Center, 1987), 17, 24.

9. Ibid., 17.

10. Donna Grandbois, "Stigma of Mental Illness among American Indian and Alaska Native Nations: Historical and Contemporary Perspectives," *Issues in Mental Health Nursing* 26, no. 10 (2005): 1005-6.

11. Jeffrey E. Davis, *Hand Talk: Sign Language among American Indian Nations* (New York: Oxford University Press, 2010), 3.

12. Jeffrey E. Davis, "A Historical Linguistic Account of Sign Language among North American Indians," in *Multilingualism and Sign Languages: From the Great Plains to Australia*, ed. Ceil Lucas (Washington, DC: Gallaudet University Press, 2002): 3-35; Davis, Hand Talk, 19.

13. Locust, *Apache Indian Concepts*, 39.

14. Locust, *Hopi Indian Concepts*, 15.

15. Porter, *And Grandma Said*, 350.

2장

1. Cornelius J. Jaenen, "Amerindian Views of French Culture in the Seventeenth Century," in *American Encounters: Natives and Newcomers from European Contact to Indian Removal: 1500-1850*, ed. Peter Mancall and James H. Merrell (New York: Routledge, 2000), 77.

2. John D. Bonvillian, Vicky L. Ingram, Brendan M. McCleary, "Observations on the Use of Manual Signs and Gestures in the Communicative Interactions between Native Americans and Spanish Explorers of North America: The Accounts of Bernal Díaz del Castillo and Álvar Núñez Cabeza de Vaca," *Sign Language Studies* 9, no. 2 (Winter 2009): 146, 149, 153; Jeffrey E. Davis, "A Historical Linguistic Account of Sign Language among North American Indians," in *Multilingualism and Sign Languages: From the Great Plains to Australia*, ed. Ceil Lucas (Washington, DC: Gallaudet University Press, 2002), 6. See also: Susan Wurtzburg and Lyle Campbell, "North American Indian Sign Language: Evidence of Its Existence before European Contact," *International Journal of American Linguistics* 61, no. 2 (April 1995): 153-67.

3. 당시 토착민 수어를 무시하던 유럽인의 태도를 이해하기 위해서는 1700년 이전에 유럽에서 사용되던 수어에 대한 더 많은 연구가 필요하다. 또한 같은 시기, 아시아나 아프리카에서 수어가 존재했는지 여부를 알기 위한 연구 역시 필요하다.

4. Alfred W. Crosby, "Virgin Soil Epidemics as a Factor in the Aboriginal Depopulation in America," *William and Mary Quarterly* 33 (1976): 289-99; David S. Jones, "Virgin Soils Revisited," *William and Mary Quarterly* 60 (2003): 703-42. See also: Gerald Grob, *The Deadly Truth: A History of Disease in America* (Cambridge, MA: Harvard University Press, 2002).

5. Crosby, "Virgin Soil Epidemics," 290; Daniel K. Richter, *Facing East from Indian Country: A Native History of Early America* (Cambridge, MA: Harvard University Press, 2001), 121.

6. Crosby, "Virgin Soil Epidemics," 296.

7. Cristobal Silva, "Miraculous Plagues," *Early American Literature* 43, no. 2 (June 2008): 251-52.

8. William Cronon, *Changes in the Land: Indians, Colonists, and the Ecology of New England* (New York: Hill and Wang, 1983), 85; Jones, "Virgin Soils Revisited," 736.

9. Jones, "Virgin Soils Revisited," 737.

10. Richter, *Facing East from Indian Country*, 61; James M. Merrell, "The Indians' New World: The Catawba Experience," in *American Encounters: Natives and Newcomers from European Contact to Indian Removal: 1500-1850*, ed. Peter Mancall and James H. Merrell (New York: Routledge, 2000), 30. See also: Paul Kelton, "Avoiding the Smallpox Spirits: Colonial Epidemics and Southeastern Indian Survival," *Ethnohistory* 51, no. 1 (Winter 2004): 45-71; Nile Robert Thompson and C. Dale Sloat, "The Use of Oral Literature

to Provide Community Health Education on the Southern Northwest Coast," *American Indian Culture and Research Journal* 28, no. 3 (2004): 20.

11. Jaenen, "Amerindian Views of French Culture," 77.

12. Nathaniel B. Shurtleff, ed., *Records of the Colony of New Plymouth in New England* (Bowie, MD: Heritage Books, 1998); "The Massachusetts Body of Liberties" (1641), available via Hanover Historical Texts Project, Hanover College, http://history.hanover.edu; Parnel Wickham, "Conceptions of Idiocy in Colonial Massachusetts," *Journal of Social History* 35, no. 4 (2003): 939.

13. Wickham, "Conceptions of Idiocy," 940.

14. Parnel Wickham, "Idiocy and the Law in Colonial New England," *Mental Retardation* 39, no. 2 (2001): 107.

15. Wickham, "Idiocy and the Law," 104–13; Parnel Wickham, "Images of Idiocy in Puritan New England," *Mental Retardation* 39, no. 2 (2001): 147–51.

16. Wickham, "Images of Idiocy," 149.

17. Seth Malios, *Archaeological Excavations at 44JC568, The Reverend Richard Buck Site* (Richmond: Association for the Preservation of Virginia Antiquities, 1999), 12.

18. Parnel Wickham, "Idiocy in Virginia, 1616–1860," *Bulletin of the History of Medicine* 80, no. 4 (2006): 683; Malios, *Archaeological Excavations*. See also: Irene W. D. Hecht and Frederick Hecht, "Mara and Benomi Buck: Familial Mental Retardation in Colonial Jamestown," *Journal of the History of Medicine* (April 1973): 171–76; Richard Neugebauer, "Exploitation of the Insane in the New World: Benoni Buck, the First Reported Case of Mental Retardation in the American Colonies," *Archives of General Psychiatry* 44, no. 5 (1987): 481–83.

19. Roger Thompson, *Sex in Middlesex: Popular Mores in a Massachusetts County, 1649–1699* (Amherst: University of Massachusetts Press, 1986), 137–38.

20. Ibid., 138.

21. Lawrence B. Goodheart, "The Distinction between Witchcraft and Madness in Colonial Connecticut," *History of Psychiatry* 13 (2002): 436.

22. Gerald Grob, *The Mad Among Us: A History of the Care of America's Mentally Ill* (Cambridge, MA: Harvard University Press, 1995), 7, 15; Albert Deutsch, "Public Provision for the Mentally Ill in Colonial America," *Social Science Review* 10, no. 4 (December 1936): 614.

23. Grob, *The Mad Among Us*, 16.

24. Deutsch, "Public Provision," 611–13; Grob, *The Mad Among Us*, 17.

25. Mary Ann Jimenez, *Changing Faces of Madness: Early American Attitudes and Treatment of the Insane* (Hanover, NH: University Press of New England, 1987), 13; Carol Gay, "The Fettered Tongue: A Study of the Speech Defect Of Cotton Mather," *American Literature* 46, no. 4 (1975): 451–64.

26. Robert J. Steinfeld, "Subjectship, Citizenship, and the Long History of Immigration Regulation," *Law and History Review* 19, no. 3 (2001): 645–53.

27. Sara Evans, *Born for Liberty: A History of Women in America* (New York:

Free Press, 1997), 32.

28. Valerie Pearl and Morris Pearl, "Governor John Winthrop on the Birth of the Antinomians' 'Monster': The Earliest Reports to Reach England and the Making of a Myth," *Proceedings of the Massachusetts Historical Society*, 3d ser., 102 (1990): 37.

29. Anne G. Myles, "From Monster to Martyr: Re-Presenting Mary Dyer," *Early American Literature* 36, no. 1 (2001): 4.

3장

1. Mary Ann Jimenez, *Changing Faces of Madness: Early American Attitudes and Treatment of the Insane* (Hanover, NH: University Press of New England, 1987), 32.

2. Philip M. Ferguson, "The Legacy of the Almshouse," in *Mental Retardation in America*, ed. Steven Noll and James W. Trent (New York: New York University Press, 2004), 46; Ruth Wallis Herndon, *Unwelcome Americans: Living on the Margin in Early New England* (Philadelphia: University of Pennsylvania Press, 2001), 8.

3. Adams Papers, Diary of John Adams, January 16, 1770, Massachusetts Historical Society; Nancy Rubin Stewart, *The Muse of the Revolution: The Secret Pen of Mercy Otis Warren and the Founding of a Nation* (Boston: Beacon Press, 2008), 41; John R. Waters Jr., *The Otis Family in Provincial and Revolutionary Massachusetts* (Chapel Hill: Institute for Early American History and Culture, University of North Carolina Press, 1968), 178.

4. Stewart, *The Muse of the Revolution*, 42–44; William Tudor, *The Life of James Otis, of Massachusetts* (Boston: Wells and Lilly, 1823), 475–85; Waters, The Otis Family, 178–81.

5. James Otis (Sr.) to James Otis Jr., August 1, 1772 (Barnstable), Otis-Gay Family Papers Collection, Columbia University, Rare Book and Manuscript Library.

6. Wickham, "Idiocy in Virginia," 688; Mark Couvillon, "Patrick Henry's Virginia: Three Homes of an American Patriot," *Virginia Cavalcade* 50, no. 4 (2001): 158–67. Different resources give different dates for Sarah Shelton Henry's death: either 1775 or 1776.

7. Wickham, "Idiocy in Virginia," 687.

8. Philip D. Morgan, "'Who died an expence to this town': Poor Relief in Eighteenth-Century Rhode Island," in *Down and Out in Early America*, ed. Billy G. Smith (University Park: Pennsylvania State University Press, 2004), 139.

9. Karin Wulf, "Gender and the Political Economy of Poor Relief in Colonial Philadelphia," in *Down and Out in Early America*, ed. Billy G. Smith (University Park: Pennsylvania State University Press, 2003), 163–212.

10. Jimenez, *Changing Faces of Madness*, 37.

11. Ibid., 41.

12. Albert Deutsch, *The Mentally Ill in America: A History of Their Care and Treatment from Colonial Times*, 2nd ed. (New York: Columbia University Press, 1967), 52.

13. Deutsch, *The Mentally Ill*, 52;

Wickham, "Idiocy in Virginia," 688–89.

14. Deutsch, *The Mentally Ill*, 52, 59–61.

15. John Wesley, *Primitive Physic: An Easy and Natural Method of Curing Most Diseases* (Bristol, England: William Pine, 1773), 77.

16. Alfred W. Crosby, "Virgin Soil Epidemics as a Factor in the Aboriginal Depopulation in America," *William and Mary Quarterly* 33 (1976), 290; Nile Robert Thompson and C. Dale Sloat, "The Use of Oral Literature to Provide Community Health Education on the Southern Northwest Coast," *American Indian Culture and Research Journal* 28, no. 3 (2004): 20.

17. Alfred W. Crosby, "Ecological Imperialism: The Overseas Migration of Western Europeans as a Biological Phenomenon," in *American Encounters: Natives and Newcomers from European Contact to Indian Removal: 1500–1850*, ed. Peter Mancall and James H. Merrell (New York: Routledge, 2000), 62.

18. David W. Galenson, *Traders, Planters, and Slaves: Market Behavior in Early English America* (Cambridge, England: Cambridge University Press, 1986), 112–13.

19. Hugh Thomas, *The Slave Trade: The Story of the Atlantic Slave Trade: 1440–1870* (New York: Simon and Schuster, 1997), 376, 378.

20. Ibid., 386.

21. Ibid., 311.

22. *Foreign Slave Trade: Abstract of the Information Recently Laid on the Table of the House of Commons on the Subject of the Slave Trade* (London, 1821): 84–85.

23. George Francis Dow, *Slave Ships and Slaving* (1927; repr. New York: Dover, 1970), xxxv.

24. John Greenleaf Whittier, "The Slave Ships," 1834.

25. Galenson, *Traders, Planters, and Slaves*, 76–80; Thomas, The Slave Trade, 438–39.

26. James Oliver Horton and Louise E. Horton, *In Hope of Liberty: Culture, Community, and Protest among Northern Free Blacks, 1700–1860* (Oxford: Oxford University Press, 1979), 12; Darold D. Wax, "Preferences for Slaves in Colonial America," *Journal of Negro History* 58, no. 4 (October 1973): 382.

4장

1. David J. Rothman, *Discovery of the Asylum: Social Order and Disorder in the New Republic* (Boston: Little, Brown, 1971).

2. Dawn Keetley and John Pettegrew, eds., *Public Women, Public Words: A Documentary History of American Feminism*, vol. 1 (Madison, WI: Madison House, 1997), 48.

3. Douglas Baynton, "Disability and the Justification of Inequality in American History," in *The New Disability History: American Perspectives*, ed. Paul K. Longmore and Lauri Umansky (New York: New York University Press, 2001), 43–44.

4. Daniel Blackie, "Disabled Revolutionary War Veterans and the Construction of Disability in the Early

United States, c. 1776–1840" (PhD diss., University of Helsinki, 2010), 1–2, 36.

5. Ibid., 42, 49, 56; James E. Potter, "'He . . . regretted having to die that way': Firearms Accidents in the Frontier Army, 1806–1891," *Nebraska History* 78, no. 4 (1997): 175–86.

6. Blackie, "Disabled Revolutionary War Veterans," 60–61.

7. Ibid., 69–71.

8. Ibid., chapter 4.

9. Ruth Wallis Herndon, *Unwelcome Americans: Living on the Margin in Early New England* (Philadelphia: University of Pennsylvania Press, 2001), 170–73.

10. 관련해서 통찰력 있는 분석을 원한다면 다음을 참조. Baynton, "Disability and the Justification of Inequality," 33–57.

11. Thomas Jefferson, *Jefferson's Notes on the State of Virginia; With the Appendixes—Complete* (Baltimore, MD: printed by W. Pechin, 1800), 143.

12. Harriet A. Washington, *Medical Apartheid: The Dark History of Medical Experimentation on Black Americans from Colonial Times to the Present* (New York: Doubleday, 2006), 35–36; Dea Boster, "Unfit for Bondage: Disability and African American Slavery in the United States, 1800–1860" (PhD diss., University of Michigan, 2010). 장애와 노예제에 대한 연구는 아직 많이 부족한 상황이지만, 보스터(Boster)의 학위 논문은 향후 연구를 위한 훌륭한 시작점이 되어줄 것이다.

13. Baynton, "Disability and the Justification of Inequality," 39–40.

14. Boster, "Unfit for Bondage," 70, 75–76.

15. Ibid., 86, 90, 101.

16. Ibid., 56–57; Olive Gilbert and Sojourner Truth, *Narrative of Sojourner Truth: A Northern Slave, Emancipated from Bodily Servitude by the State of New York in 1828* (Boston: privately printed, 1850), 39; *Norfolk (VA) Herald*, October 25, 1798, accessed via "The Geography of Slavery in Virginia," Virginia Center for Digital History, University of Virginia, www.virginia.edu.

17. *Virginia Gazette*, August 11, 1774, accessed via "The Geography of Slavery," Virginia Center for Digital History, University of Virginia, www.virginia.edu.

18. Boster, "Unfit for Bondage," 56–57.

19. '건전함(soundness)'에 대한 정밀한 분석이 궁금하다면 다음을 참조. Sharla M. Fett, *Working Cures: Healing, Health, and Power on Southern Slave Plantations* (Chapel Hill: University of North Carolina Press, 2003), chapter 1; Fett, *Working Cures*, 23; Boster, "Unfit for Bondage," 92–93.

20. Dea H. Boster, "An 'Epeleptick' Bondswoman: Fits, Slavery, and Power in the Antebellum South," *Bulletin of the History of Medicine* 83, no. 2 (Summer 2009): 271–301; Ellen Samuels, "'A Complication of Complaints': Untangling Disability, Race, and Gender in William and Ellen Craft's Running a Thousand Miles for Freedom," *MELUS: Multi-Ethnic Literatures of the United States* 31, no. 3 (Fall 2006): 15–47. 새뮤얼의 놀라운 글은 꾀병의 사례가 아니라, 윌리엄과 엘렌이 어떻게 장애를 노예제에서 벗어나기 위한 술책으로 이용했는지 기록하고 있다.

21. Boster, "Unfit for Bondage," 111, 122.

22. Marie Jenkins Schwartz, *Birthing*

a Slave: Motherhood and Medicine in the Antebellum South (Cambridge, MA: Harvard University Press, 2006), 212–14; Ellen Samuels, "Examining Millie and Christine McKoy: Where Enslavement and Enfreakment Meet," Signs 37, no. 1 (Autumn 2011): 53–81.

23. Washington, *Medical Apartheid*, 61–67.

24. Kirby Ann Randolph, "Central Lunatic Asylum for the Colored Insane: A History of African Americans with Mental Disabilities, 1844–1885" (PhD diss., University of Pennsylvania, 2003); Frederick Douglass, *Life and Times of Frederick Douglass*, Written by Himself (1892), electronic edition available at "Documenting the American South," University of North Carolina, Chapel Hill, http://docsouth.unc.edu, 137–38; Frederick Douglass, *Narrative of the Life of Frederick Douglass* (Oxford: Oxford University Press, 1999), 56.

25. Gerald Grob, "Edward Jarvis and the Federal Census," *Bulletin of the History of Medicine* 50, no. 1 (1976): 4–27; Albert Deutsch, "The First US Census of the Insane (1840) and Its Uses as Pro-Slavery Propaganda," *Bulletin of the History of Medicine* 15 (1944): 469–82; Patricia Cline Cohen, *A Calculating People: The Spread of Numeracy in Early America* (Chicago: University of Chicago Press, 1982), chapter 6. I'm using Cohen's statistics.

26. "Reflections on the Census of 1840," *Southern Literary Messenger* (Richmond, VA) 9 (1843): 345, 350.

27. Grob, "Edward Jarvis"; Deutsch, "The First US Census of the Insane"; Cohen, *A Calculating People*.

28. Alfred W. Crosby, "Virgin Soil Epidemics as a Factor in the Aboriginal Depopulation in America," *William and Mary Quarterly* 33 (1976): 290–91.

29. Edward D. Castillo, "Blood Came from their Mouths: Tongva and Chumash Responses to the Pandemic of 1801," in *Medicine Ways: Disease, Health, and Survival among Native Americans*, ed. Clifford E. Trafzer and Diane Weiner (Walnut Creek, CA: AltaMira, 2001): 16–31.

30. 이러한 주장을 하는 데 있어 다음의 연구를 참고하였다. Philip M. Ferguson, *Abandoned to Their Fate: Social Policy and Practice toward Severely Retarded People in America, 1820–1920* (Philadelphia: Temple University Press, 1994).

31. Lois Bragg, ed., *Deaf World: A Historical Reader and Primary Sourcebook* (New York: New York University Press, 2001), 6; Harlan Lane, *A Deaf Artist in Early America: The Worlds of John Brewster Jr.* (Boston: Beacon Press, 2004); Harlan Lane, *When the Mind Hears: A History of the Deaf* (New York: Vintage Books, 1984).

32. Samuel Gridley Howe, *On the Causes of Idiocy* (1848; New York: Arno Press, 1972), 1–2. 이러한 경향에 대해 더 알고 싶다면 다음을 참조: James W. Trent Jr., *Inventing the Feeble Mind: A History of Mental Retardation in the United States* (Los Angeles: University of California Press, 1995); Ferguson, *Abandoned to Their Fate*; Peter L. Tyor and Leland V. Bell, *Caring for the Retarded in America:*

A History (Westport, CT: Greenwood, 1984); Lawrence B. Goodheart, "Rethinking Mental Retardation: Education and Eugenics in Connecticut, 1818–1917," Journal of the History of Medicine & Allied Sciences 59, no. 1 (2004): 90–111.

33. Ernest Freeberg, The Education of Laura Bridgman (Cambridge, MA: Harvard University Press, 2001); Elisabeth Gitter, The Imprisoned Guest: Samuel Howe and Laura Bridgman, the Original Deaf-Blind Girl (New York: Farrar, Straus and Giroux, 2001); Kim E. Nielsen, "The Southern Ties of Helen Keller," Journal of Southern History 73, no. 4 (November 2007): 783–806; Kim E. Nielsen, The Radical Lives of Helen Keller (New York: New York University Press, 2004); Kim E. Nielsen, Beyond the Miracle Worker: The Remarkable Life of Anne Sullivan Macy and Her Extraordinary Friendship with Helen Keller (Boston: Beacon Press, 2009); Harlan Lane, A Deaf Artist in Early America: The Worlds of John Brewster Jr. (Boston: Beacon Press, 2004); Phyllis Klein Valentine, "A Nineteenth-Century Experiment in Education of the Handicapped: The American Asylum for the Deaf and Dumb," New England Quarterly 64, no. 3 (1991): 355–75; Hannah Joyner, "This Unnatural and Fratricidal Strife: A Family's Negotiation of the Civil War, Deafness, and Independence," in The New Disability History, ed. Paul K. Longmore and Lauri Umansky (New York: New York UniversityPress, 2001), 83–106; Hannah Joyner, From Pity to Pride: Growing Up Deaf in the Old South (Washington, DC: Gallaudet University Press, 2004).

34. Mary Ann Jimenez, Changing Faces of Madness: Early American Attitudes and Treatment of the Insane (Hanover, NH: University Press of New England, 1987), 81.

35. Shawn Smallman, "Spirit Beings, Mental Illness, and Murder: Fur Traders and the Windigo in Canada's Boreal Forest, 1774–1935," Ethnohistory 57, no. 4 (Fall 2010): 580.

36. Jimenez, Changing Faces of Madness, 103, and see examples 101–2.

37. Ibid., 106–7; Laurel Thatcher Ulrich, "Derangement in the Family: The Story of Mary Sewall, 1824–1825," Dublin Seminar for New England Folklife Annual Proceedings 15 (1990): 168–84.

38. Dorothea L. Dix, "Memorial to the Legislature of Massachusetts, 1843," in The History of Mental Retardation: Collected Papers, vol. 1, ed. Marvin Rosen, Gerald Clark, and Marvin Kivitz (Baltimore, MD: University Park Press, 1976), 17; Benjamin Reiss, "Letters from Asylumia: The Opal and the Cultural Work of the Lunatic Asylum, 1851–1860," American Literary History 16, no. 1 (2004): 1–28; Lawrence B. Goodheart, "The Concept of Insanity: Women Patients at the Hartford Retreat for the Insane, 1824–1865," Connecticut History 36, no. 1 (1995): 31–47; Gerald Grob, "Class, Ethnicity, and Race in American Mental Hospitals, 1830–1875," Journal of the History of Medicine & Allied Sciences 28, no. 3

(July 1973): 207–29; Peter MacCandless, "Curative Asylum, Custodial Hospital: The South Carolina Lunatic Asylum and the State Hospital, 1828–1920," in *The Confinement of the Insane: International Perspectives, 1800–1965*, ed. Roy Porter and David Wright (Cambridge: Cambridge University Press), 173–92; Lawrence B. Goodheart, "From Cure to Custodianship of the Insane Poor in Nineteenth-Century Connecticut," *Journal of the History of Medicine and Allied Sciences* 65 (2010): 106–30; Lawrence B. Goodheart, *Mad Yankees: The Hartford Retreat for the Insane and Nineteenth-Century Psychiatry* (Amherst: University of Massachusetts Press, 2003); Shomer S. Zwelling, *Quest For a Cure: The Public Hospital In Williamsburg, Virginia, 1773–1885* (Williamsburg, VA: Colonial Williamsburg Foundation, 1985); Ellen Dwyer, *Homes for the Mad: Life inside Two Nineteenth-Century Asylums* (New Brunswick, NJ: Rutgers University Press, 1987); Nancy Tomes, *The Art of Asylum-Keeping: Thomas Story Kirkbride and the Origins of American Psychiatry* (Philadelphia: University of Pennsylvania Press, 1994); Benjamin Reiss, *Theaters of Madness: Insane Asylums and Nineteenth-Century American Culture* (Chicago: University of Chicago Press, 2008); Katherine K. Ziff, David O. Thomas, and Patricia M. Beamish, "Asylum and Community: The Athens Lunatic Asylum in Nineteenth-Century Ohio," *History of Psychiatry* 19 (2008): 409–32.

39. Penny Richards, "'Besides Her

Sat Her Idiot Child': Families and Development Disability in Mid-Nineteenth-Century America," in *Mental Retardation in America: A Historical Reader*, ed. Steven Noll and James W. Trent Jr. (New York: New York University Press, 2004), 65–68.

40. Samuel Gridley Howe, "Report Made to the Legislature of Massachusetts," 1848.

41. Richards, "'Besides Her Sat Her Idiot Child,'" 65.

42. Carl T. Steen, "The Home for the Insane, Deaf, Dumb, and Blind of the Cherokee Nation," *Chronicles of Oklahoma* 21 (1943): 402–19; Rev. W. A. Duncan, Works Progress Administration, Indian Pioneer History Project for Oklahoma, University of Oklahoma, Western History Collections, http://libraries.ou.edu, accessed August 5, 2011.

43. Steen, "The Home for the Insane," 418.

44. Mary L. Day, *Incidents in the Life of a Blind Girl* (Baltimore, MD: James Young, 1859), 163, 175. Day also wrote a second and later volume of autobiography: *The World as I Have Found It* (Baltimore, MD: James Watts, 1878). For an analysis, see: Mary Klages, *Woeful Afflictions: Disability and Sentimentality in Victorian America* (Philadelphia: University of Pennsylvania Press, 1999), 146–63.

45. Christopher L. Tomlins, "A Mysterious Power: Industrial Accidents and the Legal Construction of Employment Relations in Massachusetts, 1800–1850," *Law and History Review* 6, no. 2 (Fall

1988): 375–438.

46. Robert J. Steinfeld, "Subjectship, Citizenship, and the Long History of Immigration Regulation," *Law and History Review* 19, no. 3 (2001); William J. Bromwell, *History of Immigration to the United States: Exhibiting the Number, Sex, Age, Occupation, and Country of Birth of Passengers Arriving from Foreign Countries by Sea from 1819 to 1855* (New York: August J. Kelley, 1855), 199, 201.

47. Kay Schriner and Lisa A. Ochs, "Creating the Disabled Citizen: How Massachusetts Disenfranchised People under Guardianship," *Ohio State Law Journal* 62 (2001): 481–533.

48. Ibid.

49. George L. Marshal Jr., "The Newburgh Conspiracy: How General Washington and His Spectacles Saved the Republic," *Early American Review* (Fall 1997), available at http://www.earlyamerica.com.

5장

1. Thomas A. Perrine, "A Sinister Manuscript," undated, William Oland Bourne Papers, Box 2, Folder 4, Manuscript Division, Library of Congress, Washington, DC.

2. Thomas A. Perrine was promoted to sergeant April 2, 1863; lost his arm at Chancellorsville, May 3, 1863; discharged on surgical certificate August 7, 1863; and died July 21, 1890. Per the website of the 140th Pennsylvania Volunteer Infantry Reenactors, http://www.140pvi.us. Louisa May Alcott, *Hospital Sketches*, ed. Alice Fahs (Boston: Bedford/St. Martin's, 2004), 73.

3. Fred Pelka, ed., *The Civil War Letters of Colonel Charles F. Johnson: Invalid Corps* (Amherst: University of Massachusetts Press, 2004), 224.

4. Undated letter of Albert T. Shurtleff, William Oland Bourne Papers, Box 5, Folder 6, Manuscript Division, Library of Congress, Washington, DC; John Bryson, June 11, 1867, William Oland Bourne Papers, Box 5, Folder 2, Manuscript Division, Library of Congress, Washington, DC.; B. D. Palmer, undated letter, William Oland Bourne Papers, Box 5, Folder 2, Manuscript Division, Library of Congress, Washington, DC; Laurann Figg and Jane Farrell-Beck, "Amputation in the Civil War: Physical and Social Dimensions," *Journal of the History of Medicine & Allied Sciences* 48, no. 4 (1993): 474; Jeffrey W. Mc-Clurke, *Take Care of the Living: Reconstructing Confederate Veteran Families in Virginia* (Charlottesville: University of Virginia Press, 2009), 104, 109.

5. Robert A. Pinn, undated letter, William Oland Bourne Papers, Box 2, Folder 2, Manuscript Division, Library of Congress, Washington, DC; William B. Neff, *Bench and Bar of Northern Ohio* (Cleveland, OH: Historical Publishing, 1921), 131.

6. Pelka, *The Civil War Letters*, 27, 28.

7. Ibid., 14.

8. Donald R. Shaffer, "'I do not suppose that Uncle Sam looks at the skin': African Americans and the Civil War Pension System, 1865–1934," *Civil War History* 46, no. 2 (June 2000): 132–47.

9. Peter Blanck and Chen Song, "'Never Forget What They Did Here': Civil War Pensions for Gettysburg Union Army Veterans and Disability in Nineteenth-Century America," *William and Mary Law Review* 44 (February 2003): 907–1520. See also: Peter Blanck, "'The Right to Live in the World': Disability Yesterday, Today, and Tomorrow," *Texas Journal on Civil Liberties and Civil Rights* (Spring 2008): 367–401; Larry M. Logue and Peter Blanck, *Race, Ethnicity, and Disability: Veterans and Benefits in Post–Civil War America* (New York: Cambridge University Press, 2010).

10. McClurke, *Take Care of the Living*, 124, 138.

11. Ibid., 119, 130, 138; Pelka, *The Civil War Letters*, 2.

12. Larry M. Logue and Peter Blanck, "The Civil War," in *Encyclopedia of American Disability History*, ed. Susan Burch, vol. 1 (New York: Facts on File, 2009), 181–83; Jennifer Davis McDaid, "'How a One-Legged Rebel Lives': Confederate Veterans and Artificial Limbs in Virginia," in *Artificial Parts, Practical Lives: Modern Histories of Prosthetics*, ed. Katherine Ott, David Serlin, and Stephen Mihm (New York: New York University Press, 2002), 136; Geoffrey C. Ward, Ric Burns, and Ken Burns, *The Civil War: An Illustrated History* (New York: Knopf, 1990), 206; Figg and Farrell-Beck, "Amputation in the Civil War," 463; McClurke, *Take Care of the Living*, chap. 6.

13. McDaid, "'How a One-Legged Rebel Lives,'" 136; Figg and Farrell-Beck,

"Amputation in the Civil War," 460; Pelka, *The Civil War Letters*, 23.

14. Figg and Farrell-Beck, "Amputation in the Civil War," 471–72, 474.

15. Susan M. Schweik, *The Ugly Laws: Disability in Public* (New York: New York University Press, 2009), 291, 293. See also: Adrienne Phelps Coco, "Diseased, Maimed, and Mutilated: Categorizations of Disability and an Ugly Law in Late Nineteenth-Century Chicago," *Journal of Social History* 44, no. 1 (Fall 2010): 23–37.

16. Lauri Umansky, "Lavinia Warren," in *Encyclopedia of American Disability History*, ed. Susan Burch, vol. 3 (New York: Facts on File, 2009), 950–52. 프릭쇼에 대해 더 알고 싶다면 다음을 참조: Robert Bogdan, *Freak Show: Presenting Human Oddities for Amusement and Profit* (Chicago: University of Chicago Press, 1988); Rosemarie Garland Thomson, ed., *Freakery: Cultural Spectacles of the Extraordinary Body* (New York: New York University Press, 1998).

17. John Paterson is a pseudonym. John S. Hughes, "Labeling and Treating Black Mental Illness in Alabama, 1861–1910," *Journal of Southern History* 58, no. 3 (August 1993): 435–60.

18. J. F. Miller, "The Effects of Emancipation upon the Mental and Physical Health of the Negro of the South," *North Carolina Medical Journal* 38 (1896): 285–94.

19. Vanessa Jackson, "Separate and Unequal: The Legacy of Racially Segregated Psychiatric Hospitals," cited with author's permission; Hughes,

"Labeling and Treating Black Mental Illness," 441.

20. Hughes, "Labeling and Treating Black Mental Illness," 445-54, 456.

21. Jim Downs, "The Continuation of Slavery: The Experience of Disabled Slaves during Emancipation," *Disability Studies Quarterly* 28, no. 3 (2008).

22. Edward H. Clarke, *Sex in Education; or, A Fair Chance for the Girls* (Boston: J. R. Osgood, 1873), 103.

23. Katherine Jankowski, "'Til All Barriers Crumble and Fall: Agatha Tiegel's Presentation Day Speech in April 1893," in *Deaf World: A Historical Reader and Primary Sourcebook*, ed. Lois Bragg (New York: New York University Press, 2001), 286, 289. 티겔에 대해 더 알고 싶다면 다음을 참조: O. Robinson, "Agatha Tiegel Hanson," in *Encyclopedia of American Disability History*, ed. Susan Burch, vol. 2 (New York: Facts on File, 2009): 423-24.

24. Ibid.

25. Lindsey Patterson, "Residential Schools," in *Encyclopedia of American Disability History*, ed. Susan Burch, vol. 3 (New York: Facts on File, 2009): 778-80.

26. Douglas Baynton, *Forbidden Signs: American Culture and the Campaign against Sign Language* (Chicago: University of Chicago Press, 1996), 26, 28-29.

27. Baynton, *Forbidden Signs*, 77. 핸슨에 대해 더 알고 싶다면 다음을 참조: John Vickrey Van Cleve and Barry A. Crouch, *A Place of Their Own: Creating the Deaf Community in America* (Washington, DC: Gallaudet University Press, 1989), 132-35; Robert Buchanan, *Illusions of Equality: Deaf Americans in School and Factory, 1850-1950* (Washington, DC: Gallaudet University Press, 2002), 37-51.

28. Agatha Tiegel Hanson, "Inner Music," in *American Annals of the Deaf*, vol. 48, ed. Edward Allen Fay (Washington, DC: 1903), 207.

29. John Lee Clark, ed., *Deaf American Poetry: An Anthology* (Washington, DC: Gallaudet University Press, 2009), 86-88.

6장

1. Calvin Coolidge, "1923 State of the Union Address," in State of the Union Address (1790-2001) by United States Presidents, available from Project Gutenberg, www.gutenberg.org.

2. Harry Laughlin, *Eugenical Sterilization in the United States* (Chicago: Psychopathic Laboratory of the Municipal Court of Chicago, 1922).

3. Jennifer Terry, *An American Obsession: Science, Medicine, and Homosexuality in Modern Society* (Chicago: University of Chicago Press, 1999), 82.

4. Laughlin, *Eugenical Sterilization*, 451-52. Laughlin built on the work of Charles Davenport, *Heredity in Relation to Eugenics* (New York: Henry Holt, 1911). See also: Harry Bruinius, *Better for All the World: The Secret History of Forced Sterilization and America's Quest for Racial Purity* (New York: Alfred Knopf, 2006) and Paul A. Lombardo, *Three Generations, No Imbeciles: Eugenics, the Supreme Court, and Buck v. Bell* (Baltimore, MD: Johns Hopkins University Press, 2008).

5. Jay Dolmage, "Disabled upon Arrival: The Rhetorical Construction of Disability and Race at Ellis Island," *Cultural Critique* 77 (Winter 2011): 45; Douglas Baynton, "Defectives in the Land: Disability and American Immigration Policy, 1882–1924," *Journal of American Ethnic History* 24, no. 3 (2005): 33, 35; Douglas C. Baynton, "'The Undesirability of Admitting Deaf Mutes': US Immigration Policy and Deaf Immigrants, 1882–1924," *Sign Language Studies* 6, no. 4 (Summer 2006): 393.

6. Dolmage, "Disabled upon Arrival"; Alan M. Kraut, *Silent Travelers: Germs, Genes, and the "Immigrant Menace"* (New York: Basic Books, 1994), chap. 3; Victor Safford, *Immigration Problems: Personal Experiences of an Official* (New York: Dodd, Mead, 1925), 245.

7. Margot Canaday, *The Straight State: Sexuality and Citizenship in Twentieth-Century America* (Princeton, NJ: Princeton University Press, 2009), 32; Terry, An American Obsession, 96.

8. Howard Markel and Alexandra Minna Stern, "Which Face? Whose Nation?: Immigration, Public Health, and the Construction of Disease at America's Ports and Borders, 1891–1928," *American Behavioral Scientist* 42 (1999): 1322; Dolmage, "Disabled upon Arrival," 40; Natalia Molina, "Medicalizing the Mexican: Immigration, Race, and Disability in the Early-Twentieth-Century United States," *Radical History Review* 94 (Winter 2006): 24; Emily Abel, "From Exclusion to Expulsion: Mexicans and Tuberculosis Control in Los Angeles,

1914–1940," *Bulletin of the History of Medicine* 77 (2003): 823–49.

9. Allan McLaughlin, "How Immigrants Are Inspected," *Popular Science Monthly* 66 (February 1905): 357–61. 트라코마 (trachoma)에 대해 더 알고 싶다면 다음을 참조: Howard Markel, "'The Eyes Have It': Trachoma, the Perception of Disease, the United States Public Health Service, and the American Jewish Immigration Experience, 1897–1924," *Bulletin of the History of Medicine* 74, no. 3 (2000): 525–60.

10. Ronald R. Kline, *Steinmetz: Engineer and Socialist* (Baltimore, MD: Johns Hopkins University Press, 1992).

11. McAlister Coleman, *Pioneers of Freedom* (New York: Vanguard Press, 1929), 265; John Winthrop Hammond, *Charles Proteus Steinmetz: A Biography* (New York: Century and Company, 1924), 8–9.

12. Baynton, "Defectives in the Land," 35; Canaday, *The Straight State*, chap. 1.

13. Baynton, "Defectives in the Land," 36–39; Canaday, *The Straight State*, 34–35.

14. Baynton, "Defectives in the Land," 36–39; Baynton, "The Undesirability of Admitting Deaf Mutes," 391–392; Sarah Abrevaya Stein, "Deaf American Jewish Culture in Historical Perspective," *American Jewish History* 95, no. 3 (September 2009): 277–305.

15. Baynton, "Defectives in the Land," 34–35. Emphasis in original.

16. Canaday, *The Straight State*, 34, 36.

17. Calvin Coolidge, "1923 State of the Union Address."

18. Laughlin, *Eugenical Sterilization*, 164; The State, Alice Smith, Prosecutor vs. The Board of Examiners of Feeble-Minded (Including Idiots, Imbeciles and Morons) Epileptics, Criminals and Other Defectives, Defendants (1913), University of Wisconsin–Madison, General Library System.

19. Laughlin, *Eugenical Sterilization*, 293, 300; 1900 Census.

20. Laughlin, *Eugenical Sterilization*, 293, 294, 296, 300; Molly Ladd-Taylor, "Eugenic Sterilization in Minnesota," *Minnesota History* (Summer 2005): 243. The linkage between young women's sexual activities and feeble-mindedness was a common one. See, for example, Steven Noll, "Care and Control of the Feeble-Minded: Florida Farm Colony, 1920–1945," *Florida Historical Quarterly* 69, no. 1 (July 1990): 57–80; Molly Ladd-Taylor, "Eugenic Sterilization in Minnesota"; Michael A. Rembis, *Defining Deviance: Sex, Science, and Delinquent Girls, 1890–1960* (Chicago: University of Illinois Press, 2011).

21. Laughlin, *Eugenical Sterilization*, 294.

22. Terry, An American Obsession, 82; Laughlin, *Eugenical Sterilization*, 446–47.

23. Jonathan Katz, ed., *Gay American History: Lesbians and Gay Men in the USA* (New York: Harper Colophon, 1976), 143.

24. George Chauncey, "From Sexual Inversion to Homosexuality: The Changing Medical Conceptualization of Female 'Deviance,'" in *Passion and Power: Sexuality in History*, ed. Kathy Peiss and Christina Simmons, with Robert A. Padgug (Philadelphia: Temple University Press, 1992): 105; Douglas Baynton, "Disability and the Justification of Inequality in American History," in *The New Disability History: American Perspectives*, ed. Paul K. Longmore and Lauri Umansky (New York: New York University Press, 2001).

25. Buck v. Bell, 274 US 200 (1927); Lombardo, *Three Generations, No Imbeciles*; Anna Stubblefield, "'Beyond the Pale': Tainted Whiteness, Cognitive Disability, and Eugenic Sterilization," Hypatia 22, no. 2 (Spring 2007): 162–81; Stephen Jay Gould, "Carrie Buck's Daughter," *Natural History* 93 (July 1984): 14–18.

26. Dr. William Spratling, "An Ideal Colony for Epileptics and the Necessity for the Broader Treatment of Epilepsy," *American Medicine*, August 24, 1901, 287.

27. Goodheart, "Rethinking Mental Retardation: Education and Eugenics in Connecticut, 1818–1917," *Journal of the History of Medicine & Allied Sciences* 59, no. 1 (2004): 103.

28. Laura Skandera Trombley, "'She Wanted to Kill': Jean Clemens and Postictal Psychosis," *American Literary Realism* 37, no. 3 (Spring 2005): 225, 234; Michael Sheldon, *Mark Twain: The Man in White, His Final Years* (New York: Random House, 2010); Karen Lystra, *Dangerous Intimacy: The Untold Story of Mark Twain's Final Years* (Berkeley: University of California Press, 2004), 95.

29. Harry Hummer, "Insanity Among the Indians," *American Journal of*

Insanity 69 (January 1913): 613–23; Todd Leahy, "The Canton Asylum: Indians, Psychiatrists, and Government Policy, 1899–1934" (PhD diss., Oklahoma State University, 2004), 52–76.

30. Pemina Yellow Bird, "Wild Indians: Native Perspectives on the Hiawatha Asylum for Insane Indians," available at the website of the National Empowerment Center, http://www. power2u.org, 9; Zitkala-Sa, *American Indian Stories* (1921; Lincoln: University of Nebraska Press, 1985), 55–56.

31. Scott Riney, "Power and Powerlessness: The People of the Canton Asylum for Insane Indians," *South Dakota History* 27, nos. 1–2 (Spring/Summer 1997): 56–59; Diane T. Putney, "The Canton Asylum for Insane Indians, 1902–1934," *South Dakota History* 14, no. 1 (1984): 17–20; Yellow Bird, "Wild Indians"; Bradley Soule and Jennifer Soule, "Death at the Hiawatha Asylum for Insane Indians [1908–1933]," *South Dakota Journal of Medicine* 56, no. 1 (January 2003): 15–18.

32. "'Sane' Indians Held in Dakota Asylum," *New York Times*, October 15, 1933.

33. Susan Burch, "'Dis-membered' Pasts: Histories of Removals, Institutions, and Community Lives," paper given at the January 2012 American Historical Association meeting. Cited with permission.

34. Putney, "The Canton Asylum," 28.

35. Martin Summers, "'Suitable Care of the African When Afflicted with Insanity': Race, Madness, and Social Order in Comparative Perspective," *Bulletin of the History of Medicine* 84 (2010): 70; Matthew Gambino, "'The Savage Heart beneath the Civilized Exterior': Race, Citizenship, and Mental Illness in Washington, DC, 1900–1940," *Disability Studies Quarterly* 28, no. 3 (Summer 2008). See also: Matthew Gambino, "'These Strangers within Our Gates': Race, Psychiatry, and Mental Illness among Black Americans at St. Elizabeth's Hospital in Washington, DC, 1900–1940," *History of Psychiatry* 19 (2008): 387–408. Other scholars have examined the relationship between public health policies, US imperialism, and racial segregation: Samuel Kelton Roberts Jr., *Infectious Fear: Politics, Disease, and the Health Effects of Segregation* (Chapel Hill: University of North Carolina Press, 2009); Michelle T. Moran, *Colonizing Leprosy: Imperialism and the Politics of Public Health in the United States* (Chapel Hill: University of North Carolina Press, 2007); Natalia Molina, *Fit to Be Citizens? Public Health and Race in Los Angeles, 1879–1939* (Berkeley: University of California Press, 2006).

36. Todd Benson, "Blinded with Science: American Indians, the Office of Indian Affairs, and the Federal Campaign against Trachoma, 1924–1927," in *Medicine Ways: Disease, Health, and Survival among Native Americans*, ed. Clifford E. Trafzer and Diane Weiner (Walnut Creek, CA: AltaMira Press, 2001), 54, 62.

37. Ibid., 63, 65, 67.

38. John Fabian Witt, *The Accidental*

Republic: Crippled Workingmen, Destitute Widows, and the Remaking of American Law (Cambridge: Harvard University Press, 2004), 24, 38.

39. Crystal Eastman, *Work Accidents and the Law* (Pittsburgh, PA: Russell Sage Foundation, 1910), 146.

40. Ibid., 146, 148.

41. Ibid., 146, 149.

42. Ibid., 227.

43. Witt, *The Accidental Republic*, 3; Mark Aldrich, Death Rode the Rails: American Railroad Accidents and Safety, 1828–1965 (Baltimore, MD: Johns Hopkins University Press, 2006), 2, 185; John Williams-Searle, "Cold Charity: Manhood, Brotherhood, and the Transformation of Disability" in *The New Disability History: American Perspectives*, ed. Paul K. Longmore and Lauri Umansky (New York: New York University Press, 2001), 157–86; John Williams-Searle, "Courting Risk: Disability, Masculinity, and Liability on Iowa's Railroads, 1868–1900," *Annals of Iowa* 58 (Winter 1999): 27–77; Shelton H. Stromquist, *A Generation of Boomers: The Pattern of Railroad Labor Conflict in Nineteenth-Century America* (Chicago: University of Illinois Press, 1993).

44. Witt, *The Accidental Republic*, 27; Allan Kraut, *Silent Travelers: Germs, Genes, and the "Immigrant Menace"* (New York: Basic Books, 1994), 172–78, 180; Claudia Clark, *Radium Girls: Women and Industrial Health Reform, 1910–1935* (Chapel Hill: North Carolina University Press, 1997); Jill E. Cooper, "Keeping the Girls on the Line: The Medical Department and Women Workers at

AT&T, 1913–1940," *Pennsylvania History* 64, no. 4 (1997): 490–508.

45. Amy M. Hamburger, "The Cripple and His Place in the Community," *Annals of the American Academy of Political and Social Science* 77 (May 1918): 36–37.

46. Ibid., 41, 46.

47. Ana Carden-Coyne, "Ungrateful Bodies: Rehabilitation, Resistance, and Disabled American Veterans of the First World War," *European Review of History* 14, no. 4 (2007): 546. 장애와 제1차 세계대전 그리고 보조기술에 대해 더 알고 싶다면 다음을 참조: Scott Gelber, "'Hard-Boiled Order': The Reeducation of Disabled WWI Veterans in New York City," *Journal of Social History* 39, no. 1 (2005): 161–80; Walter K. Hickel, "Medicine, Bureaucracy, and Social Welfare: The Politics of Disability Compensation for American Veterans of World War I," in *The New Disability History: American Perspectives*, ed. Paul K. Longmore and Lauri Umansky (New York: New York University Press, 2001), 236–67; Michael J. Lansing, "'Salvaging the Man Power of America': Conservation, Manhood, and Disabled Veterans During World War I," *Environmental History* 14, no. 1 (January 2009): 32–56; Beth Linker, "Feet for Fighting: Locating Disability and Social Medicine in First World War America," *Social History of Medicine* 20, no. 1 (2007): 91–109; Beth Linker, *War's Waste: Rehabilitation in World War One* (Chicago: University of Chicago Press, 2011); Edward Slavishak, "Artificial Limbs and Industrial Workers' Bodies in Turn-of-the-Century Pittsburgh," *Journal of*

Social History 37, no. 2 (Winter 2003):
365–88.

48. "Future Ship Workers: A One-Armed
Welder," 1919, Exhibit poster showing
two scenes in which men with partial
arm amputations are taught welding,
Reproduction Number: LC-USZC4-7461,
Call Number: POS—WWI—US, no.
32 (C size) [P&P], Repository: Library
of Congress Prints and Photographs
Division Washington, D.C. 20540 USA.

49. "The disabled man who is profitably
employed is no longer handicapped,"
1919, Exhibit poster, text only, calling
for the extension of veterans' benefits
to all injured and disabled citizens,
Reproduction Number: LC-USZC4-7379
(color film copy transparency), Call
Number: POS—WWI—US, no. 38 (C size)
[P&P], Repository: Library of Congress
Prints and Photographs Division,
Washington, DC.

50. Calvin Coolidge, "1923 State of the
Union Address."

7장

1. Robert Cohen, ed., *Dear Mrs.
Roosevelt: Letters from Children of the
Great Depression* (Chapel Hill: University
of North Carolina Press, 2002), 232–33.

2. Ibid., 233–34.

3. Paul K. Longmore and David
Goldberger, "The League of the
Physically Handicapped and the Great
Depression: A Case Study in the New
Disability History," *Journal of American
History* 87, no. 3 (2000): 904, 905, 907.

4. Robert F. Jefferson, "'Enabled
Courage': Race, Disability, and Black
World War II Veterans in Postwar
America," *Historian* 65, no. 5 (2003):
1103, 1121.

5. [원문에서 농인문화공동체의 농인을 뜻하
는 "Deaf"로 "D"가 대문자로 쓰여져 있다.]
농인들이 스스로 규정한 문화적 공동체를 뜻
한다는 맥락에서 "D"를 대문자로 표현했다.
이 뒤에 나오는 예시로 등장하는 "deaf"는 신
체적 조건으로서 농을 뜻한다.

6. For more on the Deaf community
in this period, see Susan Burch,
*Signs of Resistance: American Deaf
Cultural History, 1900 to 1942* (New
York: New York University Press, 2002);
Michael Reis, "Student Life at the
Indiana School for the Deaf During
the Depression Years," in *Deaf History
Unveiled: Interpretations from the New
Scholarship*, ed. John Vickrey Van Cleve
(Washington, DC: Gallaudet University
Press, 1993), 198–223.

7. Myron Uhlberg, *Hands of My Father: A
Hearing Boy, His Deaf Parents, and the
Language of Love* (New York: Bantam
Books, 2008), 125–26.

8. Barbara H. Baskin, "The Impact of
Disability on Employment Opportunities
in the Depression of the 1930s," in *The
Unemployed (1930–1932)*, ed. Alex
Baskin (New York: Archives of Social
History, 1975), 18; David Shannon, *The
Great Depression* (Englewood Cliffs,
NJ: Prentice Hall, 1960), 163–71. In this
case the WPA interviewer did not know
American Sign Language. Most of the
interview was conducted via writing.

9. Uhlberg, *Hands of My Father*, 31.

10. Burch, *Signs of Resistance*, 120–28.

11. Ibid., 126.

12. Ibid., 35–39. See also: Carolyn McCaskill, Ceil Lucas, Robert Bayley, and Joseph Hill, *The Hidden Treasure of Black ASL: Its History and Structure* (Washington, DC: Gallaudet University Press, 2002).

13. 노스캐롤라이나주립 유색인종 농인맹인 학교의 아름다운 역사에 대해 더 알고 싶다면 다음을 참조: Mary Herring Wright, *Sounds Like Home: Growing Up Black and Deaf in the South* (Washington, DC: Gallaudet University Press, 1999); Kim E. Nielsen, ed., Helen Keller: Selected Writings (New York: New York University Press, 2005), 183–84.

14. Monika Deppen-Wood, Mark R. Luborsky and Jessica Scheer, "Aging, Disability and Ethnicity: An African-American Woman's Story," in *The Cultural Context of Aging*, 2nd ed., ed. Jay Sokolovsky (Westport, CN: Bergin and Garvey, 1997), 444.

15. R. J. Altenbaugh, "Where Are the Disabled in the History of Education? The Impact of Polio on Sites of Learning," *History of Education* 35, no. 6 (November 2006): 710. 소아마비의 역사와 소아마비 생존자들의 삶에 대해 더 알고 싶다면 다음을 참조: Daniel J. Wilson, *Living with Polio: The Epidemic and Its Survivors* (Chicago: University of Chicago Press, 2005); Daniel J. Wilson, *Polio: Biographies of Disease* (Westport, CT: Greenwood Press, 2009); Naomi Rogers, *Dirt and Disease: Polio Before FDR* (New Brunswick, NJ: Rutgers University Press, 1992); Susan Richards Shreve, *Warm Springs: Traces of a Childhood at FDR's Polio Haven* (Boston: Houghton Mifflin,

2007); Anne Finger, *Elegy for a Disease: A Personal and Cultural History of Polio* (New York: St. Martin's, 2006).

16. Daniel J. Wilson, "Psychological Trauma and Its Treatment in the Polio Epidemics," *Bulletin of the History of Medicine* 82, no. 4 (Winter 2008): 871.

17. Altenbaugh, "Where Are the Disabled?" 721; Sucheng Chan, *In Defense of Asian American Studies: The Politics of Teaching and Program Building* (Chicago: University of Illinois Press, 2005), 35–36.

18. 루스벨트 대통령의 장애를 숨기려 한 행동의 함의를 분석한 내용을 알고 싶다면 다음을 참조: Hugh Gregory Gallagher, *FDR's Splendid Deception* (New York: Dodd Mead, 1994); Rosemarie Garland-Thomson, "The FDR Memorial: Who Speaks from the Wheelchair?" *Chronicle of Higher Education*, January 26, 2001, B11–B12; Amy L. Fairchild, "The Polio Narratives: Dialogues with FDR," *Bulletin of the History of Medicine* 75, no. 3 (2001): 488–534; John Duffy, "Franklin Roosevelt: Ambiguous Symbol for Disabled Americans," *Midwest Quarterly* 29, no. 1 (1987): 113–35.

19. Daniel J. Wilson, "Polio," in *Encyclopedia of American Disability History*, vol. 2, ed. Susan Burch (New York: Facts on File, 2009), 725–29. 케니 (Kenny)에 대해 더 알고 싶다면 다음을 참조: Naomi Rogers, "'Silence Has Its Own Stories': Elizabeth Kenny, Polio, and the Culture of Medicine," *Social History of Medicine* 21 (2008): 145–61.

20. Naomi Rogers, "Race and the Politics of Polio: Warm Springs, Tuskegee, and the March of Dimes," *American Journal of Public Health* 97, no. 5 (May 2007): 787, 791; Stephen E. Mawdsley, "'Dancing on Eggs': Charles H. Bynum, Racial Politics, and the National Foundation for Infantile Paralysis, 1938–1954," *Bulletin of the History of Medicine* 84, no. 2 (Summer 2010): 227.

21. Rogers, "Race and the Politics of Polio," 791, 793; Bruce Watson, *Freedom Summer: The Savage Season That Made Mississippi Burn and Made America a Democracy* (New York: Viking, 2010), 246; Fannie Lou Hamer's Testimony before the Credentials Committee, Democratic National Convention, Atlantic City, NJ, August 22, 1964. 예방접종과 인종에 대해서는 더 많은 연구가 필요하다. 인종, 시민권 운동, 10센트의 행진에 대해 더 알고 싶다면 다음을 참조: Mawdsley, "'Dancing on Eggs.'"

22. Doris Zames Fleischer and Frieda Zames, *The Disability Rights Movement: From Charity to Confrontation* (Philadelphia: Temple University Press, 2001), 33.

23. Allison C. Carey, *On the Margins of Citizenship: Intellectual Disability and Civil Rights in Twentieth-Century America* (Philadelphia: Temple University Press, 2009), 107; Kathleen Jones, "Education for Children with Mental Retardation: Parent Activism, Public Policy, and Family Ideology in the 1950s," in *Mental Retardation in America*, ed. Steven Noll and James W. Trent (New York: New York University Press, 2004), 327.

24. Jones, "Education for Children with Mental Retardation," 325.

25. For example, see: *Where's Molly* (San Francisco: SFO Productions, 2007); Trent, *Inventing the Feeble Mind*, chap. 7; Carey, *On the Margins*, chap. 6; Harold Pollack, "Learning to Walk Slow: America's Partial Policy Success in the Arena of Intellectual Disability," *Journal of Policy History* 19, no. 1 (2007): 95–112; Jones, "Education for Children with Mental Retardation"; Katherine Castles, "'Nice, Average Americans': Postwar Parents' Groups and the Defense of the Normal Family," in *Mental Retardation in America*, ed. Steven Noll and James W. Trent (New York: New York University Press, 2004), 351–70; Barbara Bair, "The Parents Council for Retarded Children and Social Change in Rhode Island, 1951–1970," *Rhode Island History* 40, no. 4 (1981): 144–59; Melanie Panitch, *Disability, Mothers, and Organization: Accidental Activists* (New York: Routledge, 2008).

26. Carey, *On the Margins*, 112, 115–16; Gerald O'Brien, "Rosemary Kennedy: The Importance of a Historical Footnote," *Journal of Family History* 29, no. 3 (July 2004): 225–36; David Braddock, "Honoring Eunice Kennedy Shriver's Legacy in Intellectual Disability," *Intellectual and Developmental Disabilities* 48, no. 1 (February 2010): 63–72; Edward Shorter, *The Kennedy Family and the Story of Mental Retardation* (Philadelphia: Temple University Press, 2000).

27. Carey, *On the Margins*, 190; written remembrances of Jane Birk, Minnesota ARC Papers, Minnesota Historical

Society.

28. Steven J. Taylor, *Acts of Conscience: World War II, Mental Institutions, and Religious Objectors* (Syracuse, NY: Syracuse University Press, 2009), 2, chap. 7; Frank Leon Wright, ed., *Out of Sight, Out of Mind* (Philadelphia: National Mental Health Foundation, 1947). Another such example is Albert Deutsch's *The Shame of the States* (New York: Arno Press, 1973).

29. Burton Blatt and Fred Kaplan, *Christmas in Purgatory* (New York: Allyn and Bacon, 1966).

30. Steven J. Taylor, "*Christmas in Purgatory*," in *Encyclopedia of American Disability History*, vol. 1, ed. Susan Burch (New York: Facts on File, 2009), 175. See also: David Mechanic and Gerald N. Grob, "Rhetoric, Realities, and the Plight of the Mentally Ill in America," in *History and Health Policy in the United States: Putting the Past Back*, ed. Rosemary A. Stevens, Charles E. Rosenberg, and Lawton R. Burns (New Brunswick, NJ: Rutgers University Press, 2006): 229–49; Darby Penney and Peter Stastny, *The Lives They Left Behind: Suitcases from a State Hospital Attic* (New York: Bellevue Literary Press, 2008).

31. Bay Crockett, Pueblo, CO, to Franklin D. Roosevelt, October 23, 1942, FDR Papers as President, Official File, 4920 gasoline rationing, 1942, Hyde Park, New York, FDR Presidential Library and Museum.

32. Victor L. Lee, Los Altos, California, to Franklin D. Roosevelt, January 29, 1942, FDR Papers as President, Official File, 4740 tire industry, FDR Presidential Library and Museum.

33. Julia O'Brien, Seneca Falls, New York, to Franklin D. Roosevelt, August 9, 1942, FDR Papers as President, Official File, 4740 tire industry, July–Dec 1942, FDR Presidential Library and Museum.

34. Ibid.; Letter from Julia O'Brien to Mrs. Beady, White House Executive Office, undated, FDR Papers as President, Official File, 4740 tire industry, July–Dec 1942, FDR Presidential Library and Museum.

35. Harlan Hahn, "Public Support for Rehabilitation Programs: The Analysis of US Disability Policy," *Disability, Handicap and Society* 1, no. 2 (1986): 127; R. K. McNickle, *Rehabilitation of Disabled Persons: Editorial Research Reports*, vol. 2 (Washington, DC: Congressional Quarterly Press, 1950), retrieved from CQ Researcher, http://library.cqpress.com/cqresearcher.

36. William B. Towns, "The Physically Handicapped on the Industrial Warfront," *Crippled Child*, June 1942.

37. Ibid.

38. Kathi Wolf, "Teaching of Disability History Is Eminently Right—and FAIR," *Independence Today*, August 2011, http://www.itodaynews.com, accessed November 11, 2011.

39. Andrew Edmund Kersten, *Labor's Home Front: The American Federation of Labor during World War II* (Chicago: University of Illinois Press, 2009), 166, 167.

40. 제1차 세계대전 이후에 제정된 법에는 연방직업교육위원회를 만들어낸 국가방위법

(National Defense Act, 1916)과 스미스-시어스퇴역군인재활법(Smith-Sears Veterans Rehabilitation Act, 1918) 등이 있다. 이러한 프로그램을 둘러싼 논쟁에 대해 더 알고 싶다면 다음을 참조: Ruth O'Brien, *Crippled Justice: The History of Modern Disability Policy in the Workplace* (Chicago: University of Chicago Press, 2001), chap. 2. 재활 전문가의 등장에 대해 더 알고 싶다면 다음을 참조: Martha Lentz Walker, *Beyond Bureacracy: Mary Elizabeth Switzer and Rehabilitation* (Lanham, MD: University Press of America, 1985); Edward D. Berkowitz, "The Federal Government and the Emergence of Rehabilitation Medicine," *Historian* 43 (1981): 530–45.

41. O'Brien, *Crippled Justice*, 76–77.

42. Ibid., 77–78; Audra Jennings, "'The Greatest Numbers . . . Will Be Wage Earners': Organized Labor and Disability Activism, 1945–1953," *Labor: Studies in Working Class History of the Americas* 4, no. 4 (2007): 37–52.

43. Jennings, "'The Great Numbers,'" 66–67; Audra Jennings, "Picnics, Parties, and Rights: US Disability Activism, 1940–1960," American Historical Association conference presentation, January 2012 (used with author's permission). 장애 노동에 대해 더 알고 싶다면 다음을 참조: Sarah F. Rose, "'Crippled' Hands: Disability in Labor and Working-Class History," *Labor: Studies in Working-Class History of the Americas* 2, no. 1 (2005): 27–54.

44. Jennings, "'The Great Numbers,'" 56–57. For more on this, see: O'Brien, Crippled Justice; Buchanan, *Illusions of Equality*; Richard Scotch, "American Disability Policy in the Twentieth Century," in *The New Disability History: American Perspectives*, ed. Paul K. Longmore and Lauri Umansky (New York: New York University Press, 2001), 375–92.

45. Thomas L. Stokes, "'Bravest of the Brave' Fight Prejudice Caused by Extent of their Sacrifice" *State Journal* (WI), August 17, 1946.

46. Jennings, "'The Great Numbers," 72, 81.

47. David A. Gerber, "In Search Of Al Schmid: War Hero, Blinded Veteran, Everyman," *Journal of American Studies* 1995 29, no. 1 (1995): 12, 19; David Gerber, "Anger and Affability: The Rise and Representation of a Repertory of Self-Presentation Skills in a World War II Disabled Veteran," *Journal of Social History* 27, no. 1 (1993): 5–27; David Gerber, "Blind and Enlightened: The Contested Origins of the Egalitarian Politics of the Blinded Veterans Association" in *The New Disability History: American Perspectives*, ed. Paul K. Longmore and Lauri Umansky (New York: New York University Press, 2001), 313–74; David Gerber, "Memory of Enlightenment: Accounting for the Egalitarian Politics of the Blinded Veterans Association," *Disability Studies Quarterly* 18 (Fall 1998): 257–63.

48. Jefferson, "Enabled Courage," 1122–24. 장애를 가지게 된 아프리카계 미국인 퇴역군인에 대해 더 알고 싶다면 다음을 참조: Ellen Dwyer, "Psychiatry and Race during World War II," *Journal of the History of Medicine and Allied Sciences* 61(2006): 117–43.

49. See, for example, Felicia Kornbluh, "Disability, Antiprofessionalism, and Civil Rights: The National Federation of the Blind and the 'Right to Organize' in the 1950s," *Journal of American History* (March 2011): 1023–47; Jacobus ten-Broek, "The Right to Live in the World: The Disabled in the World of Torts," *California Law Review* 54, no. 2 (1966); Albert A. Herzog Jr., "From Service to Rights: The Movement for Disability Rights in the American Methodist Tradition," *Methodist History* 38, no. 1 (1999): 27–39; Edward Abrahams, "Randolph Bourne on Feminism and Feminists," *Historian* 43, no. 3 (1981): 365–77; Paul K. Longmore and Paul Steven Miller, "'A Philosophy of Handicap': The Origins Of Randolph Bourne's Radicalism," *Radical History Review* 94 (2006): 59–83; Amy L. Fairchild, "Leprosy, Domesticity, and Patient Protest: The Social Context of a Patients' Rights Movement in Mid-Century America," *Journal of Social History* (2006): 1011–42.

8장

1. "Disabled Miners Threaten Stronger Tactics," *Beckley (WV) Post-Herald*, September 6, 1971, 6.

2. "President of Disabled Miners Claims Strike Imminent," *Uniontown (PA) Morning Herald*, September 30, 1971; Robert Payne obituary, *Beckley (WV) Register-Herald*, October 29, 2009; William Graebner, *Coal-Mining Safety in the Progressive Period: The Political Economy of Reform* (Lexington: University Press of Kentucky, 1976), 91.

3. Barbara Ellen Smith, *Digging Our Graves: Coal Miners and the Struggle over Black Lung Disease* (Philadelphia: Temple University Press, 1987), 14; Graebner, *Coal-Mining Safety*, 56. 1970년대 탄광노동과 파업에 대해 더 알고 싶다면 다음을 참조: Smith, *Digging Our Graves*; Paul F. Clark, *The Miners' Fight for Democracy: Arnold Miller and the Reform of the United Mine Workers* (Ithaca, NY: New York State School of Industrial and Labor Relations, Cornell University, 1981); Robert L. Lewis, *Black Coal Miners in America: Race, Class, and Community Conflict, 1870–1980* (Louisville: University Press of Kentucky, 1987); Richard A. Brisbin, *A Strike Like No Other Strike: Law and Resistance during the Pittston Coal Strike of 1989–1990* (Baltimore, MD: Johns Hopkins University Press, 2002); Robyn Muncy, "Coal-Fired Reform: Social Citizenship, Dissident Miners, and the Great Society," *Journal of American History* 96, no. 1 (2009): 72–98.

4. Brisbin, *A Strike Like No Other*, 82; Graebner, *Coal-Mining Safety*, 92.

5. "President of Disabled Miners Claims Strike Imminent," *Uniontown (PA) Morning Herald*; "Disabled Miners Threaten Stronger Tactics," *Beckley (WV) Post-Herald*.

6. Lewis, *Black Coal Miners*, 184; Graebner, *Coal-Mining Safety*, 92; 스미스는 웨스트버지니아주의 베클리(Beckley) 근처인 로델(Rhodell)에 살았다. 스미스는 [1972년 노동조합 위원장이 되는] 아놀드 밀러 덕분에 휠체어를 공급받아 사용할 수 있었

다고 말했다.

7. "Clara Clow," *Frederick (MD) News*, August 15, 1990.

8. Ibid.

9. Ibid.

10. 장애인권운동 연구에 대해 관심이 있다면 다음을 참조: Paul K. Longmore, "The Disability Rights Movement," in *Why I Burned My Book and Other Essays on Disability* (Philadelphia: Temple University Press, 2003), 101–15; Sharon Barnartt and Richard Scotch, *Disability Protests: Contentious Politics, 1970–1999* (Washington, DC: Gallaudet University Press, 2001); Doris Zames Fleischer and Frieda Zames, *The Disability Rights Movement: From Charity to Confrontation* (Philadelphia: Temple University Press, 2001); Jacqueline Vaughn Switzer, *Disabled Rights: American Disability Policy and the Fight for Equality* (Washington, DC: Georgetown University Press, 2003); Joseph P. Shapiro, *No Pity: People with Disabilities Forging a New Civil Rights Movement* (New York: Random House, 1993); Richard K. Scotch, *From Good Will to Civil Rights: Transforming Federal Disability Policy*, 2nd ed. (Philadelphia: Temple University Press, 2001).

11. Shapiro, No Pity, chap. 2; Barnartt and Scotch, *Disability Protests*, 42–44. 국방부는 장애인 활동보조가 가장 끔찍한 처벌이라고 생각해 양심적 병역거부자들에게 그 일을 맡겼다. 하지만, 로버트의 기록에 따르면 양심적 병역거부자 중 몇몇은 장애인에게 더없이 소중한 사람들이었다. 발달장애인시설에서 발생했던 학대를 폭로했던 양심적 병역거부자들처럼, 그들은 금세 장애 인권 운동의 소중한 자산이 되었다. 로버트는 말했다. "그들은 우리가 함께 일하고 싶은 사람들이었다. 우리는 운이 좋았다." Fleischer and Zames, *The Disability Rights Movement*, 39.

12. Fleischman and Zames, *The Disability Rights Movement*, 41.

13. Rick Mayes and Allan V. Horwitz, "DSM III and the Revolution in the Classification of Mental Illness," *Journal of the History of Behavioral Sciences* 41, no. 3 (Summer 2005): 255; Gerald Grob, *The Mad Among Us: A History of the Care of America's Mentally Ill* (Boston: Harvard University Press), 287.

14. Michael A. Rembis, "The New Asylums: Madness and Mass Incarceration in the Neoliberal Era." 현재 진행중인 연구임, 저자의 허락을 받아 인용함.

15. Lindsey M. Patterson, "Building Communities and Breaking Down Barriers: Disability Rights Activism 1959–1968," 2012년 1월 시카고에서 열린 미국역사학회에서 발표된 내용. 저자의 허락을 받아 인용함.

16. Scotch, *From Good Will to Civil Rights*, 54. See also Fleischman and Zames, *The Disability Rights Movement*, chap. 4.

17. Scotch, *From Good Will to Civil Rights*, 56–57.

18. "Handicapped People Draw Notice," Denton (TX) Record Chronicle, January 8, 1971; "Question Line" of the Charleston (WV) Daily Mail, May 15, 1972; Greeley (CO) Daily Tribune, March 25, 1977; "Helena Handicapped to Organize," Independent Record (Helena, MT), August 30, 1977; "The Handicapped Join Push for Equality," Kennebeck Journal

(Augusta, ME), September 22, 1977; Lima (OH) News, August 12, 1973.

19. Department of Education, History: Twenty-Five Years of Progress in Educating Children with Disabilities through IDEA (Washington, DC: Office of Special Education Programs, 2008), available on the website of the US Department of Education, www.ed.gov.

20. Fleischman and Zames, *The Disability Rights Movement*, 51, 59.

21. Scotch, *From Good Will to Civil Rights*, 111–16; Barnartt and Scotch, Disability Protests, 165–66; Fleischman and Zames, *The Disability Rights Movement*, 53–56; Independent Press Telegram (Long Beach, CA), April 9, 1977; Independent Press Telegram, April 16, 1977.

22. Susan Schweik, "Lomax's Matrix: Disability, Solidarity, and the Black Power of 504," *Disability Studies Quarterly* 31, no. 1 (2011); Scotch, *From Good Will to Civil Rights*, 111–16; Barnartt and Scotch, *Disability Protests*, 165–66; Fleischman and Zames, *The Disability Rights Movement*, 53–56; Shapiro, *No Pity*, 64–70.

23. "Disabled Woman Claims Bias by Sheriff," *Syracuse (NY) Post-Standard*, April 22, 1975.

24. *Greeley (CO) Daily Tribune*, March 25, 1977.

25. *Zanesville (OH) Times Recorder*, July 16, 1976.

26. Shapiro, *No Pity*, 28; Paul S. Miller obituary, *Washington Post*, October 21, 2010; Paul S. Miller obituary, *New York Times*, October 21, 2010.

27. Paul K. Longmore, "Why I Burned My Book," in *Why I Burned My Book and Other Essays on Disability* (Philadelphia: Temple University Press, 2003), 231, 249, 253.

28. Shapiro, *No Pity*, 26; "Parents without Powers," *Los Angeles Times*, July 26, 1992; Jay Mathews, *A Mother's Touch: The Tiffany Callo Story* (New York: Henry Holt, 1992).

29. *Termination of Parental Rights* (Minneapolis: Center for Advanced Studies in Child Welfare, University of Minnesota, 2011), available at http://www.cehd.umn.edu/ssw, accessed November 27, 2011; Elizabeth Lightfoot, Katharine Hill, Traci LaLiberte, "The Inclusion of Disability as a Condition for Termination of Parental Rights," *Child Abuse & Neglect* 34, no. 2 (December 2010): 927–34; "Bill Seeks to Amend Law to Terminate Parental Rights Due to Mental Illness," *Mental Health Weekly* 19, no. 10 (March 3, 2009), 7; Christine Breeden, Rhoda Olkin, Daniel J. Taube, "Child Custody Evaluations When One Divorcing Parent Has a Physical Disability," *Rehabilitation Psychology* 53, no. 4 (November 2008): 445–55.

30. September 9, 1974, press release, United Handicapped Federation Records, Box 5, Minnesota Historical Society. Emphasis in original.

31. Audrey Benson to Lionel Lewis, January 9, 1975, United Handicapped Federation Records, Box 4, Correspondence, 1974, Minnesota Historical Society. The CIC handled records and finances for the UHF through at least part of 1974. See June 3, 1975, letter from Ronnie Stone, Box 4, Correspondence, June–Dec 1975, United Handicapped Federation, Minnesota Historical Society; Nancy Sopkowiak, "Bjerkesett Honored," *Access Press* 19, no. 7 (July 10, 2008), http://www.accesspress.org, accessed November 27, 2011.

32. Michael Bjerkesett to John Mykelbust, February 12, 1975, United Handicapped Federation Records, Box 4, Correspondence, 1975, Minnesota Historical Society; Michael Bjerkesett to Hubert H. Humphrey, January 31, 1975, United Handicapped Federation Records, Box 4, Correspondence, 1974, Minnesota Historical Society.

33. Michael Bjerkesett to Rep. Russell Stanton, St. Paul, February 14, 1975, United Handicapped Federation Records, Box 4, Correspondence, 1974, Minnesota Historical Society.

34. Audrey Benson to Donald Engle, president, Minnesota Orchestral Association, July 11, 1975, United Handicapped Federation Records, Box 4, Minnesota Historical Society; press release, August 8, 1975, United Handicapped Federation Records, Box 5, Minnesota Historical Society; press release, November 21, 1974, United Handicapped Federation Records, Box 5, Minnesota Historical Society.

35. Press release, January 23, 1976, United Handicapped Federation Records, Box 5, Minnesota Historical Society; Mary Johnson and Barrett Shaw, eds., *To Ride the Public's Buses: The Fight that Built*

a Movement (Louisville, KY: Advocado Press, 2001), 140. The latter does a great job of telling the story of disability activism on transit issues.

36. Thomas Junilla to Northwestern Bell Telephone Company, October 13, 1976, United Handicapped Federation Records, Box 4, 1976; Harry G. Lang, *A Phone of Our Own: The Deaf Insurrection Against Ma Bell* (Washington, DC: Gallaudet University Press, 2000); Audrey Benson to Minnesota Teamsters Public Employees Union Local 320, Minneapolis, June 18, 1976, United Handicapped Federation Records, Box 4, Minnesota Historical Society.

37. United Handicapped Federation Records, Box 10, Minnesota Historical Society; Stephan Marincel to William Mahlum (UHF attorney), September 1977, United Handicapped Federation Records, Box 4, Minnesota Historical Society.

38. Scott Rostron, "The Progress," August 1977, United Handicapped Federation Records, Box 2, Minnesota Historical Society.

39. United Handicapped Federation, July 14, 1978 delegate assembly notes, United Handicapped Federation Records, Minnesota Historical Society; Peg Edel, Director of Rape and Sexual Assault, Neighborhood Involvement Program, Minneapolis, to Frances Strong, January 9, 1979, United Handicapped Federation Records, Box 4, Minnesota Historical Society. 페미니즘과 장애인권운동의 초창기 관계에 대해 더 알고 싶다면 다음을 참조: Marian Blackwell-Stratton et al.,

"Smashing Icons: Disabled Women and the Disability and Women's Movements," in *Women with Disabilities: Essays in Psychology, Culture, and Politics*, ed. Michelle Fine and Adrienne Asch (Philadelphia: Temple University Press), 306–32; Pamela Brandwein and Richard K. Scotch, "The Gender Analogy in the Disability Discrimination Literature," *Ohio State Law Journal* 62, no. 465 (2001).

40. Frances Strong, conference report, July 14, 1979, Conference on Sexual and Physical Assault of Disabled People, United Handicapped Federation Records, Minnesota Historical Society; press release, March 23, 1982, United Handicapped Federation Records, Box 5, Minnesota Historical Society.

41. Letter to the Editor, September 2, 1975, *Minneapolis Star*, United Handicapped Federation Records, clippings, Minnesota Historical Society.

42. Barnartt and Scotch, *Disability Protests*, 197–201.

43. Steve Bailey, *Athlete First: A History of the Paralympic Movement* (Hoboken, NJ: Wiley, 2008); Victoria Ann Lewis, "Radical Wallfl owers: Disability and the People's Theater," *Radical History Review* 94 (2006): 84–110; Victoria Ann Lewis, ed., *Beyond Victims and Villains: Contemporary Plays by Disabled Playwrights* (New York: Theatre Communications Group, 2006).

44. 미국장애인법에 대해서는 더 알고 싶다면 다음을 참조: Barnartt and Scotch, *Disability Protests*, 169–74; Edward D. Berkowitz, "A Historical Preface to the Americans with Disabilities Act," *Journal of Policy History* 6, no. 1 (1994): 96–119; H. McCarthy, "A Belated Appreciation of Justin Dart (1930–2002)," *Rehabilitation Counseling Bulletin* 46, no. 4 (June 2003): 242–44.

45. Eli Clare, *Exile and Pride: Disability, Queerness, and Liberation* (Boston: South End Press, 2009), 160.

46. Ibid., 107.

찾아보기

장애의 역사

침묵과 고립에 맞서 빼앗긴 몸을 되찾는 투쟁의 연대기

A DISABILITY HISTORY OF THE UNITED STATES

초판 1쇄 펴낸날 2020년 11월 5일
초판 4쇄 펴낸날 2024년 7월 12일

지은이	킴 닐슨
옮긴이	김승섭
펴낸이	한성봉
편집	최창문·이종석·오시경·권지연·이동현·김선형·전유경
콘텐츠제작	안상준
디자인	최세정
마케팅	박신용·오주형·박민지·이예지
경영지원	국지연·송인경
펴낸곳	도서출판 동아시아
등록	1998년 3월 5일 제1998-000243호
주소	서울시 중구 필동로8길 73 [예장동 1-42] 동아시아빌딩
페이스북	www.facebook.com/dongasiabooks
인스타그램	www.instargram.com/dongasiabook
블로그	blog.naver.com/dongasiabook
전자우편	dongasiabook@naver.com
전화	02) 757-9724, 5
팩스	02) 757-9726

ISBN	978-89-6262-351-2 03330

이 도서의 국립중앙도서관 출판예정도서목록(CIP)은
서지정보유통지원시스템 홈페이지(http://seoji.nl.go.kr)와
국가자료공동목록시스템(http://www.nl.go.kr/kolisnet)에서
이용하실 수 있습니다.(CIP제어번호: CIP2020043701)

※ 잘못된 책은 구입하신 서점에서 바꿔드립니다.

만든 사람들

책임편집	조유나
크로스교열	안상준
표지디자인	정명희
디자인	전혜진